VOYAGE
EN
BASSE-BRETAGNE
CHEZ LES « BIGOUDEN » DE PONT-L'ABBÉ

APRÈS

VINGT ANS DE VOYAGES DANS L'INDE ET L'INDO-CHINE
1855 A 1866 — 1872 A 1882

AFFINITÉS DES « BIGOUDEN » AVEC LES LAPONS,
LES MONGOLS-KALKHAS, LES KALMOUKS, LES BOURIATES,
LES TANGOUTES DE L'YUNNAN, LES LADAKIS ET AUTRES PEUPLES
D'ORIGINE MONGOLIQUE DES MONTS HIMALAYA
ET DE L'INDO-CHINE

PAR

A. MAHÉ DE LA BOURDONNAIS

Auteur « d'un Français en Birmanie ».
Membre honoraire de la Société des Études coloniales et maritimes
De la Société académique Indo-Chinoise de France
De la Société archéologique du Finistère, etc.

> Voyageur lassé, je suis allé bien loin
> admirer les scènes de la nature ;
> C'est au soir de la vie qu'il m'est donné
> de connaître mon pays.

OUVRAGE ORNÉ DE GRAVURES

PARIS
HENRI JOUVE, ÉDITEUR
15, RUE RACINE, 15
1893

Tous droits réservés.

VOYAGE

EN

BASSE-BRETAGNE

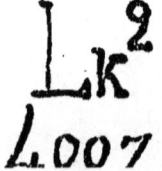

VOYAGE
EN
BASSE-BRETAGNE
CHEZ LES « BIGOUDEN » DE PONT-L'ABBÉ
APRÈS
VINGT ANS DE VOYAGES DANS L'INDE ET L'INDO-CHINE
1855 A 1866 — 1872 A 1882

AFFINITÉS DES « BIGOUDEN » AVEC LES LAPONS,
LES MONGOLS-KALMHAS, LES KALMOUKS, LES BOURIATES,
LES TANGOUTES DE L'YUNNAN, LES LADAKIS ET AUTRES PEUPLES
D'ORIGINE MONGOLIQUE DES MONTS HIMALAYA
ET DE L'INDO-CHINE

PAR

A. MAHÉ DE LA BOURDONNAIS

Auteur d'un français en Birmanie
Membre honoraire de la Société des Études coloniales et maritimes
De la Société académique Indo-Chinoise de France
De la Société archéologique du Finistère, etc.

*Voyageur lassé, je suis allé bien loin
admirer les scènes de la nature ;
C'est au soir de la vie qu'il m'est donné
de connaître mon pays.*

OUVRAGE ORNÉ DE GRAVURES

PARIS
HENRI JOUVE, ÉDITEUR
15, RUE RACINE, 15
1892

Tous droits réservés.

DÉDIÉ

A MONSIEUR CARRIOT
Directeur de l'enseignement de la Ville de Paris

Hommage de reconnaissance et de respect

De l'auteur

A. Mahé de la Bourdonnais

Paris, le 25 Avril 1892.

INTRODUCTION

Nous avons pensé que la meilleure introduction était la publication des lettres des savants qui nous ont encouragé dans notre travail, ou qui nous ont fourni les bases de nos études et qui reconnaissent avec nous les mêmes origines. Nous leur faisons ici, à tous ceux qui nous ont aidés de leurs talents et de leurs écrits, de sincères remerciements.

Les historiens et les érudits ont tant décrit les terres classiques que le moindre écolier peut parler de Rome aussi pertinemment que s'il avait voyagé du temps des consuls. On sait dans tous les collèges comment on vivait, il y a deux mille ans, à mille lieues de nous; et l'on ne se doute pas le plus souvent des coutumes d'une nation, d'une province, d'une ville voisine, où l'on est peut-être destiné à finir sa vie. Quant aux pays très éloignés entre l'Inde et la Chine, où les intérêts de la France sont en jeu par les annexions successives de l'Angleterre, contre le droit des gens, peu de personnes en connaissent le nom, très peu la situation et l'histoire, les mœurs et les coutumes.

Nous nous sommes appliqué à combler cette lacune et à faire connaître le mieux possible les départements si intéressants de la Basse-Bretagne et à démontrer les affinités nombreuses qui les rattachent avec l'Extrême-Orient, si anciens dans l'ordre des temps, si neufs dans l'ordre des sociétés, en divisant notre ouvrage en trois parties.

La première embrassant les trois départements du Finistère, du Morbihan et des Côtes-du-Nord. C'est là seulement que la langue celtique et les vieux usages ont été conservés sans trop d'altération, et qu'une nature originale reste encore à étudier. Nous y avons encadré le peuple qui l'habite avec ses mœurs, ses usages et ses croyances ; en peignant l'historique des émigrations de ce peuple, de son point de départ de la Sibérie, qui possède encore dans la décadence du monde les douces erreurs et l'aveugle félicité de nos premiers habitants.

Dans la seconde partie nous avons énuméré et décrit les principaux peuples du Nord et du centre de l'Asie dont les liens ethniques sont si évidents en commençant par la petite peuplade si intéressante des Lapons que nous avons reconnus avec l'éminent savant et si autorisé, Dr Beddoe de Clifton, qui les considère comme le trait d'union des races historiques d'Europe et d'Asie.

Enfin dans la troisième partie nous joignons les documents des savants et les récits des voyageurs récents qui coïncident les uns avec les autres et qui démontrent évidemment de très fortes connexions entre les peuples himalayens et ceux d'origine mongolique ; avec les peuples les plus anciens de l'Europe, des races gaëliques et celtiques et en particulier avec le petit peuple des « Bigouden » repoussé contre la baie d'Audierne, depuis des milliers d'années, et les montagnards bretons qui ont conservé inaltérables les traits des Aborigènes de la Gaule, et qui paraissent être moins connus que les montagnards asiatiques, qui sont avec eux les représentants fidèles des premiers âges remontant au berceau de l'humanité.

L'ensemble de notre travail présentera un tableau psychologique de la Bretagne en la comparant aux peuples les plus éloignés ; mais dont les uns et les autres, malgré les milliers d'années et les milliers de lieues qui les séparent, ont conservé le cachet le plus parfait de la même race et des mêmes institutions.

Nous avons donné les traditions religieuses de ces peuples. Enfin nous nous sommes efforcé de montrer d'où ils étaient partis et où ils étaient arrivés.

En somme, en ne considérant cette étude que comme un premier jalon à des recherches plus sérieuses, notre ambition serait satisfaite si notre travail si nouveau et si curieux qui intéresse vivement les sciences anthropologiques et ethnographques, était reçu avec indulgence par le public si intelligent de nos jours, et procurait un délassement instructif à la jeunesse studieuse.

A. M. B.

The Manor House, Clifton, Bristol.
Déc. 18-1890

Cher Monsieur,

J'ai reçu vos lettres et photographies avec les « Mémoires historiques » de votre illustre ancêtre.

Je suis heureux de reconnaître en vous son digne descendant.

J'appuierai pour que votre communication soit lue dans une assemblée de l'Institut et soit publiée dans ses délibérations.

En attendant laissez-moi vous dire que je reconnais avec vous la présence en Bretagne, et à un degré moindre dans le pays de Galles et dans d'autres pays celtiques des Iles-Britanniques d'un élément mongol dans la population ressemblant quelque peu aux Lapons.

Je n'ai jamais visité Pont-l'Abbé, mais j'ai été à Auray et à Locmariaker.

Quant à la présence de ce type dans le pays de Galles voyez mon livre sur les « Races de la Grande-Bretagne » *Races of Britain* », dont il doit y avoir un exemplaire dans la bibliothèque d'anthropologie de Paris.

Professeur Von Holder de Stuggard et professeur Kollmann de Bâle sont deux hommes avec lesquels je vous engagerai d'entrer en correspondance. Vos vues, quoique pas identiques, jetteraient de la lumière réciproquement les unes sur les autres.

Permettez-moi de me signer avec beaucoup de respect, votre sincère

D' JOHN BEDDOE.
Président de l'Institut d'Anthropologie
de la Grande-Bretagne et d'Irlande.

A Monsieur A. Mahé de la Bourdonnais à Paris.

The Manor House, Clifton, Bristol.
1er mars 1891.

Cher Monsieur de la Bourdonnais,

Je dois m'excuser pour ne pas vous avoir jusqu'ici accusé réception de votre intéressant volume sur la « Birmanie » et pour ne pas vous en avoir remercié.

Votre lettre a été dûment lue à l'assemblée de l'Institut anthropologique, et sera, sans aucun doute, publiée dans le prochain numéro de leur journal.

Je n'étais pas là, ma santé n'est pas très bonne pour le moment, et je ne pouvais aller à Londres.

J'ai donné ma démission comme Président de l'Institut.

Je crois que le professeur Kollmann de Bâle classifierait vos Bretons mongoliques comme brachycéphales-chamacéphales. Il croit qu'il y a cinq types céphaliques permanents existant en Europe.

Von Holder trouve trois types principaux dans l'Allemagne du sud (Souabe), qu'il appelle Germanique, Touranien et Sarmatique.

Je ne suis pas sûr s'il placerait ces bretons courts et basanés dans la classe Touranienne ou Sarmatique.

Croyez-moi, Monsieur, d'être votre très sincère

Dr JOHN BEDDOE.

A Monsieur Mahé de la Bourdonnais, à Paris.

Dr Guibert, place Préfecture, Saint-Brieuc.

Monsieur,

Conformément au désir que vous m'exprimez je vous adresse un exemplaire du seul des deux mémoires auxquels vous avez bien voulu vous intéresser, que je possède encore.

Depuis leur publication l'ethnologie a fait des progrès et aujourd'hui il me paraît probable que les plus anciens crânes dolichocéphales trouvés dans les plus anciens monuments mégalithiques appartiennent à la même race que celle dont on trouve les ossements dans la grotte de Cro-Magno près les Eyzies, race de laquelle descendent les Basques, les Kabyles, les Ligures, et dont l'influence sur les populations armoricaines actuelles est encore appréciable.

La petite race brachycéphale brune qui domine actuellement au centre de l'Armorique résulterait d'un mélange de la race précédente avec une très forte proportion d'hommes bruns dont la prédominance est encore incontestable actuellement en Auvergne, dans les Alpes, dans les montagnes du centre de l'Europe, où vivent des populations dites de la race slave.

Vous trouverez dans les *Bulletins de la Société d'Anthropologie* de 1890 un travail très intéressant du Dr Collignon sur le département des Côtes-du-Nord basé sur les mesures des conscrits de tous les cantons.

Ses conclusions sont très intéressantes.

Je recevrai avec plaisir la biographie de votre aïeul, et suis très heureux d'entrer en relations avec vous.

Veuillez bien excuser le retard de ma réponse dû à mes nombreuses occupations et agréez l'assurance de ma parfaite considération.

Dr GUIBERT.

A. Monsieur Mahé de la Bourdonnais, à Paris.

"BIGOUDEN"
Nouveaux Mariés de Pont-l'Abbé (Finistère)

VOYAGE EN BASSE-BRETAGNE

PREMIÈRE PARTIE

J'ai pendant plus de vingt ans voyagé dans l'Inde et l'Indo-Chine de 1855 à 1866 et de 1872 à 1882. C'est après de nombreux et longs voyages par le cap de Bonne-Espérance et par Alexandrie et Suez, en remontant le Nil jusqu'au Caire, en traversant l'Egypte, ou en passant le canal de Suez que je visitai les deux péninsules asiatiques en tous sens et aux points extrêmes; que je vins en avril 1888 pour la première fois visiter Pont-l'Abbé, le berceau de ma famille.

Je fus bien surpris d'y trouver la grande différence des caractères tant physiques que moraux entre les Bretons du nord et ceux du sud de la Bretagne, et ce qui me surprit bien plus, après quelque temps de séjour à Quimper, c'était de trouver la grande ressemblance qui existait entre les Bigouden ou habitants de Pont-l'Abbé avec les Ladakis, les Bouthanis, les Thibétains et les Chans de l'Indo-Chine, en somme avec les tribus bien connues de la famille thibétaine et celles de la race mongole. En tout point la ressemblance entre toutes ces tribus et mes compatriotes était bien frappante pour un vieil observateur des natifs des monts Himalayà. Je n'ai point la prétention d'écrire un livre scientifique, mais seulement d'instruire la jeunesse par des récits intéressants et nouveaux.

Je suis parti de Paris pour Quimper, le 2 avril 1888,

pour prendre mes vacances de Pâques ; mais à la suite de la découverte que j'ai faite fortuitement j'ai prolongé mon séjour en Bretagne d'une année entière. Le 3 au soir j'étais arrivé au lieu de ma destination, je me mis alors à la recherche de mes cousins de la Basse-Bretagne et quelques jours après j'appris par hasard qu'ils habitaient Pont-l'Abbé. Cette petite localité devait me donner le plus grand travail de ma vie et des recherches infinies au sujet de l'origine de ce peuple relégué aux confins du Finistère et ce dont j'étais loin de prévoir.

Tout d'abord je n'attachai pas grande importance à ce pauvre peuple des campagnes, mais selon ma coutume des voyages je me procurais un cours de dialogues en langues celtiques et françaises, ensuite je me mis à lire l'histoire de Bretagne de Pitre Chevalier.

Sur ces entrefaites j'allais voir le rédacteur en chef du *Finistère*, journal de Quimper, pour y faire mettre une insertion au sujet de mon ouvrage « Un Français en Birmanie » qui venait d'être réédité. Je présentais des photographies de la Birmanie et nous sommes arrivés à causer des « Bigouden », de Pont-l'Abbé, si remarquables par leurs costumes, leurs broderies et leurs mœurs, si différents des autres Bretons au point que les Quimperois les appellent communément des Chinois, et qu'il n'y a pas à Quimper une seule boutique ou commerce tenu par un « Bigouden ». Elles ont le monopole de la « marée » et tous les matins elles arrivent des campagnes environnantes ou des bords de la mer, étaler leurs produits agricoles ou leur pêche, sur la place du marché; mais le soir venu il ne reste pas un seul habitant de Pont-l'Abbé à Quimper.

C'était le 16 juin qu'en causant, M. P., le rédacteur du *Finistère* me dit qu'on croyait généralement que les « Bigouden » étaient d'origine phénicienne. Ce à quoi je répondis en disant qu'ils ne pouvaient pas être d'origine phénicienne, qui étaient représentés comme un des beaux types de l'Orient; tandis que les Bigouden sont foncèrement laids et n'ont rien de commun avec le type grec. Ce jour-là, il y avait réunion à la Société d'Archéologie et je fus invité à y assister. Je m'excusai, mais le soir même M. P... m'entretint de nouveau au sujet de notre conversation, en me disant qu'un professeur avait déclaré à la réunion que les Bigouden étaient d'origine sémite, ce à quoi je répondis que les Bretons n'avaient aucun des caractères typiques qui distinguent les Sémites, pas plus qu'ils n'ont de rapports ethniques avec les Phéniciens. Alors M. P... me dit : Si vous trouvez que les Bigouden ne sont ni d'origine phénicienne, ni d'origine sémite, quelle est votre opinion sur ce peuple, vous qui avez tant voyagé. Je m'arrêtai le temps de la réflexion, bien que j'aie mis quatre ans consécutifs depuis pour approfondir la question.

Je répondis : Ils viennent de plus loin que la Phénicie, et de plus loin que la Perse, ils me paraissent être d'origine thibétaine. M. P... me répondit : ils seraient donc de la race jaune, mais les Français n'accepteront jamais la parenté des Chinois ; ce à quoi je répliquai : les Chinois ne sont pas de pure race mongolique, tandis que les Bigouden paraissent être des Mongols pur sang. Je m'étais pénétré de cette vérité que les écrivains avaient toujours hésité de classer les peuples celtiques d'une manière péremptoire, faute de preuves évidentes, et la connaissance suffisante des peuples de l'Asie Orientale et des Bigouden en particulier.

Quelques jours après je rendis visite à M. H.., conseiller général du Finistère et député de Quimper, et je lui fis part de ma découverte à laquelle j'étais arrivé accidentellement à la suite de mes longs voyages dans l'extrême Orient. M. H..., après avoir écouté mon récit et lorsque je lui demandai ce qu'il en pensait, me répondit : « Je serais assez porté à croire comme vous », et ajouta « vous voyez ce tapis qui couvre le piano, il m'a été envoyé de Hanoï par mon frère qui est au Tonkin ; les broderies qui ornent ce tapis ont beaucoup de rapport avec ceux qu'on fait à Pont-l'Abbé. »

Pendant mon séjour de quatre mois à Quimper, je fus souvent à Pont-l'Abbé. Un dimanche matin en juin 1888, je fis une nouvelle excursion à Pont-l'Abbé, Loc-Tudy et Penmark, et je trouvai une vapeur galloise dans le petit port de Loc-Tudy dans la Cornouaille française. Les marins du bâtiment me dirent qu'ils pouvaient causer avec les habitants, mais qu'en pays de Galles les habitants ne s'habillaient pas comme les Bas-Bretons.

Je fis plusieurs autres excursions dans le Finistère à Douarnenez, Concarneau, Brest, Briec, Banalec, Saint-Evarzec, Rosporden. Je parcourus en un mot toute la Bretagne, je fis le tour de toutes les côtes de Morlaix à Nantes et Saint-Nazaire.

Mais arrêtons-nous pour décrire quelques impressions de voyage. Le Morbihan est encore tout plein des druides, de César et des chouans. Allons d'abord chercher les druides à Erdeven, à Plouharnel, à Carnac, à Locmariaker et à Gavrinis. Là, au milieu de ces menhirs, de ces peulvens, de ces dolmens, de ces grottes de fées, de ces cromlechs, plus rien de catholique, plus rien de romain, plus rien de moderne, nous remontons à mille ans avant Jésus-Christ. Regardez cet homme qui passe entre ces pierres ; à son vêtement ne le reconnaissez-vous pas? C'est un Bellech ou druide. Et cette femme à la longue coiffe et tout habillée de laine blanche? c'est une Leane ou prêtresse.

Et ces pierres avec ces inscriptions ne sont-elles pas les copies fidèles de pierres semblables qu'on rencontre, dans le nord du Baltistan (l'Yassin) dans l'Assam, et autres contrées de l'Asie, qui prouvent leur origine, et celle des premiers habitants de la Gaule? Les Morbihanais ont gardé les mâles et rudes figures, les mœurs sévères et belliqueuses, les habits sombres et flottants des chouans leurs ancêtres. Ils offrent quelques superbes types d'hommes ; mais, les femmes y sont laides, à l'exception de celles des parages de l'Océan, telles que les filles d'Auray et celles des îles. Il n'y a pas au centre de ce pays une pierre, une fontaine, un carrefour, un arbre, un brin d'herbe qui n'ait son esprit surnaturel et sa légende plus ou moins druidique. L'habit d'un paysan de Vannes est à peu près l'habit à la française. La dimension ou l'absence des basques marque la diversité des cantons. Les couleurs foncées dominent presque partout. L'absurde pantalon détrône de jour en jour l'espèce de braie gauloise, le fameux bragou-bras. Mais le grand chapeau tient bon; les fils des chouans aiment ce chapeau national. Les marins ont le costume de leur état; la veste et le chapeau de cuir.

Les femmes portent la taille trop haute, ce qui achève de les enlaidir, toujours hormis les filles d'Auray et des îles qui se mettent fort élégamment. La plupart ont des jupes de dessous éclatantes, très pittoresques sous la robe retroussée. Leurs petits manteaux leur couvrent la tête et les épaules.

La Cornouaille compte autant d'usages, de types et de costumes que de paroisses. Les montagnards y sont vifs et parleurs, petits et infatigables comme leurs chevaux; les hommes des côtes silencieux et farouches comme l'aspect de leurs horizons.

Le paysan de Carhaix méfiant et sauvage, se révolterait encore volontiers, comme autrefois. De Quimper à la côte, la réserve sournoise des figures contraste avec l'éclat des habits. Dans les douces campagnes de Quimperlé, le Kenavo (au revoir), du paysan est plus souriant et plus expansif, il se laisse aller à la lutte et surtout à la danse. Quand le hautbois du célèbre Mathurin retentit pour une noce, toutes les oreilles se dressent de joie et tous les pieds sont piqués de la tarentule. Le jeune gars tire de l'armoire sculptée le petit chapeau à chenilles, l'ample bragou-bras, les vestes et les guêtres brodées, le pembas à nœuds, la ceinture de cuir ou de laine; la jeune fille, devant son petit miroir, met la croix à barbes relevées sur un serre-tête éclatant, les jupes superposées avec grâce, le corsage d'écarlate et de velours lacé sur la poitrine, la fraise ou le fichu de mousseline, les bas à fourchettes et les souliers ronds.

Voilà nos galants partis pour le plaisir, et Dieu sait quand et comment ils reviendront et, si l'ambassadeur d'amour n'ira pas le lendemain demander la pennérez (jeune fille) en mariage. Les communes de Fouesnan, de Concarneau, de Pontaven, etc., renferment les plus beaux costumes et les plus belles filles qu'on puisse voir. C'est là qu'on rencontre cette grâce bretonne, si adorablement naïve et énergique, qui a trouvé ses poètes, et a eu ses peintres.

L'habitant du pays de Léon est généralement grand et majestueux.

Il a la figure allongée, la démarche solennelle, la parole lente, les habits noirs et flottants sur une ceinture rouge. Son large chapeau laisse à peine entrevoir son regard calme et sévère.

Personne en Bretagne ne porte les cheveux plus longs. Les femmes sont vêtues de noir et de blanc et leur deuil est bleu de ciel.

Celui des veuves de la Cornouaille est jaune comme dans l'extrême Orient. Les Léonards portent plutôt le deuil de la vie que celui de la mort. Chez eux tout est profondément chrétien. Ils ne cessent de prier depuis le berceau jusqu'à la tombe, dans leurs joies comme dans leurs peines, dans leur maison comme dans celle de Dieu. Il faut que le prêtre bénisse pour eux le toit qui s'élève, la grange et l'aire neuves, le champ défriché, les trésors de la récolte et de la moisson.

A partir de Rascoff, en suivant la côte, on rencontre ces populations sauvages de pilleurs de mer qui ont renoncé si difficilement aux aubaines du droit de bris. On les reconnaît à leurs jambes nues et nerveuses, à leur jupon de berlingue, à leurs larges braies, à leur petite calotte bleue et surtout au regard de faucon qu'ils jettent sur la mer, aux approches de la tempête. Les habitants des îles semées autour de ces côtes mal famées sont célèbres, au contraire, par la douceur de leurs habitudes patriarcales. Les femmes de Batz offrent le type admirable de la force et de la grandeur ; elles labourent et ensemencent la terre pendant que leurs maris, qui semblent d'une race inférieure, fument leurs pipes ou guettent le poisson sur le rivage. Les îliens sont, avec les montagnards, les Bretons les plus attachés au pays natal.

Le caractère général des Bretons se compose de cinq vertus et de trois vices. Les vertus sont : l'amour du pays, la résignation devant Dieu, la loyauté devant les hommes, la persévérance et l'hospitalité. L'amour du pays (qui comprend le culte du passé) est dans le sang de tous les enfants de l'Armorique. Il fait périr de douleur le conscrit ou le matelot, loin de la terre natale, avant que les balles l'atteignent ou que les vagues l'engloutissent. Il épanouit les visages et les cœurs bretons qui se rencontrent sur tous les points du monde. Il nous arrache les larmes et des cris de joie comme au sauvage de l'Inde, dès qu'un bruit, un mot, un parfum nous fait songer à la patrie.

Et le Breton n'aime pas ainsi sa province, mais son clocher, son champ, son toit, son foyer, le lit où il veut mourir après ses aïeux, à côté de ses enfants. La résignation devant Dieu est toute la religion du paysan ; nous venons de le prouver par le tableau de sa vie et de sa mort.

La loyauté bretonne est proverbiale, mais c'est à tort qu'on en fait le synonyme de la franchise. Cette qualité, dans le sens d'ouverture de cœur et d'esprit, n'appartient qu'au Breton civilisé, qui la pousse, il est vrai, jusqu'à l'audace et à la contradiction la plus opiniâtre.

Quant au paysan breton, il est droit et loyal, mais nullement ouvert. Il ne ment pas, mais il ne dit ni oui ni non. Il est aussi difficile de lui faire dire ce qu'il pense qu'impossible de lui faire dire ce qu'il ne pense pas. Son état normal est la défensive.

Voyez ses champs, ils sont clos d'énormes talus, surmontés de plus énormes haies. Voyez sa maison, elle est fermée à double porte et à triple serrure, le jour y pénètre à peine par une lucarne étroite. Voyez son lit, si digne de ce nom; ne pourrait-on pas même l'appeler un coffre ou une armoire? Voyez enfin ses vêtements multiples qui l'enveloppent, homme ou femme, des pieds à la tête, comme autant de cuirasses impénétrables. Eh bien! son âme n'est pas moins close que ses champs, moins mystérieuse et sombre que son lit, moins cuirassée que sa personne, en face de l'étranger qui ne parle point sa langue maternelle.

Cette réserve lui fait appliquer la pudeur jusqu'aux sentiments les plus honorables. Nous avons vu à Brest une mère recevoir froidement son fils en compagnie de camarades, après dix ans d'absence, puis s'évanouir de tendresse entre ses bras lorsqu'elle se croyait sans témoin.

C'est là la dignité personnelle la plus raffinée. Le sentiment qui a toujours tenu les fils de la Bretagne loin des intrigues et des faveurs, n'a pas d'autre origine. C'est lui qui arme encore ses paysans contre les formes de notre civilisation, qui fait de ses soldats et de ses marins des hommes infatigables, les derniers debout contre le fer de l'ennemi et contre les assauts de la tempête. L'hospitalité est si naturelle au Breton qu'éviter son seuil et sa table est une insulte mortelle. Cette vertu préside aux noces patriarcales, aux travaux en commun, aux secours mutuels dans les épreuves, à mille usages empreints de la charité la plus touchante ; mais elle a le grave inconvénient d'entretenir cette multitude de mendiants dont la paresse vit aux dépens du travail d'autrui.

Les vices des Bretons sont, chez beaucoup, l'avarice ; chez d'autres le mépris de la femme et l'ivrognerie. Mais qui n'excuserait pas ces vices, communs à tous les êtres humains, en des hommes *qui ont tant de vertus étrangères* aux autres mortels?

La situation de Quimper est agréable. La plus ancienne partie de la cité, entourée de murailles flanquées de tourelles, surmontées d'arbres et d'arbrisseaux, est établie sur l'angle formé par la réunion de deux rivières, l'Odet et le Steyr qui se rendent ensemble à la mer.

Les coteaux, sur la droite, sont couverts de maisons qui se dominent en amphithéâtre ; sur la gauche s'élève une montagne de cinq à six cents pieds de hauteur, masse de rochers couverts de bois et de bruyères. De son sommet on suit le cours de la rivière ; l'œil s'arrête sur de beaux lointains, sur des montagnes ornées de chênes, de sapins et de peupliers ; le quai dont les maisons antiques frappent par leur forme gothique, leur irrégularité ; la promenade du Pinity, le collège, l'hôpital ; et surtout la masse et les tours de la cathédrale sont les objets marquants au milieu de l'amas de maisons, sans ordre, qui forme la ville de Quimper. Ses environs ornés d'une multitude de maisons de campagne où règne une honnête aisance, et la fortune parfois, offrent, les jours de l'été, des asiles frais, délicieux, à ceux qui veulent échapper à la chaleur, à la contrainte de la ville.

Le propriétaire de la terre de Coatfao et de Pratanras demandait un œuf à chaque ménage au temps de Pâques ; il faisait enlever les marteaux des portes, ou les serrures, chez celui qui le refusait.

Le propriétaire de Trohir, commune de Kerfuntun, devait tous les ans à l'évêque de Quimper un écu d'or qui ne pouvait être présenté qu'à la messe du jour de Noël, et par un gentilhomme ; il en était dressé procès-verbal par la justice de Monseigneur. Tous les sept ans on remplaçait l'écu par une paire de gants de soie blanche bordée en or.

Tous les ans, à Quimper, le jour de sainte Cécile, à deux heures après-midi, tout le clergé montait sur la plateforme où l'on trouvait la statue équestre du roi Gralon, entre les deux tours de la cathédrale ; on y chantait un hymne à grand chorus, accompagné de musiciens. Pendant ce temps, un des valets de ville montait en croupe sur le cheval, tenait une bouteille, un verre, une serviette ; cet homme alors versait une rasade, la présentait au roi, l'avalait, essuyait la bouche du prince, et lançait le verre dans la place. On se précipitait pour le recevoir ; celui qui le rapportait sans qu'il fût rompu, devait avoir une gratification de cent écus, ce qui n'est jamais arrivé. La cérémonie se terminait en plaçant une branche de laurier dans les mains du roi Gralon. Je ne devine pas le sens de cette pratique ingénieuse, on ne doit rien négliger en histoire ; peut-être un jour ce fait éclaircira-t-il quelques faits importants ; il fournira peut-être un rapport ingénieux, une longue dissertation à quelque grand commentateur : Gralon sera le Bacchus, ou le Mars des Bretons.

L'art des transitions est un des grands talents de l'écrivain, j'en conviens ; mais au milieu de tant de folies, de contes, de superstitions, de descriptions, de détails si différents, j'ai de la peine de leur donner l'air naturel qui leur convient. Quand un fait se présente à ma mémoire, je le rapporte ; cette marche en vaut une autre, elle s'éloigne, au moins, de l'uniformité, mère des dégoûts et de l'ennui.

Si j'avais divisé mon travail, par chapitres, chacun eût parcouru l'article propre à son état, à son génie, en négligeant celui qui lui convenait le moins. Un architecte, par exemple, eût laissé les passages où je ne parle que de superstitions, de folies et de chansons ; il n'eût pas lu l'histoire suivante, elle est pourtant insérée dans Cervantes, et qui n'a pas lu Don-Quichotte !

Un marchand, en quittant Quimper, confie à son voisin une somme considérable, en le priant de la garder jusqu'à son retour... Il arrive ; on nie le dépôt ; appel au tribunal : on demande un serment ; le dépositaire infidèle, prêt à lever la main, remet la canne remplie d'or à l'homme qui réclamait son argent, et jure alors qu'il le lui a rendu. Un crucifix, selon l'usage, présidait à ce tribunal ; indigné de cette affreuse infidélité, son bras se détache, son sang coule, la canne se rompt, et la fourberie se découvre. La révolution, ennemie des miracles, a détruit ce grand monument de la piété de nos pères.

Quand Cervantes a placé ce fait dans l'isle de Barataria, au tribunal de notre ami Sancho, il ignorait le vrai lieu de la scène.

Je ne parlerai pas du merveilleux poisson d'une fontaine de Quimper, toujours vivant, toujours entier, quoique saint Corentin en coupât chaque jour la moitié pour se nourrir dans la journée. L'évangile nous rapporte le miracle des cinq pains, qui substantèrent cinq mille spectateurs. L'histoire de Bretagne nous conte que saint Yves alimenta deux cents personnes, avec huit sols de pain, dans un temps de famine. Ces faits sont trop communs pour être rappelés ; saint François n'en faisait pas d'autres.

En suivant les cours variés de la rivière de Quimper, à laquelle les eaux de la mer se mêlent, vous avez sous les yeux quelques paysages sauvages, quelques jolies maisons de campagne et les montagnes dépouillées qui vous conduisent jusqu'à la rade de Benaudet, par un espace de trois lieux.

Les bâtiments de trois cents tonneaux remontent jusqu'à Quimper, ceux de cinq à six cents ne peuvent se rendre qu'à l'anse de Lanroz, à deux lieues de Benaudet.

Sur toute cette côte, depuis le port de Guilvinec jusqu'à Brest, on fait une pêche très considérable de sardines, de congres, de juliennes ; le congre se pêche à la ligne ainsi que le merlu ; la sardine se prend dans des filets fort grands ; ils tiennent à l'arrière du canot, tendus par des plombs, soutenus par du liège : on attire ce poisson avec de la rogue ; c'est du fret ou des œufs brisés du stock fish délayés dans de l'eau de mer. On tire la sardine des filets avec une espèce de raquette. On compte ordinairement cinq hommes dans chaque bateau : les sardines, disent les pêcheurs, ont un roi, nommé le Maigre, qui quand il trouve un banc de ses sujets, les mange tous, formassent-ils, un monceau supérieur aux plus grosses montagnes ; dès qu'on le voit s'élancer hors de l'eau, la pêche est terminée, les bateaux rentrent : on ignore s'il existe réellement un animal si redouté des sardines, qu'elles se dispersent à son approche, ou si ce poisson n'est produit que par l'imagination des pêcheurs ; jamais cet animal dévorateur ne s'est trouvé dans leurs filets.

On pêche dans ces mers des harengs, des maquereaux. On vante avec raison l'excellente poissonnerie de Quimper ; la rivière produit des saumons, des truites, des mulets, des anguilles. Concarneau et Douarnenez lui portent des poissons de toutes espèces, soles, turbots, rougets, etc., etc. Tout ce qui peut garnir une table bonne, recherchée, s'y trouve en abondance ; c'est un pays de chanoine. Les denrées n'y sont pas aussi chères que dans les villes voisines de Brest et de Lorient, surtout dans les temps de désordres où les approvisionnements mal dirigés, laissent porter sur le Finistère et sur le Morbihan la charge de les alimenter.

Le pays est rempli de montagnes : celles que l'on nomme les montagnes Noires sont les plus considérables ; elles forment un rideau de la longueur de trente cinq lieues ; les montagnes d'Arrès ont neuf lieues de longueur.

Les Anglais, venus au secours du comte de Montfort, assiégèrent cette ville sans pouvoir la prendre ; elle était bien défendue par ses fortifications. Quimper ne se rendit qu'après la victoire de Montfort.

Dans les troubles de la ligue, tranquille jusqu'à la mort de Henry III, Quimper prit le parti du duc de Mercœur ; en 1595, elle était soumise au roi.

« En 1634, l'ignorance, la superstition et l'idolâtrie exerçaient encore leur empire à Quimper. Les femmes qui avaient leur mari en mer allaient balayer la chapelle la plus voisine et en jetaient la poussière en l'air dans l'espérance que cette cérémonie procurerait un vent favorable à leur retour. On fouettait, on jetait dans l'eau les saints qui n'accordaient pas les demandes qu'on leur faisait (ne voit-on pas la même coutume encore en Mongolie et au Thibet chez les Bouriates)? les uns mettaient dans leurs champs un trépied ou un couteau fourchu, pour garantir le bétail des loups et autres bêtes féroces ; les autres avaient soin de vider l'eau de tous les vases d'une maison où quelqu'un venait de mourir, de peur que l'âme du défunt n'allât s'y noyer ; ils mettaient aussi des sièges auprès des feux de joie de la saint Jean, pour que leurs parents morts pussent se chauffer à leur aise ; la veille de la même fête, on permettait, en plusieurs endroits de la Basse-Bretagne, au peuple, de danser une partie de la nuit dans les chapelles. On se mettait à genoux devant la nouvelle lune, et l'on disait un *Pater* et un *Ave* à son intention. Au premier de l'an on faisait une espèce de sacrifice aux fontaines publiques, par plusieurs morceaux de pain couverts de beurre que chacun y offrait ; dans certaines paroisses, on portait le même jour, aux fontaines, autant de morceaux de pain qu'il y avait de personnes dans une famille, et par l'arrangement qu'ils conservaient en surnageant, on prétendait connaître ceux qui devaient mourir dans l'année.

Pont-l'Abbé fournit beaucoup de légumes, Penmarck de superbes moissons de froment. Le commerce des bestiaux est très considérable ; les Normands et les Gascons y viennent acheter des chevaux. Le gibier est assez commun dans cet arrondissement. Le commerce consiste en blés, en miel, en cire, en sardine, en poisson. Il y a des moutons noirs à Penmark, à Ploumeur, à Saint-Jean.

La mer remonte jusqu'à Pont-l'Abbé. En face du pont de cette commune est un château flanqué de deux tourelles, ce vaste bâtiment est construit de grandes pierres de tailles ;

avant l'invention du canon, il eut été fort difficile de le réduire, il sert aujourd'hui d'usine à décortiquer et à moudre le blé.

Un grand voyer, vassal de Pont-l'Abbé, portait, dans les temps les plus reculés, une baguette blanche à la main, quand il assistait à des jugements, ou qu'il conduisait des prisonniers. Cette baguette, dont les juges d'Espagne, d'Angleterre, sont encore armés, était dans les Gaules et partout l'emblème de la force qui punit, et de la douceur qui doit présider aux jugements. Les seigneurs de Pont-l'Abbé et de Pont-Château se disaient barons des états de Bretagne.

Le commerce principal de Pont-l'Abbé se faisait jadis en Catalogne, à Cette, à Nantes, à Bordeaux ; des barques de vingt jusqu'à cent cinquante tonneaux, portaient des sardines, des congres, des merlus, des juliennes, des raies sèches ; on a vu jusqu'à cent-vingts bâtiments dans le port de cette petite ville.

Ses environs sont d'une incroyable fécondité, c'est un pays de promission, outre le froment qu'on y recueille en abondance, on y trouve beaucoup d'orge, de blé noir et d'avoine. On vante les beurres de ce pays, les fruits de toute espèce y sont délicieux et très communs ; cerises, pêches, abricots, figues, etc., les jardins couverts de choux, d'oignons, d'haricots, d'asperges, de melons, d'artichaux, de panais, sont très nombreux. Pour obtenir ces riches productions, il ne faut qu'effleurer la terre ; les fruits et les légumes de ce canton devancent d'un mois la maturité de ceux du canton de Quimper, qui n'est éloigné que de trois lieues, on sent que les cultivateurs y vivent avec plus d'aisance. Le maire de Pont-l'Abbé m'a dit avoir mesuré dans la campagne des artichaux de vingt-et-un pouces de circonférence, et des choux-fleurs de quinze à seize pouces de diamètre ; les étrangers ont peine à concevoir cette différence entre les productions de terrains qui se touchent : on n'imagine pas la chaleur, la fécondité des terres qui bordent nos rivages. L'air de ces contrées est très vif, très sain, on y voit peu de maladies ; les vents y sont forcés et règnent au nord-ouest, près de neuf mois par an.

Les paysans des alentours sont gais, soumis et de mœurs douces.

Dans les campagnes, aux mariages, le plus âgé des hommes dit publiquement des prières après le repas ; quand vous buvez à la santé de quelqu'un, il faut qu'il boive dans votre verre et que vous buviez dans le sien ; refuser de se soumettre à cet usage serait une insulte très grave.

On trouvera dans la suite le plus grand nombre de ces usages chez presque tous les peuples d'origine Mongolique, l'intérêt seul fait les mariages. Les tailleurs en sont communément les entremetteurs sous le nom de Basvanal, ces Basvanal, pour réussir dans leurs demandes, portent un bas rouge et l'autre bleu, et rentrent s'ils voient une pie, animal de mauvais augure. On conserve l'usage des courses de chevaux le jour des noces, la course des hommes, la lutte n'ont plus lieu depuis quelque temps. La soule est prescrite depuis que plus de quarante hommes, en le poursuivant, se noyèrent dans l'étang de Pont-l'Abbé.

Les anciennes superstitions se maintiennent dans les campagnes, on y fait beaucoup de contes de fées et de sorciers, on fait tourner le tamis pour retrouver les choses perdues.

Quand on porte un enfant au baptême, on lui met du pain noir au col pour éloigner les sorts qu'on voudrait lui jeter, une femme ne souffre pas qu'on lui passe son enfant par dessus la table, si dans ce passage un mauvais vent venait à le frapper il ne pourrait en guérir de la vie.

Personne ne s'assied sur la table, les bonnes gens croient qu'une tempête ne peut cesser que quand les corps impurs et les cadavres ont été vomis sur la côte. Ils croient que deux corbeaux président à chaque maison et qu'ils prédisent la vie et la mort. Le 1ᵉʳ novembre, on fait encore dans quelques cantons reculés des crêpes, un repas pour les morts.

Ils croient que quand un grand personnage, de grands criminels, cessent de vivre, l'air, la terre et les mers sont ébranlés.

Je m'abstiens de montrer ici tous les rapports qui lient les superstitions actuelles de ces contrées avec les superstitions de tous les peuples de la terre, l'homme le moins instruit fera tous ces rapprochements qu'on aurait tort de dédaigner.

Le tambourin, le haut-bois, la musette, sont des instruments du pays.

Les mœurs, la bonne foi s'altèrent, les femmes depuis quelque temps boivent beaucoup de vin et de café ; les hommes un peu libertins sont plus propres, vivent mieux, sont plus civilisés que dans le reste de la Cornouaille et que dans le pays de Vannes.

Les habitants de l'Ile Tudy, dans la . 've de Pont-l'Abbé, existent dans un pays qui ne leur offre aucune espèce de production ; ils ne vivent que de poissons, ils sont grands, ne s'allient qu'entre eux.

Ils ont communément l'œil bleu, les sourcils et les cheveux noirs ; les femmes au milieu de l'hiver sont dans l'eau jusqu'à la moitié du corps pour ramasser des huîtres, des chevrettes, des moules.

Trois heures avant le jour, dans les temps les plus froids, mouillées, sans feu, elles attendent l'heure du marché sous la halle de Pont-l'Abbé. Comme tous les peuples isolés, les pêcheurs de l'Ile Tudy méprisent les autres hommes, ils sont très vains, très fiers. Leur île n'a pas une demi lieue de tour. Ce sont de vaillants pilotes. A une lieue de Pont-l'Abbé est l'Ile Chevalier sur laquelle on trouve une ruine assez considérable ; c'était, dit-on, un des châteaux de ce bon roi Gralon que nous trouvons partout dans ces parages ; elle a plus d'une lieue de circonférence ; elle est extrêmement féconde. On y compte une douzaine de petits villages. Le gibier de mer, ainsi que la perdrix, les cailles et les lièvres, sont communs dans cette partie du Finistère.

Sur la route de Plounéour on trouve beaucoup de pierres druidiques, les dolmens, qu'on voit non seulement en Bretagne, mais dans presque toutes les contrées de l'ancien monde.

Carnac en Bretagne, est un des plus grands théâtres de ces monuments, il en existe une prodigieuse quantité dans ce canton, alignés avec symétrie. Ce lieu suivant la tradition bretonne dans les temps les plus reculés, appartenait à des Druides ; il est entre l'île des Samnites et l'île de Sein, consacré par les oracles des prêtresses gauloises, dont j'ai parlé en décrivant l'île de Sein. Carnac leur doit son nom, de Carn, amas de pierres et d'Ac ville. Ces monuments sont multipliés en Angleterre et dans ses dépendances ; ceux de la plaine de Salisbury sont les plus célèbres, ils ont jusqu'à vingt-trois pieds de hauteur. On en voit dans l'île d'Anglesey, dans les Hébrides. On les connaît dans ces contrées sous les noms de Stone-Henge, de Cromleche ; le docteur de Stokeley prétend que leur vrai nom est Ambres, de la ville d'Ambresbury près de laquelle il en existe.

Les anciens bretons insulaires les nommaient Chiorgam que les premiers moines traduisirent par ces mots : chorea gigantum, ou géants dance ; ces mots offrent un rapport si positif qu'il est impossible de ne le pas saisir. Nous avons vu que nos bretons nomment Gaurie les génies qui dansent autour de ces pierres. Les habitants de Pont-l'Abbé, les appellent ti Gauriquet.

Les Anglais supposent ces monuments fondés par art magique ; ils en prêtent la construction à l'enchanteur Merlin ; M. Sammes aux Phéniciens ; Juigo Jones aux Romains ; ce célèbre architecte y voyait un ordre toscan. Le docteur Charleton, médecin de Charles II, les croit fondés par les Danois. Le docteur Stakeley pense que quelques prêtres égyptiens persécutés par Cambise, se sont sans doute réfugiés dans la Bretagne et qu'ils ont dû dresser ces pierres.

Des antiquaires de ce pays ont cru que les Druides avaient l'art de composer ces pierres elles-mêmes, en les formant d'un gros sable de mer lié par un ciment dont nous avons perdu l'excellente composition ; ils se fondent sur l'impossibilité de transporter ces masses énormes dont les analogues ne se trouvent pas dans les environs de Salisbury. On connaît la pierre levée des environs de Poitiers.

A Locmariaker où l'on suppose qu'était placée l'ancienne ville de Vannes ; sur les routes de Lorient, à Hennebond de Quimperlé à Pontscorf, de Pont-l'Abbé à Penmark ; dans la commune de Moëlan ; dans celle de Clohar ; j'ai vu bien de ces monuments druidiques, on en trouve à Belle-Isle ; sous un étang aux îles des Glenans. On en rencontre dans la Hollande, dans la Scandinavie, dans l'Assam, le Baltistan au Japon.

La Genèse parle de ces pierres élevées comme monuments sous les noms de Galhed et de Galgal. Les Turcs prétendent posséder le tombeau de Mina, mère de Mahomet. « Ce sépulcre est formé de trois grandes pierres, dont deux sont debout, l'autre par dessus, elles ont treize palmes de large et vingt-six de hauteur. »

Selon Strabon, le prétendu temple d'Hercule, à l'extrémité de l'Espagne, n'était qu'une réunion de pierres druidiques.

Montfaucon dit qu'elles sont communes dans la Frise, dans la Westphalie, et dans tous les pays du nord ; celles de Hummeling dans l'évêché de Munster, peuvent mettre cent moutons à l'abri de la pluie, assure ce célèbre antiquaire.

Près du temple de l'ancienne Cérès chez les Phéniates, était un de ces monuments nommé Pétrona, sous lequel on conservait les rites et détails concernant les grands mystères.

Les anciens marins disent avoir vu, au large, entre le Guilvinec et Penmark des pierres druidiques, à quinze ou vingt pieds de profondeur sous l'eau tellement vénérées, qu'on disait la messe dans un bateau au-dessus d'elles une fois chaque année.

Quand les hommes errants sur les différents points de la terre eurent perdu le sens des emblèmes anciens, les traces de respect resté pour eux, dans leur esprit, divinisèrent ces pierres. On leur offrait des sacrifices, on les couvrit de couronnes de fleurs, on versa sur elles de l'huile, des parfums : on adora le dieu Thermes ; Jupiter, Cappotas ; de là le Sala-Gramma des Bhrames ; la pierre salanite ; les Bétyles ; de là le jurement des Romains sur Jupiter pierre ; la pierre de l'aéropage ; l'Alquibile des Arabes, le Gebul des Hébreux, les Ermatoi des vieux grecs, les colonnes des Macchabées ; la pierre de la porte Capene qui produisait des pluies aussi fécondes à Rome, que celles de la chasse de sainte Geneviève, à Paris.

Un fait que je rappelle, outre l'assertion positive de Diodore de Sicile, confirmera la vérité du sens que je prête à ces monuments. Polybe en décrivant la première alliance des Romains et des Carthaginois, dit, qu'ils attestèrent une pierre comme témoin éternel, indestructible de leur alliance, et que se dévouant à la vengeance céleste, ils frappèrent d'un caillou la tête d'un agneau, consentant à périr comme lui s'ils manquaient au traité qu'ils venaient de jurer.

Il ne m'a point paru déplacé dans la Bretagne, couverte de ces emblèmes, d'en désigner le sens avec précision et de rapporter quelques faits, qui les concernent dans l'*Histoire de l'Univers*.

J'avais attendu le moment d'une tempête pour me rendre à Penmarck, je fus bien servi par les éléments ; la mer était dans un tel état de fureur, que les habitants du pays, accoutumés à ce spectacle quittaient leurs travaux pour la contempler.

Tout ce que j'ai vu dans de longs voyages, tout ce que j'ai décrit dans ces mémoires, la mer se brisant sur les rochers de l'île Rodrigue dans un cyclone, joint aux courants qui emportaient mon navire à sa destruction, la tempête en doublant le cap de Bonne-Espérance, où mon navire courut sous la force du vent plus de cent lieues en dehors de sa route pendant vingt-quatre heures ; rien ne m'a donné l'idée de l'Océan mugissant sur les rochers de Penmarck et ballayant de ses immenses lames ce rivage solitaire et aride, où se voient au loin des gros rochers aux formes bizarres et la campagne triste et désolée, couvertes des ruines funèbres de six basiliques qui attestent l'emplacement d'une ville vaste et riche et d'un peuple disparu. Ces rochers noirs et séparés se prolongent jusqu'aux bornes de l'horizon ; d'épais nuages de vapeur roulent en tourbillon, le ciel et la mer se confondent. Vous n'apercevez dans un sombre brouillard, que d'énormes globes d'écume ; ils s'élèvent, se brisent, bondissent dans les airs avec un bruit épouvantable, on croit sentir trembler la terre. Vous fuyez machinalement ; un étourdissement, une frayeur, un saisissement inexplicable s'emparent de toutes vos facultés, les flots amoncelés menacent de tout engloutir ; vous n'êtes rassuré qu'en les voyant glisser sur le rivage et mourir à vos pieds ; soumis aux lois de la nature et de l'invincible nécessité.

La ville de Quimperlé est une des plus tranquilles, des plus heureuses de la France ; après une vie bruyante, agitée, après de longs voyages en Chine, au Bengale, aux Manilles, quand les nerfs étaient desséchés par les chaleurs de l'Hindoustan, de l'Amérique ou de l'Afrique, que de navigateurs se retiraient à Quimperlé ! le sang s'y purifiait au milieu des bois, des forêts, des bosquets qui l'entourent; les chagrins sont dissipés par une société douce, aimable; un médiocre revenu y fait vivre dans l'aisance. La chasse, la pêche, des promenades variées, pittoresques, la chère la plus délicate et le repas le plus parfait fait passer des jours heureux, à l'homme assez sage, pour préférer à l'éclat, au mouvement des grandes villes, le calme d'une vie paisible, l'air pur des bois et des rivières, des plaisirs près de la nature; on s'y réfugie enfin comme en Touraine; c'est un port paisible et sûr à la suite des tempêtes et des naufrages de la jeunesse et de l'âge mur.

Cette ville fut établie comme Quimper, comme Lyon au confluent de deux rivières; leurs noms loin d'avoir la rudesse qu'on prête à la langue des Bretons, le disputeraient dans les chants poétiques aux noms, les plus harmonieux de la Grèce et de la Lydie; l'une est l'Ellé, l'autre l'Isole; l'une court avec lenteur au milieu des prairies sur un lit de sables d'argent; l'autre se précipite au milieu des rochers; c'est le tranquille Arar et le Rhône fougeux, s'il est permis de comparer de grands fleuves à des ruisseaux. L'Isole et l'Ellé s'unissent, se mêlent aux eaux de la mer, forment le port de Quimperlé et descendent jusqu'au Pouldu; les rivages, tour à tour riants, déserts, sauvages, offrent à ceux qui les parcourent les aspects les plus variés; c'est le joli bois de l'Abbaye, ce sont les hautes terrasses de Queblin, d'épais bosquets de noisettiers, la forêt et le vieux château de Cornoet; c'est l'abbaye de Saint-Maurice, si reculée, si déserte, où l'art et l'industrie surent au milieu de taillis, de sables, de rochers, créer de grands jardins chargés de fruits et de légumes; ce sont après rochers noirs et couverts de landes où la vie cesse d'exister, où l'on ne pouvait enfanter que des idées mélancoliques, c'est l'Océan enfin. J'ai descendu plusieurs fois l'Ellé, toujours avec des sensations nouvelles. Sur les lacs que j'ai parcourus dans les rivières au cours desquelles j'aimais toujours à m'abandonner, j'ai sans doute éprouvé des émotions plus vives, mais jamais de plus doux, de plus heureux.

Le comte de Montfort mourut en 1345 et fut enterré sous le grand autel des Jacobins.

En 1342, après la levée du siège d'Hennebond par Charles de Blois, Louis d'Espagne entra dans la rivière de Quimperlé suivi d'une flotte considérable, il débarqua plus de six mille hommes qui furent détruits par Gautier de Maury. Louis d'Espagne avec trois cents hommes qu'il put à peine rassembler, se réfugia dans la Vilaine.

En 1373, Quimperlé fut canonné, fut pris par Olivier de Clisson ; Jean de Ros, écuyer anglais qui commandait dans cette ville, y reçut la mort.

Cette cité gardée par le duc de Mercœur fut attaquée par les troupes du roi en 1500, on en fit sauter les portes, la ville et l'abbaye furent pillées ; ses murailles furent démolies en 1680. Les matériaux qu'on tira servirent à la construction des quais.

En arrivant par la grande route de Lorient et de Hennebond, on traverse le bourg Neuf, dont les courtils, dont les jolis jardins, fermés de murs, et soutenus par des terrasses ; les collines qui bornent la vue du Combout, les rochers, les landes sauvages qui les surmontent, les riantes prairies du Cosquer, des eaux, des bois et des landes dorées, décorés de quelques villages, sont les différents points que diverses positions vous présentent ; on peut se reposer au frais dans des tourelles de laurier, de filaria, de jasmin, prendre des bains d'une eau limpide et pure, jouir des plaisirs de la pêche et sans sortir de son jardin et de sa basse-cour ; garnir sa table de saumon, de truites, d'excellentes lamproies, de belles anguilles, de colvers, de toute espèce de volaille, de fleurs, de fruits et de légumes inachetés.

On ferait cent tableaux des sites de toute nature qui environnent Quimperlé ; est-il rien de sauvage comme les monts dépouillés de forêts ?

Vous êtes à cent lieues de l'habitation des hommes : quelques oiseaux planant au haut des airs, le poisson qui dans les jours d'été s'élance et ride en retombant la surface d'une eau tranquille, la génisse immobile au sommet d'un rocher suspendu, sont les seuls objets qui vous rappellent à des idées d'existence et de vie ; tout paraît mort autour de vous.

Placez-vous sur la terrasse élevée de Kéblin ; la rivière serpente au milieu des prairies, de noisettiers, de joncs et d'arbrisseaux, quelques bâtiments à la voile des taillis, la forêt, la ville au milieu de grands arbres vous offrent un aspect noble et grave.

Arrêtez-vous sur le petit pont de Gorécaire ; cette jolie cascade, ces peupliers, ce pavillon, ces caprices de la nature, sur un fonds de landes sauvages ! Du côté de l'Ellé, ces jardins, ces restes du château servant de repoussoir, cette prairie couverte de pommiers, les branchages légers d'un bois de châtaigniers, le côteau de Louvignon, coupé de jardins en terrasses de colombiers et de hameaux, offrent un spectacle enchanteur au printemps, agréable en toute saison. Le district de Quimperlé touche près de Scaër à celui de Carhaix et par une assez grande surface au district de Quimper ; le Morbihan le borne à l'est ; la partie du sud touche la mer.

On voit aussi dans ces cantons quelques Caqueux, Cacouax, espèce de parias, proscrits qui vivent dans les landes, éloignés des habitations, sans qu'on communique avec eux : on les croyait au xv° siècle juifs d'origine ; séparés par la lèpre des autres hommes. Ils font des cordes pour subsister. Les évêques, à cette époque, ordonnèrent que ces Caqueux se tiendraient au bas des églises, sans se mêler au reste des fidèles. Le duc François II leur enjoignit de porter une marque de drap rouge, sur un endroit apparent de leurs robes ; il leur défendit tout commerce, autre que celui du fil, de chanvre, encore ne pouvaient-ils le faire que dans des lieux peu fréquentés. Ces hommes, séparés des autres hommes, furent l'objet de mille contes extravagants ; ils vendaient des sachets qui préservaient de tous les maux, jetaient des mauvais vents, donnaient des herbes dont la vertu faisait vaincre à la lutte, à la course : ils vous prédisaient l'avenir. Ces malheureux profitèrent sans doute de la stupidité, de la crédulité de leurs voisins. Beaucoup parvinrent à défricher des landes, à cultiver des champs abandonnés, qu'ils fécondèrent ; ils plantèrent des bois, des prairies ; on voit sur le chemin de Plaçamen un fort joli village de Caqueux ; le préjugé n'est plus aussi fort qu'il l'était autrefois, mais on ne s'allie point encore à leur famille.

On faisait dire à saint Eurlot, à sainte Cornélie, des messes pour le repos de son mari défunt ; on les payait quatre fois plus, s'il s'agissait de guérir ou sa vache ou son veau.

On voit aussi, dans ces cantons, quelques monuments Druidiques. Des vieilles pensent que toute une noce fut changée en pierre pour une faute qu'on ignore.

Scaër. — Le canton de Scaër a conservé une foule de vieux usages et de superstitions, rapportées par Brizeux dans son poème des Bretons.

S'agit-il d'une demande en mariage, c'est en général un tailleur qui est le mercure ou messager galant du jeune homme près des parents de la jeune fille. Son caducée est une branche de genêt fleuri, symbole d'amour et d'union ; de là le nom de Bazvalan (bâton de genêt) donné aux entremetteurs. Ces agents ont droit pour présent de noces à une paire de bas blancs marqués d'un coin jaune. Le jour fixé pour le mariage, la cour de la fiancée se remplit d'une foule joyeuse à cheval, chaque cavalier avec une femme en croupe, venant chercher la future pour la conduire à l'autel. Le fiancé, seul sur sa monture, se présente en tête du cortège et trouve la porte de la maison fermée, à un signal convenu, un discoureur, au nom du jeune homme, récite une espèce d'épithalame traditionnel, thème à peu près invariable ; mais sur ce fond, il improvise quelques broderies appropriées à la position sociale et au caractère des conjoints. Un second avocat, nommé le disputeur, répond au nom de la future, et bientôt s'établit entre ces représentants des anciens bardes ou trouvères, un interminable dialogue en vers breton, dont rien ne peut rendre la gravité grotesque, ni le comique touchant. Une sorte de lutte s'engage entre les familles ; la jeune fille est enlevée à la manière non seulement des Sabines, mais des Kirghis, des Kalmouks, des Tibétains, des Mongols, etc., portée comme en triomphe sur la croupe du coursier que monte son fiancé et la cavalcade part pour le bourg et met pied à terre devant l'église.

La messe est précédée du chant du *Veni Creator ;* dans certains cantons, il est d'usage de se rendre à l'issue de la messe à la sacristie, où le garçon d'honneur, portant au bras un panier couvert d'une serviette, en tire un pain et une bouteille de vin. Le recteur, après avoir fait avec la pointe d'un couteau le signe de la croix sur le pain, en coupe un morceau, le rompt et le partage entre les époux qui doivent toujours être à jeun.

Il prend ensuite le vin et en verse dans un hanap d'argent quelques gouttes au mari qui boit et passe le hanap à sa femme. Ces agapes terminées, parents et amis se remettent par couples sur leurs montures et partent au galop pour le lieu où les attend le gala, suivi de danses qui se prolongent jusqu'au soir. La première nuit des noces appartient à Dieu ; la vierge à la seconde, le chaste époux réclame la troisième.

Les ruches doivent participer aux joies comme aux tristesses de la famille ; on les entoure pour les mariages d'étoffe rouge et pour les deuils d'étoffe jaune ou noire suivant les localités. Un cultivateur est-il atteint d'une maladie grave? On fait à l'église l'épreuve de dix bouts de cierges, cinq pour la mort, cinq pour la vie. Si ceux-là s'éteignent ou s'usent les premiers, c'en est fait du malade. La nuit on croit entendre le roulement cahoteux de la brouette de la mort (carrikel an ankou) que mène un squelette; on commence aussitôt les prières des agonisants et l'on vide l'eau des puits et des fontaines de crainte que l'âme ne se noie en quittant son enveloppe terrestre. On se garde aussi de balayer la maison après le coucher du soleil; ce serait balayer les trépassés (scuba an anaoun), car on sait qu'ils reviennent dans leur ancienne demeure. La veille de la fête des morts, le premier jour du mois noir (mis du) le recteur à l'issue des vêpres fait processionnellement le tour du cimetière en bénissant chaque tombe, et les parents remplissent la coquille creusée dans la pierre, soit d'eau bénite, soit de lait qui doit mieux que l'eau, blanchir les trépassés. La nuit suivante, dans aucun ménage, le souper n'est enlevé de dessus la table afin que les défunts puissent en prendre leur part. Le feu ne sera pas non plus éteint dans l'âtre, car les âmes, aussi pressées dans les airs que les feuilles sèches tombées des arbres et que les grains de sable de la mer, viendront se chauffer encore au foyer de la famille. Lorsque chacun a quitté la cheminée pour l'abandonner aux morts et s'est mis au lit, on entend au dehors des chants lugubres; ces chants sont ceux des âmes réclamant des prières par la voix des pauvres de la paroisse, qui vont répétant de porte en porte le cantique du purgatoire:

> Nous sommes dans le feu et l'angoisse,
> Feu sur nos têtes, feu sous nos pieds,
> S'il est encore de la pitié dans le monde,
> Au nom de Dieu, secourez-nous!
>
> Jadis quand nous étions sur la terre,
> Nous avions parents et amis;
> Mais ceux que nous avons nourris,
> Nous ont depuis longtemps oubliés.

> Quand la Mort frappe à la porte
> Tous les cœurs tremblent ! qui la mort vient-elle chercher ?
> S'il est encore de la pitié dans le monde
> Au nom de Dieu, secourez-nous !

La merveille de Scaër est la fontaine de sainte Candide ; il n'est pas d'enfant qu'on ne trempe dans la fontaine, quelques jours après sa naissance, il vivra s'il étend les pieds, il meurt dans peu, s'il les retire. La fontaine, dont sainte Candide fit jaillir les sources, guérit la fièvre, le mal aux yeux, dénoue les enfants ; une maladie de langueur, nommée barat, résultat d'un sort jeté, qui conduit infailliblement à la mort, ne peut être détruite que par elle. On a trouvé des perles dans des moules de rivière aux environs de Scaër. On allume deux cierges à Scaër, au moment du mariage ; on en place un devant le mari, l'autre devant la femme ; la lumière la moins brillante indique celui des deux qui doit mourir le premier. L'eau et le feu, comme chez les anciens, jouent un grand rôle dans la Bretagne, comme cent faits nous en ont convaincu jusqu'à présent.

Du côté de Guingamp, quand on ne peut trouver le corps d'un noyé, on met un cierge allumé sur un pain qu'on abandonne au cours de l'eau, on trouve le cadavre dans l'endroit où le pain s'arrête. J'ai vu les courses de chevaux qui s'exécutent aux mariages à Scaër ; il s'agit le premier, d'enlever un ruban, placé près de l'auberge où se fait le repas de noces... Scaër, reculé dans les terres d'un abord difficile, a conservé beaucoup des formes et des usages du temps le plus ancien.

Des poètes, des discoureurs y demandent les filles en mariage.

Un troubadour se transporte chez la fille qu'il demande en mariage pour son ami, il n'est reçu d'abord qu'à la porte. Un autre troubadour, protecteur de la fille est sous les armes : la dispute commence en vers de tradition, fort souvent impromptus, dont je peux vous donner quelques exemples.

L'étranger fait un compliment à tous les individus renfermés chez la fille qu'il demande en mariage ; il implore pour eux les faveurs du ciel, des jours de rose et les délices d'une autre vie, il salue les prêtres souverains sur la terre, les gentilshommes qui, de leur épée protègent la croix et les pauvres. Il finit cette exorde par s'excuser de ses faibles talents sur son séjour loin des grandes écoles, des villes et des gens éclairés.

Le disputeur de la maison lui dit en vers :

Votre salut nous plaît, il charme les vieillards et les jeunes gens.

Il est bien malheureux que ce que vous cherchez ne se trouve pas dans ces lieux ; le vase de parfums n'est plus, nous n'avons que des pots de terre à vous offrir : une inspiration du ciel nous a ravi ce que nous chérissions avec idolâtrie, cet ange a fait serment d'abandonner le monde et de consacrer à son Dieu dans la solitude du cloître et son bonheur et sa virginité ; elle renonce à l'homme perfide, inconstant et traître : l'ingratitude habite sur la terre, on n'y recueille que des pleurs.

Adieu, soyez heureux dans ce monde et dans l'éternité.

Le Demandeur. — Quand nos chiens à la chasse ont perdu les premières voies, mauvais chasseur qui se retire. Je reviens à la charge et vous demande avec instance l'objet d'un amour éternel... Celui qui la recherche n'est pas fait pour qu'on le refuse. Il meut la terre avec facilité, retourne en un seul jour plus de sillons que trois de ses confrères. Nul ne lui résiste à la lutte, le cerf n'a pas plus de légèreté, quand la charrette se renverse en un chemin mal aplani, il sait tout seul la retirer, il a chassé le malfaiteur qui menaçait d'attaquer son village, et son bâton a su briser, a fait voler au loin leurs armes de fer et d'acier.

Le Disputeur. — Celle que vous demandez n'avait pas moins de mérite que lui. Quelle toile fine et légère, quelle étoffe forte et solide elle fait sortir du métier !... Si vous voyiez avec quelle souplesse elle porte à la ville, sans accident, le lait qu'elle-même a tiré. Jamais jeune homme du village ne se flatta d'avoir obtenu d'elle un seul regard, et quand la danse est commencée, elle tient d'une main sa mère, de l'autre son amie, et jamais un garçon qui pourrait la tromper. J'en suis fâché, mais celle que vous demandez n'est plus ici, cherchez ailleurs.

Le Demandeur. — Pourquoi, quand je vous indiquai la neuvième heure du matin de ce jour, quand je vous fis sentir le motif de ma visite, m'avez-vous laissé quelque espérance ? Vous me trompez ; celle que je cherche n'est pas sortie de la maison ; tout le village l'aurait su, l'eût retenue...

L'if est fait pour les cimetières, pour les lieux écartés, mais un beau lys est fait pour les jardins ; ne me chargez point de paroles de désespoir, conduisez par la main celle que je désire. La table va se préparer, et nous les assoirons à côté l'un de l'autre, en présence de leurs parents.

Le Disputeur. — Je cède à vos vives instances, à votre persévérance : je vais vous présenter ce que nous avons dans la maison, et vous verrez si celle que vous demandez est ici. En attendant, grand'père, et vous tous, levez-vous et voyez si celui qui parle est connu pour un honnête homme.

Après une déclaration des vieillards, le disputeur disparaît un moment ; il amène une vieille et la présente.

Est-ce cette rose que vous cherchez ?

Le Demandeur. — A la figure respectable, à la physionomie calme, tranquille et gaie de cette femme, je juge qu'elle a bien rempli sa tâche dans ce monde, et que son mari, ses enfants, que tout ce qui vivait à côté d'elle était heureux, mais elle a terminé ce que l'autre doit commencer ; ce n'est pas elle que je veux.

Le disputeur va lui chercher une jeune veuve.

Le Demandeur. — On ne peut être plus jolie, cette figure de santé, de jeunesse se porte droit, cette démarche aisée, m'annoncent une vierge aimable, mais en l'examinant avec attention... ce doigt usé de frottement me fait connaître que fort souvent elle a cherché dans un bassin de terre la bouillie qu'elle donnait à ses enfants.

Le disputeur lui conduit un enfant de dix ans.

Le Demandeur. — Voilà ce qu'était, il y a huit ans, celle que je désire ; un jour ce bel enfant fera le bonheur d'un époux, mais elle doit rester encore longtemps sur l'espalier, l'autre n'attend qu'une corbeille pour être transportée sur la table du festin nuptial.

Le Disputeur. — Vous triomphez, rien ne vous trouble. Je reconnais votre constance et votre fermeté ; voilà ce que vous cherchez, parée de toile de Hollande, d'écarlate et de rubans d'or et d'argent. Allez chercher celui qui l'aime et nous les placerons tous deux à table au bout du banc. Puissent-ils être heureux ensemble, et mériter la bénédiction du prêtre et de leurs parents! Allez, la promptitude de votre retour nous prouvera l'amitié que vous nous avez annoncée.

Touchez-là, mon ami ; je prendrai place à vos côtés, et le cidre, et le vin, nous rappelleront des chansons anciennes.

La musique des Bas-Bretons est vive, légère ; elle ne paraîtrait pas convenir à des hommes naturellement lourds et dont les mouvements sont lents, mais comme la musique entrait pour beaucoup autrefois dans l'éducation des peuples, peut-être a-t-on imaginé dans la Bretagne de stimuler, par des airs vifs, un peuple dont les mouvements avaient trop de lenteur. La même chose eût lieu en Angleterre.

Les instruments en usage en Bretagne sont la musette, le haut-bois et le tambourin. Aucun peuple n'a plus d'oreille que le peuple de ces contrées. Dans un branle de cent personnes, vous n'en voyez pas une qui ne tombe d'aplomb, qui contrarie, par un faux mouvement, l'uniformité d'un ballet. Dans la description de la danse des Grecs, Guys nous a donné celle de la Bretagne; ce sont les mêmes passe-pieds, les mêmes figures; tantôt on marche deux à deux jusqu'au moment où la musique vous indique le passe-pieds; tantôt vous formez un grand rond, au milieu duquel on enferme un enfant; on quitte ici la main d'une de ses voisines et l'on décrit, suivie de tout le bal, cent figures, dictées par le caprice; ce qu'on remarque ici de particulier et d'étrange, c'est l'air contrit, l'œil baissé, l'air dévôt de toutes les femmes. C'est encore ce respect que la danse inspirait, quand elle était l'image des mouvements célestes, quand elle s'exécutait dans les temples, au fond des bois sacrés.

Les Lacédémoniens avaient l'horamus, espèce de branle semblable à ceux que je décris; un jeune homme d'une contenance fière, hardie, le dirigeaient, les filles suivaient dans une attitude plus modeste moins prononcée.

Lucien dit qu'on dansait en rond autour des autels, pour imiter le mouvement du Zodiaque.

La grue s'exécute en Bretagne comme elle s'exécutait dans Athènes sous le règne de Thésée; les danseuses et les danseurs se suivent à la file, comme les grues.

Ces danses dans les temples, dans les cimetières, furent défendues en 744, par le pape Zacharie; il en existait à Paris des traces dans le XII° siècle, puisque Odon, évêque de cette ville, donna ordre à ses curés de l'abolir.

Dans le XVII° siècle, à Limoges, à la fête de saint Martial, le peuple dansait en rond dans le chœur de son église.

Pline assure que le passe-pied tire son origine de la Pyrrhique.

Nous avons vu que les Bretons croient dans les lieux sauvages et dans les landes entendre la musique, et voir la danse des Gaurics, autour des pierres druidiques.

Lucrèce dit que les esprits font leur demeure dans les déserts, dans les forêts, c'est l'asile des nymphes, des satyres et des faunes danseurs.

Rien ne rappelle aux temps reculés, comme les danses des Bretons, assis sur des tonneaux, auprès desquels est une enseigne de guy, de lierre ou de sapin ; un Sylène grossier vous présente dans un broc, du vin, du cidre ou de l'eau-de-vie.

Plus loin, sur un fossé, dans une touffe de feuillage, un Homère aviné souffle dans sa musette, accompagné du haut-bois affidé qui dirige sa marche et partage ses gains. Quel mouvement, quelle gaieté, quelle simplicité dans les nombreux acteurs de cette fête, dédaigné par quelques servantes, par ces messieurs accoutumés aux menuets, aux contre-danses, aux violons de la halle et du cabaret. Le paysan Breton, quelle que soit sa fortune n'a d'autres jouissance que celle d'augmenter le trésor dans lequel il dépose tout l'argent qu'il arrache aux villes. Le plus riche fermier se nourrit comme son valet, et n'est pas mieux vêtu que lui. Le lait, le lard et le pain noir sont sa nourriture ordinaire ; il mange aux jours de fête ou de mariages, du bœuf, du veau, quelquefois du lard au raisin ; il mange un autre far, aliment nourrissant, grossier, fait avec du lait et du beurre excellent ; on n'a point de fromage en Bretagne, mais on y prépare le lait de vingt manières différentes.

J'ai décrit bien des usages anciens, des pratiques singulières. — Je les multiplierais encore si je me permettais une incursion dans les Côtes-du-Nord et dans le Morbihan. On y retrouverait la coutume des Asiatiques qui ravissent la femme qu'ils veulent épouser. On y verrait le village du mari disputer au village de la mariée la possession des deux époux, une lutte s'engage, les vainqueurs obtiennent un nouveau ménage et le conduisent en triomphe chez eux.

Au moment où la nouvelle mariée, à Carnac, sort de l'église, on lui présente une énorme branche de laurier, chargée de pommes, ornée de beaux rubans ; à l'extrémité de la branche est un oiseau lié par une faveur auquel elle donne la liberté. — Pour lui rappeler ses devoirs, on lui fait présent d'une quenouille qu'elle est obligée de filer.

Je n'ai point parlé de la lutte exercise dans laquelle les Bretons l'emportent sur toutes les nations du monde... Du bâton, dont ils se servent avec une telle adresse qu'il est impossible de les toucher avec un sabre, une épée, avec des pierres qu'on leur lance avec force ; de leurs coureurs infatigables.

Les luttes sont données par de riches fermiers qui préparent, qui veulent fouler une aire à battre le grain. Voici ce qui se pratique. On fait avec cérémonie le tour de l'aire précédé, par la musette et le hautbois, instruments principaux du pays. Le maître de la maison marche suivi de ses amis, ceux-ci montrent à l'extrémité d'un bâton, les présents qui doivent diminuer les frais de la fête ; des femmes portent du lait, du beurre, et des moutons terminent la marche. Tous les présents sont livrés à l'architriclin de la fête ; on se met à table, où le cidre, le vin, des viandes de toute nature sont prodigués aux convives... On foule l'aire en dansant en marquant du pied la mesure, en pressant le sol avec plus de force que dans les danses journalières... On se prépare à la lutte ; les prix, moutons, rubans, chapeaux sont offerts à la cupidité des spectateurs.

Le maître de la maison donne alors aux hommes les plus marquants de l'assemblée des fouets à l'aide desquels la lice est bientôt formée. Les combattants s'approchent, se touchent la main, en se jurant franchise, loyauté, en attestant qu'ils n'emploieront aucun charme pour se procurer la victoire...

Ils sont en chemise, en caleçons, pieds nus, se menacent, se tâtent, s'examinent, ils se saisissent avec force. Il faut que le saut soit franc, que le vaincu tombe à plat sur le dos, vingt fois un des combattants touche la terre, se laisse tomber sur le côté, sur l'estomac, on se repose, on se relève, on recommence ; enfin le plus faible succombe ; on s'élance, on enlève, on porte le vainqueur ; le prix qu'il a bien mérité lui est aussitôt délivré, son village orgueilleux le ramène en triomphe.

Il est quelquefois obligé de livrer un second combat, et garde ou perd le prix du premier avantage.

Quand je me suis trouvé sur les rochers sauvages de la Bretagne, dans un climat toujours battu par les tempêtes, sous un ciel noir et rigoureux, entouré de déserts, de sable, de goémon, n'ayant pour compagnon que les oiseaux de mer qui sifflent en pêchant, en dessinant des cercles dans les airs, en tombant du ciel sur leur proie ; quand le silence auguste et redoutable qui régnait sur ces vastes plages, n'était interrompu que par la vague énorme qui se déployait en bouillonnant au milieu des rochers qui se prolongent dans la mer et se perdent à l'horizon ; quand je cherchais dans une chaumière enfumée quelque notice sur les mœurs, sur les antiques usages de la Bretagne, que la misère la plus profonde, les instruments les plus grossiers, les vêtements des premiers âges, des habitations telles qu'on en trouve chez les Lapons, dans les monts Himalaya ou en Birmanie, étaient les seuls objets qui frappassent ma vue ; je ne pouvais m'empêcher d'être surpris de l'incroyable différence que vingt lieues établissent quelquefois entre des hommes qui vivent sous le même ciel, sous les mêmes lois, sous la même religion.

Le costume des habitants de la campagne, des environs de Lesnever est singulier ; ils portent de grandes culottes et des sabots, sans bas ; sur des gilets fort courts, une casaque de toile à capuchon : leur bonnet rond de laine bleue, espèce de calotte épaisse, n'enveloppe que la partie haute du crâne ; leur front découvert, leurs oreilles sont nues; des cheveux longs et plats flottent sur leurs épaules, couvrent leurs yeux, aussi le mouvement le plus commun chez les Bretons, est celui qui rejette sur leurs oreilles les houppes de cheveux, qui leur dérobent les objets, et gênent toutes leurs actions. Il m'est démontré que ce costume si gênant, que ces larges culottes, de Quimper et des environs, qui ne couvrent que la moitié des fesses; que les sabots qu'ils portent habituellement et de préférence; que leur costume enfin, fut inventé par des seigneurs intéressés à les contenir, à comprimer toute espèce d'élans à les mettre hors d'état de résister, de fuir leurs maîtres. C'est ce principe, dit-on, qui força les femmes de la Chine à ne porter que de petits souliers.

Les femmes portent une coiffe de toile sous une coiffe d'étoffe épaisse, un corset, un ou deux jupons courts.

Les mœurs du pays sont pures, hospitalières; on prend soin de vous, de votre ami, de votre cheval, en refusant presque toujours la rétribution que vous offrez. Ces bons campagnards vous donnent ce qu'ils ont de meilleur; du lard, de la viande salée, du lait, du beurre, des crêpes, des galettes, etc. Les femmes sont les premiers domestiques de leur ménage; elles labourent la terre, soignent la maison, mangent après leur mari qui ne leur parle qu'avec une certaine sécheresse, une dureté qui tient du mépris. Si le cheval et la femme d'un Léonard tombent malade en même temps, il a recours au maréchal, et laisse opérer la nature sur sa moitié, qui souffre sans se plaindre (*Les Samoyèdes ont les mêmes mœurs*).

L'homme de la côte qui soutient jusqu'à 20 ans les variations, les rigueurs, les travaux des lieux qu'il habite, pousse ordinairement sa carrière jusqu'à la très grande vieillesse. Il faut être de fer pour résister aux tempêtes habituelles, aux vents forcés, à l'air brûlant et corrosif des Côtes-du-Nord, de la Bretagne.

Le climat est moins rude dans l'intérieur des terres; dans un espace de trois lieues, vous apercevez une différence très prononcée dans l'habitude du corps, dans la manière d'être, dans les traits des habitants du même pays.

Sainte Gertrude à Trefflés, préfère les poulets à toute autre offrande ; elle guérit les rhumatismes et les maladies de langueur ; ces poulets revendus préservent les basse-cours de tout accident.

Donnez du beurre à saint Hervé, vos bestiaux ne craignent rien des loups ; ce saint aveugle se faisait guider par un de ces animaux.

Le mal d'oreille, la surdité se dissipaient chez saint Tregaré ; on trempait une pièce d'argent dans un vase d'huile bénite, on l'appliquait sur la partie malade ; la pièce restait sur l'autel.

On fait bénir du pain, à Plouëder, sous l'influence de saint Didier ; ce pain est merveilleux pour faire parler les enfants.

Saint Isidore fait mourir les taupes. — Un De profundis, et deux liards donnés aux trépassés, font retrouver les objets perdus : le même sacrifice vous fait éveiller par les morts à l'heure que vous leur indiquez.

Saint Yves fait lever la pâte. — Si le beurre se forme lentement, on a recours à saint Herbot.

La part des absents, quand on partage le gâteau des rois, se garde précieusement ; elle indique l'état de leur santé, par sa bonne conservation ; la maladie, par des taches ou des ruptures.

On vend la nuit la poule noire au diable qui l'achète au prix que vous lui demandez.

Les druides savaient maîtriser jusqu'aux écarts de l'imagination, pour consoler, pour soulager l'humanité faible et souffrante, comme ils surent donner un caractère divin à tout ce qui pouvait être utile aux hommes.

Le tableau du zodiaque des signes qu'on y suppose, en sont une démonstration ; le caprice, des rapprochements sans liaison, des traditions, et le hasard fondèrent les religions du monde ; la seule religion druidique paraît avoir des basses fixes, un système complet, une assiette fondée sur la nature et les besoins de l'homme. Des Athéniens eurent des idées religieuses qui leur vinrent des Pélages et des Egyptiens ; les Egyptiens les reçurent des Chaldéens ou de l'Ethiopie ; les Indiens, les Chinois des Tartares et des Mongols (le chamunisme).

Les druides et les Gaulois ont seuls une religion sublime, merveilleuse, fondée sur la nature sur l'histoire des éléments, des astres dont ils connaissaient la marche ; de la médecine qu'ils pratiquaient, et de ce principe brillant qui n'admet dans l'univers aucune combinaison, aucun assemblage qui ne soit dirigé par une âme, ou guidé par une intelligence ; ils admettaient l'immortalité de l'âme, peuplaient l'air, le ciel et les mers de millions de demi-dieux, admettaient un être suprême, qu'ils révéraient sans le nommer. Tels étaient leurs principes connus ; s'ils croyaient cette divinité supérieure, l'âme, le résultat des combinaisons de l'univers, comme l'âme humaine est celui de nos sens, de notre organisation ; s'ils imaginaient qu'immatérielle et créatrice, elle eût enfanté la matière et réglé ses combinaisons, c'est ce qu'on n'examine pas ici ; mais il est démontré que toute idée métaphysique, depuis l'athéisme jusqu'au système qu'ils professaient publiquement, était familier à nos druides ; et que les Etrusques, les Mages, les Gymnosophistes et le secte des Pythagoriciens ne firent que commenter, que chercher à comprendre les systèmes qu'ils avaient créés ; systèmes qui n'étaient pas le fruit de ces fantaisies auxquelles on veut assujettir les phénomènes, mais le résultat de leur expérience de ces observations suivies faites par leurs disciples, sur tous les points du globe qu'ils parcouraient : elles étaient classées, rédigées par un collège immense, dont l'occupation, et la nuit et le jour était avec respect, avec enthousiasme, d'observer tous les mouvements, toutes les opérations de la nature qu'ils regardaient comme un livre divin, comme la manifestation des volontés et des actions des millions d'individus qui dirigeaient les astres ; des intelligences errantes dans les airs, agissant dans les flammes, mouvant les éléments. Ces êtres régissaient, dirigeaient les mœurs, les principes des hommes, dispensaient le bien et le mal et participaient même aux passions de l'homme, en raison de leur voisinage de la terre ou du degré d'imperfection qui les empêchait de s'élever dans les régions qu'habitaient des demi-dieux, des dieux purifiés par la sagesse et par la bienfaisance. On réserve à Lesneven un tison du feu de la Saint-Jean pour préserver du tonnerre. Il faut que les filles, pour se marier dans l'année, dansent autour de neuf de ces bûchers dans une même nuit ; la chose n'est pas difficile ; ces feux sont tellement multipliés dans la campagne qu'elle paraît illuminée.

Le majestueux aspect de la mer en vue de Pontusval, ces côtes au loin prolongées, la grandeur de ce beau spectacle le bruit des vagues, ces écueils redoutables, effroi des ennemis et des navigateurs, ces moutons blanchissants qui couvrent la teinte uniforme des eaux bleuâtres, vous dédommagent amplement de la route que vous venez de faire. Arrivé sur la roche élevée du castel Louol, on n'est qu'à vingt lieues de Plymouth : Plymouth, le comté de Cornouaille furent probablement le premier point de l'isle, découvert et peuplé par les Bretons de la grande terre : Les Venètes y firent un commerce immense de perles et d'étain qu'ils transportaient, en traversant les Alpes jusqu'aux embouchures du Pô, habitées par leurs colonies avant les siècles héroïques ; les richesses et l'ambre qu'une autre colonie du même peuple ramassait sur la mer Baltique et portait au même entrepôt, se répandaient de là dans la Grèce, l'Asie, jusque dans la Colchide, d'où l'on rapportait en échange les richesses de l'Orient.

La conquête des Gaules par les Romains, les guerres du

nord, la prise de l'Isle de Bretagne par les Saxons, interrompirent ce grand mouvement du commerce qu'on fait à moins de frais, depuis les voyages dans l'Inde, par le cap de Bonne-Espérance et l'Isthme de Suez.

La côte de Pontusval est poissonneuse ; les lieus, les turbots, les soles y sont communs et d'un goût délicat ; le chien-de-mer et les marsouins s'y trouvent en très grande abondance.

Quand vous avez lu, dans les récits des voyageurs, la description de la vie malheureuse des habitants de la Terre-de-Feu où des infortunés qui végètent sur les rochers de la mer du Sud, des malheureux Lapons ensevelis sous la neige du Kamschadal nourri de poissons corrompus ; vous vous êtes quelquefois écriés : O France ! trop heureux qui naquit dans ton sein, sur cette terre si féconde, sous ce beau ciel si tempéré, sous les orangers de la Provence, les pommes de la Normandie, dans les jardins de la Touraine où des travaux faciles, égayés par le chant, par la musette et par la danse, procurent une ample et saine nourriture, un vêtement souple et commode au plus faible de ses enfants. Vous ignorez quel est, dans cette même France, l'état, la vie des habitants de Pontusval, de la côte de la Bretagne en général.

Tous les travaux ici, se font à la main, sous un ciel noir et rigoureux, battu des vents et des tempêtes. Le riche est occupé du peu de bois, qu'à force d'argent et d'industrie, il peut à peine se procurer ; le pauvre ne peut se chauffer, ou faire cuire ses aliments grossiers, qu'avec de la paille, des landes et des racines de froment. Le mariage est un accord sans amitié, sans confiance et sans amour. La nourriture du pays est une bouillie grossière d'orge, d'avoine, rarement de froment ; on n'y boit dans les jours de fête, qu'une eau fade et souvent saumâtre : vous connaissez leur pauvreté, leur demeure enfumée, voilà l'existence du jour : passons à leurs travaux de nuit.

C'est au moment de la tempête, au coup de la pleine

mer, dans la plus profonde obscurité, dans les nuits affreuses de l'hiver, que tous les habitants de ces contrées, hommes, femmes, filles, enfants, sont particulièrement occupés. Point de récolte sans goëmon ; et c'est la nuit surtout qu'ils le ramassent: ils sont nus, sans souliers, sur les pointes des rochers glissants, armés de perches, de longs rateaux et retiennent étendus sur l'abîme, le présent que la mer apporte, et qu'elle entraînerait sans leurs efforts.

Je ne rappellerai pas ici ce que j'ai dit ailleurs, sans une particularité dont je fus le témoin.

La mer se retire au loin du port de Pontusval, et laisse son bassin à sec, couvert de sable et de vase ; il faut, sur ce terrain glissant, se rendre jusqu'au nouveau rivage, au milieu des dangers des chutes, des dégoûts d'un pareil voyage, souvent sous une pluie d'orage ; la figure coupée par les frimats et par les vents, les yeux brûlés par les particules de sel qui s'élèvent dans l'atmosphère : alors chacun travaille à recueillir un monlon de varec. On le dépose sur huit cordes, autour d'une barique vide, et l'on attend le retour de la mer, qui doit le transporter au fond du port. Imaginez les peines de ceux qui, dégouttants d'eau de mer et de vase, sont obligés de réunir, de rassembler, de presser, de lier cette masse infecte de goëmon ; ce n'est rien, il faut la conduire, la diriger à travers les écueils, à l'aide de longs bois ferrés. Souvent les cordes sont rompues, les malheureux s'abîment et se noient ; s'ils se sauvent, au milieu de ces plantes qui surnagent, qui s'opposent à leur passage, c'est avec des efforts et des dangers inimaginables. Souvent un coup de vent les éloigne du rivage, la mort les attend en pleine mer. Que d'efforts pour dégager cette masse énorme, des rochers dans lesquels elle s'engage, auxquels elle s'attache ! Lorsque le ciel est favorable, ils sont paisiblement portés et s'avancent à genoux, les mains au ciel, sous la garde de saint Goulven et de saint Pierre, patron de Plouneour. Je ne sais si je communique au lecteur l'impression dont je suis affecté ;

mais des positions de la vie, celle de ces malheureux me paraît une des plus cruelles. Le navigateur court une fois les dangers que ces infortunés éprouvent presque tous les jours.

Les tailleurs, espèces d'hommes méprisés, mais introduits partout, sont ici les entremetteurs de presque tous les mariages. Rarement on y passe des contrats ; les conditions se font sous seing privé, et plus communément devant témoins ; ils intéressent leurs enfants d'un quart, d'un tiers dans leurs ménages ; quelque riches qu'ils soient, ils ne leur cèdent jamais de terres ; ils sont très difficiles sur la pureté des familles qui leur proposent une alliance ; la mémoire conserve l'histoire des actions et des mœurs des générations passées.

Les disputes en vers étaient ici très vives entre les demandeurs, les jours de noces ; rarement elles se terminaient sans que les poètes en vinssent aux mains.

La superstition s'éteint graduellement par le dévouement des prêtres.

J'oubliais de parler de la plus haute de ces aiguilles, qu'on nomme Armenir ; on l'aperçoit de Pontusval ; elle s'élève comme un clocher ; sa hauteur est de 40 pieds ; elle a 4 pieds de diamètre à sa base. Ces pierres étaient consacrées au soleil.

Les naufrages sont communs sur cette côte ; ils entretiennent chez l'habitant un amour du pillage, que rien n'a pu détruire ; il regarde comme un don du ciel tous les objets que la tempête et que la mer peuvent apporter sur la côte ; il existe pourtant des familles qui ne participent jamais à ces vols ; qui se croiraient déshonorées si, quand la multitude court au rivage, et va se partager la dépouille des naufragés, elles faisaient un pas pour y participer.

Le pain du pays est un mélange d'orge, de trois quarts de seigle, et d'un seizième de froment ; ils mangent de la bouillie deux fois le jour, excepté le dimanche, le mardi, le jeudi; dans ces jours privilégiés, ils servent sur leur table de la vache salée, du lard et de la soupe de graisse.

Ici, comme dans tous les environs, le maître de la maison met le premier la main au plat; les hommes le suivent, en observant l'ordre que prescrit l'état ou l'âge; la maîtresse de la maison, ses filles, ses amies ne s'approchent qu'après que le dernier valet de labourage s'est emparé de la portion qui lui convient (*Mœurs des Kalmouks*).

Un contraste frappant pour l'observateur, est celui qui règne entre la simplicité, la manière d'être des habitants de Pontusval, du Correjou, de toute la Bretagne, et la langue qu'ils parlent; dans toutes les parties du monde, on a perdu le sens des mots corrompus qu'on prononce; ils ont ici leur pureté, leur originalité primitive et poétique. Pas une expression dont le sens ne se trouve dans les monosyllabes qui la composent; tout s'explique, tout vit, tout s'anime pour eux; la qualité distinctive qui fit nommer un champ, une maison, une famille se trouve conservée, après des siècles, par la décomposition facile de ce nom: pen hont signifie tête de bois; pen mark, tête de cheval; ar c'haun (argent), le plus blanc; ar mor, sur la mer; ar goat, sur forêt; as kell, aile d'oiseau: les noms du Correjou Carec-croum, la roche vantée; Carec-coulm, la roche du pigeon; la grève de Guisseny, coat nor, bois de nuit, donnent des idées précises; que ne diraient-ils pas, que n'inspireraient-ils pas au poète qui les emploierait! Il est barbare de négliger, d'anéantir la langue des Bretons, des Celtes, la plus vieille médaille de l'ancien monde. Déterrez le brigand que l'ignorance a dédaigné, tirez-le de l'affreuse misère où le gouvernement des rois l'abandonna; qu'il n'emporte pas au tombeau les richesses dont il est dépositaire; et quand il serait vrai que ces aperçus fussent des chimères, que ces rapprochements fussent l'effet d'un ingénieux charlatanisme, leur bizarrerie, leur sublimité devraient les faire conserver: le dédain est presque toujours l'effet de la sottise.

Excursion à Brest. — Les peuplades établies depuis Guytalmezeau jusqu'à Plouevéat, sont le plus forcément entraînées vers le brigandage des bris ; elles se précipitent sur la proie que la mer leur amène avec l'avidité, la brutalité de tigres ; on ne peut la leur arracher. Il n'est guère d'année que de gros bâtiments ne viennent échouer sur ces parages ; ils sont dépouillés par ces malheureux, ou pillés par les commissaires qu'on a chargé de les sauver.

L'habitant de l'île d'Ouessant cultive quelques champs, nourrit des troupeaux de moutons ; il porte à Brest les produits de sa pêche, il en rapporte les ustensiles qu'il a besoin ; il aime peu le séjour de la grande terre, ne s'allie guère avec des étrangers ; heureux plutôt par l'absence du mal que par la présence du bien ; ces hommes enlevés pour la marine éprouvent, en s'éloignant de leur habitation sauvage, les désespoirs des Suisses absents de leurs chalets, des Lapons conduits à Paris, de ces sauvages du Groënland qu'étouffait l'air trop chaud pour eux, d'un hiver très froid de la France.

Les femmes y labourent la terre ; il faut des obstacles invincibles pour que les hommes ne retournent pas au printemps dans leur île.

Les moutons y paissent en commun ; chaque propriétaire reconnaît les siens à sa marque, connue de tout le monde. On les sépare pour la tonte.

On ne voit pas un pauvre dans Ouessant ; c'est le pays de la médiocrité, de la paix et de l'hospitalité.

Les filles y font les démarches nécessaires à leur mariages ; elles vont sans autres explications demander à dîner à la famille de leur ami ; l'ami, pour toute réponse, conduit au cabaret le père ou le tuteur de celle qu'il aime ; le mariage alors n'a plus besoin que des formalités ecclésiastiques. On sent que de douces œillades, de petits soins, ont précédé ces déclarations simples.

C'est avec du *gœsmon et de la fiente* de vache qu'on cuit le pain dans l'île d'Ouessant ; on chauffe l'âtre, on y met la pâte qu'on recouvre de cendre chaude ; la cuisson s'opère très bien.

La côte de Saint-Mathieu n'est pas praticable ; l'ancienne abbaye (le promontoire de Gobée, de Ptolémée) domine sur des rochers très élevés, creusés par d'immenses cavernes ; les terres qu'elles supportent ne tarderont pas à s'engloutir ; la tour, l'église, disparaîtront comme d'autres édifices, comme des villes, peut-être, qui s'avançaient au loin dans cette mer dévastatrice. Ces ravages frappent, étonnent, épouvantent le paisible habitant des terres ; mais on se fait bientôt à ces idées sur les rives de la Bretagne, depuis la pointe de Roscoff, surtout, jusqu'à la pointe de Penmark. Qui se transporte aux temps si reculés dont ces vastes ruines sont des médailles existantes et des témoignages certains, ne peut s'empêcher de retrouver dans sa mémoire le souvenir des grandes fractures du globe ; de celle qui rendit à l'Océan l'immense réservoir d'eau qui s'était accumulé sur les riches terrains qui bordent à présent la Méditerranée ; de celles qui séparent la Sicile de l'Italie, la Thrace et l'Amérique de l'Asie, et Madagascar de l'Afrique.

Il voit ces ravages des temps, imprimés sur la masse immense des Alpes, des Cordelières et du Caucase ; ces monts couverts d'une glace éternelle, sont des héros inébranlables ; et les géants de la Bretagne, des êtres subjugués au pied de leur vainqueur qui les détruit, qui les écrase et ne laisse exister sur le champ de bataille, que des ossements dépouillés et quelques pierres triomphales.

Où sont ces collines, ces champs qui réunissaient autrefois la Cornouaille de la Gaule à la Cornouaille insulaire ? Où sont les peuples qui les habitaient, qui les cultivaient ? Cette pointe sur laquelle je suis, saint Maze, ou Mahé en Breton, le nom que nous portons dans la famille depuis l'an 420 en l'honneur de l'Evangéliste dont le crâne fut présenté en ce lieu par un chef breton, notre ancêtre, à Salomon Iᵉʳ, 2ᵐᵉ roi de Bretagne, à son retour d'Egypte, et qui se fit baptiser sous le nom de l'apôtre saint Matthieu en français ; par ses prolongements, touchait peut-être aux terres atlantiques dont ces mers conservent le nom. La pointe du Raz dont j'aperçois, les rives de Douarnenez, l'anéantissement de la ville d'Is, les ruines de Croson, les débris, les traditions, me montrent les centaines de siècles qui se sont écoulés, ceux qui doivent leur succéder ; cette vicissitude infinie qui transforme en plaines, en collines, les lits de sables de rochers, qu'inondait jadis l'Océan, et qu'il doit dévorer encore, quand ils auront longtemps servi de bases aux temples, aux palais des puissants, et de théâtre aux folies, aux fureurs, aux sottises des hommes.

Le premier roi que les chroniqueurs placent après Conan est Salomon dont ils font son petit-fils (420). Il renouvela, disent-ils, le traité d'alliance avec les Romains et s'unit à la fille d'un patrice, nommé Flavius. Sous son règne fut abolie la vente à l'encan, au profit du trésor, des enfants de ceux qui ne pouvaient payer l'impôt. Cette coutume était, sans doute, un reste de l'administration romaine dans quelques villes de Bretagne. Voici à cet égard la version des légendes.

Le corps de saint Matthieu, apôtre et martyr, reposait en Egypte ; il apparut à des marins bretons qui trafiquaient en ce pays, et leur demanda la sépulture sur une terre chrétienne. Les Bretons enlevèrent subtilement le chef du saint, qu'ils portèrent dans leur navire, et, après une heureuse traversée, ils abordèrent aux côtes de Léon. « Alans passé le raz de Fontenay sans danger, (Froissard), comme ils voulaient doubler le cap de Pennarbed, l'amiral, qui portait la sainte relique, heurta de raideur un grand écueil qui paraissait à fleur d'eau. Alors, ceux qui estaient dedans crièrent : Miséricorde ! pensans estre tous perdus ; mais (chose merveilleuse), le roc se fendit en deux, donnant libre passage au vaisseau qui estoit chargé d'un trésor si précieux ». Tout le peuple chrétien s'agenouilla sur le rivage, et Salomon vint avec le clergé au-devant du chef de l'apôtre. Mais lorsqu'on voulut enlever la boîte qui renfermait cette tête sacrée, tous les efforts furent inutiles ; la relique s'attachait invinciblement au navire, alors Gradlon, comte de Cornouaille, expliqua la volonté du saint.

« Ici même où nous sommes, dit-il au roi, tes collecteurs vendent comme esclaves aux étrangers passant la mer, les enfants des malheureux qui ne peuvent pas faire leur contingent dans les impôts ; si bien que ce lieu maudit s'appelle d'un nom qui signifie « lamentation ». Ne sois donc pas surpris que le ciel témoigne sa colère contre un usage aussi barbare ». Éclairé par ces paroles Salomon entra dans le navire, et étendit la main sur le cercueil et fit ce serment : « Glorieux apôtre Mathieu, je te donne assurance, par concession de mon privilége, que cette coutume, soit, dores en avant, ostée pour la révérence de toi, et, afin, que moi ni mes successeurs ne puissent enfreindre ma présente volonté, je te confirme ce privilège par l'impression de mon anneau. C'est à savoir, que ceux qui, pour accroître le trésor du prince, étaient vendus aux étrangers, soient et demeurent sujets à ta seigneurie et à l'église en laquelle reposera ton corps ».

A peine ces mots étaient-ils prononcés, que la sainte relique cessa toute résistance ; elle fut transportée en grande pompe à la ville de Léon ; Salomon racheta de ses deniers les enfants qui avaient été vendus par le fisc et les attacha suivant sa promesse au service de l'apôtre « dans la chapelle à colonnes dorées » qui fut élevée en son honneur.

Salomon n'eut pas le même succès dans toutes ses réformes, car il fut assassiné au milieu d'une révolte, au lieu nommé « Merz Salaun » (Martyr de Salomon). « Il n'était pas facile, dit P. Morice, de gouverner un peuple que tous les historiens nous représentent, comme fier, cruel et indisciplinable ».

C'est sur la pointe de Saint-Mathieu, ou de Saint-Mazé, que les amis, les mères, tendent les bras, présentent leurs enfants, fondent en larmes au départ des vaisseaux qui sortent pour la guerre ou pour les courses éloignées. C'est là qu'on les attend, qu'on les salue, quand une flamme bienfaisante ou le canon annonce leur retour; on les appelle, on les suit le long du rivage, on ne peut les perdre de vue; impatience, cris d'allégresse, mouchoirs agités dans les airs, marche précipitée, inquiétude, battements de cœur, convulsions; tout genre de sentiments, d'émotions, d'amour, d'amitié, de frayeur; tout mouvement que le cœur détermine, se manifeste sur ce rocher aride et sur ces routes momentanément animées. C'est là qu'après une victoire on entend des chants de triomphe. C'est là qu'après des sorties imprudentes ou des combats sanglants et malheureux, on pleure sur le sort des milliers de victimes que l'ignorance ou le hasard viennent de livrer à la mort; sur le délabrement d'une flotte ruinée; sur les vaisseaux perdus, et sur le déshonneur plus cruel au Français que toute espèce d'infortune.

Telle est la force des tempêtes sur la pointe de saint Mathieu, qu'à cent cinquante pas du niveau de la mer, dans les coups de vent du sud-ouest, on est couvert d'écume, enveloppé d'une vapeur humide qui se porte jusqu'au couvent. Ce vent était le Circius auquel Auguste fit élever un autel dans les Gaules; il est l'effroi des matelots, mais il purifie l'air de ces contrées.

Que sur le promontoire de Sunium, Platon instruise ses disciples; que dans la forêt de Windsor, Herschell observe un nouvel astre, et en découvre de nouveaux; que sur le pavillon de Boboli, Fontana fasse chaque nuit cinquante observations météorologiques. Mais là, sur ce rocher sauvage, quand le soleil se plonge à l'occident, lorsque la mer s'élève à la tombée de la nuit, gronde, annonce une tempête: esprits sublimes, philosophes profonds, âmes fortes, mélancoliques, poètes exaltés, touristes intrépides, explorateurs héroïques à la recherche des merveilles de la nature... venez méditer en ce lieu.

Locmazé, Pen-ar-Bed (*La cellule de S. Mathieu de fin de terre*).

Sur cette pointe escarpée, minée par les flots de l'Océan qui se brisent contre d'innombrables récifs, de pieux cénobites, sous la conduite de saint Tanguy, avaient au vi° siècle bâti un monastère. La nuit, quand les tempêtes de l'hiver étaient descendues, quand le monastère disparaissant dans des tourbillons d'écume, tranquilles, retirés au fond de leurs cellules, les religieux s'endormaient au murmure des orages, en s'applaudissant de s'être embarqués dans ce vaisseau du seigneur qui ne périra point. La légende ajoute que saint Tanguy choisit, pour asseoir sa fondation, l'endroit où avait été débarqué le chef de saint Mathieu, qu'un chef breton avait apporté d'Egypte. Ce monastère fut converti, en 1157, en une abbaye de l'ordre de Saint-Benoist et eut pour principaux bienfaiteurs, Hervé, comte de Léon, mort en 1169, et un autre Hervé, petit-fils du précédent, mort en 1208. De l'église paroissiale, il ne reste qu'un beau portail du xiv° siècle et le transept nord, mais l'église abbatiale, à l'ouest de la précédente, présente encore des ruines importantes et doit avoir été élevée en grande partie du temps des deux princes que nous avons nommés, c'est-à-dire de 1157 à 1208. Le cap Saint-Mathieu termine le continent. La côte offre partout mille accidents, mille fissures, mille crevasses dans lesquelles mugissent les vagues. On entend le flot courir avec un roulement lugubre dans les grottes creusées par les eaux au-dessous de l'abbaye. Ce terrible murmure de l'Atlantique, ce spectacle immense de la mer, ces récifs étincelants qui épanouissent au loin leurs jets d'écume, tout vous jette dans une sorte d'anéantissement extatique. La présence des moines manque seule à ce sublime paysage. En passant devant ces ruines séculaires, on regrette de ne pas voir apparaître, derrière quelque colonne de granit, les religieux avec leurs robes blanches, leurs figures hâves, semblables à des statues de pierre descendues de leurs niches. On regrette quand la nuit descend sur la mer et que le vent d'ouest souffle dans la basilique désolée, de ne point voir le feu tremblant des cierges briller à travers les vitraux coloriés de l'église et de ne point entendre les hymnes saintes s'élever tout à coup entre les soupirs de la mer qui bat le promontoire.

Allons visiter Brest, ce premier port de l'Europe, dont la grandeur, la sûreté, les fortifications majestueuses en imposent au spectateur ; Brest paraît entouré de ses bastions, défendu par mille bouches à feu, couronné d'un château massif : les caps, les enfoncements, les îles variées de formes, les collines de Plouescat, l'embouchure vaporeuse de l'Elorn, des montagnes lointaines, des rivages à pic et dépouillés, quelques forêts éparses sur un espace immense, la masse imposante des vaisseaux à trois ponts, la légèreté des frégates, cent pavillons flottants au gré des vents ; des milliers de voix, des cris, des sifflements qui se confondent, le bruit du canon roulant sur le rivage répercuté par cent mille rochers ; ces chaloupes énormes à cinquante avirons ; ces bâtiments légers qui courent comme un trait sur la surface de l'onde, mille canots en mouvement, sont un des plus grands spectacles que l'homme puisse se procurer.

En 1373, Brest était sous la domination des Anglais, il avait pour gouverneur Robert Knolles, guerrier célèbre dans cette province ; le comte de Montfort, alors duc de Bretagne, sous le nom de Jean IV, l'assiégea quatre fois, mais inutilement.

« En 1395, Richard II, roi d'Angleterre, qui tenait depuis plusieurs années la ville et le château de Brest, comme caution d'une somme de 12.000 écus, qu'Édouard son aïeul avait prêtée au duc de Bretagne, remit ces deux places à Jean V, qui lui remboursa cette somme. »

Un matelot breton, ce premier matelot du monde est un

individu que rien n'étonne, que rien n'effraie, que rien ne fatigue, il part avec une culotte longue, deux gilets, deux chemises et des mouchoirs, et parcourt les climats brûlants de l'Amérique, les mers glacées de la Norwège, sans qu'une plainte, un mot fasse connaître que l'inclémence des saisons affecte son tempérament et son caractère héroïque ; un coup de vent l'arrache à son hamac, à la douce chaleur qu'il éprouvait ; il s'élance sur les haubans, sur les vergues glacées, au milieu des neiges, du vent et d'une grêle déchirante ; c'est là que, décrivant un arc dans les airs, en obéissant au roulis du navire, il est tantôt au ciel et tantôt dans la vague, sans quitter la corde qu'il tient ; l'épissure qu'il fait, le ris qu'il est à prendre : si l'ennemi foudroie son navire, les cordages, les mâts, ses compagnons tombent autour de lui sans qu'il s'émeuve, sans qu'il quitte un instant l'occupation délicate qui demande toute l'adresse et le calme d'un atelier.

S'il meurt, c'est avec cette tranquillité que la philosophie ne peut donner que l'habitude des dangers peut seule communiquer à l'homme. Dans sa famille il est gai, généreux, prodigue, insouciant ; il est fidèle à sa patrie. Ce matelot, j'en ai vu cent de cette espèce, est le plus estimable et le plus étonnant des hommes.

Je n'ai rien dit de sa sobriété, de la force avec laquelle il supporte la soif et la faim, comme je tais les excès de tous genres auxquels il cède malheureusement avec une facilité trop grande, mais qui sont peut-être un besoin après les privations de tous genres qu'une campagne détermine.

Le 15 août 1513, à la vue de Saint-Mathieu, les Anglais, forts de quatre-vingts vaisseaux, attaquèrent Primoguet, capitaine breton, qui n'avait que vingt vaisseaux sous ses ordres. Primoguet, dans ce combat inégal, se couvrit de gloire, coula plus de la moitié des vaisseaux anglais ; le feu prit à son bâtiment, qui sans y comprendre l'équipage, portait douze cents hommes de garnison. Une partie des hommes se sauve ; l'intrépide Breton veut mourir à son poste, mais rendre sa mort glorieuse et nuisible à son ennemi ; il s'accroche à l'amiral anglais, y met le feu ; les deux vaisseaux sautèrent : plus de deux mille hommes, et Primoguet lui-même, périrent par cet accident.

Les villages voisins de Brest, les anses variés des côtes offrent des promenades délicieuses, soit du côté de Guipavas, soit des bois de Keroal, soit à Saint-Marc où l'on jouit d'un si bel aspect de la rade ; j'ai vu dans cette contrée des fêtes champêtres présidées par la bonhommie, par la gaîté naïve et la simplicité des mœurs de l'âge d'or.

Brest offre quelquefois des fêtes dont on ne peut avoir l'idée que dans les ports de son importance. J'ai vu toute la rade couverte de vaisseaux illuminés ; on peut imaginer l'éclat produit par les reflets de l'Océan, par une lumière étrangère à la voûte du ciel. Ces traînées de feux qui vont mourir à l'horizon ; ces promontoires éclairés qui se reflètent dans les ondes ; cette auréole de feux, ce tourbillon lumineux, dont chaque vaisseau est le centre.

Le Vésuve éclairant, la nuit, les rivages de Cume, Ischia, Prochita, Pausilippe, Caprée, et le vaste bassin de Naples ; l'Etna versant sur la Sicile et sur les côtes d'Italie des flots d'une lumière ardente, peuvent seuls vous donner l'idée du spectacle que je décris avec un coloris si pâle et des expressions si faibles.

Je ne vois dans toutes les campagnes du Finistère que des traces du paganisme, que des usages antérieurs à la religion catholique ayant beaucoup d'analogie avec les usages du nord de l'Inde, du Thibet et de la Mongolie.

Quand un individu va cesser d'être, on consulte ici la fumée. S'élève-t-elle avec facilité ? Le mourant doit habiter la demeure des bienheureux. Est-elle épaisse ? Il doit descendre dans les antres du désespoir, dans les cavernes de l'enfer.

Un des plus riches points de vue du département est celui dont on jouit de la terre de Kerloroc, à quelques portées de fusil de Landerneau ; une longue allée de chênes et d'ormeaux, tracée dans un bois aligné, vous conduit insensiblement sur une montagne élevée ; de loin elle se dessine dans l'atmosphère sans qu'on puisse soupçonner le paysage immense qui se découvre spontanément à l'œil quand on arrive à son sommet.

Toutes les sinuosités de l'Elorn, ses rivages riants, boisés, sauvages, dépouillés sont sous vos yeux : vous distinguez une multitude de bâtiments à l'ancre, à la hauteur de l'anse de Kerhuon, la rade de Brest, l'escadre, quelques gros vaisseaux prenant la route du goulet, ou se perdant à l'horizon ; les côtes de Crozon, de Saint-Mathieu et l'Océan terminant ce grand passage.

Le bois taillis qui couvre la montagne de Kerlorec, la vue des quais des Ursulines, de la ville de Landerneau, le château de la Joyeuse-Garde, la forêt qui jadis servait d'asile à tant d'ermites ; Saint-Marc, quelques maisons éparses ; sur la rive conduisent votre œil à Brest.

Sur la gauche la côte de Plougastel, si sèche au nord-ouest, si délicieuse au midi ; le village de Botquenal environné de houx, que j'ai vu trancher d'une manière si pittoresque, si singulière au milieu des neiges de 1898 ; l'île ronde, l'île longue, le cap des Espagnoles, sont les points principaux qui marquent sur la terre, dans l'air, ou sur la vaste mer.

Je connais dans la Suisse et dans l'Italie mille aspects moins grands, moins variés, moins sublimes pour lesquels on entreprend de longues courses, à grands frais ; le propre de l'homme est de dédaigner ce qu'il se procure avec facilité.

Le château de la Joyeuse-Garde se présente sous l'aspect de pans de murs épars, au milieu desquels est un tertre circulaire couvert d'un joli gazon ; de là l'on aperçoit l'Élorn, la forêt et les rochers saillants brisés, suspendus sur l'abîme de la côte de Plougastel. Cet aspect est mélancolique ; une multitude de corbeaux d'une très grande espèce, la corneille à tête grise, des éperviers, des buses y font en tout temps leur séjour. Les cris aigres et plaintifs des mauves, les goëlans qui planent au-dessus des eaux ; l'âpreté du climat, le vent, un ciel d'orage habituel, augmentent la tristesse de ce séjour qui conviendrait à certaines dispositions de l'âme : on s'y plairait dans les beaux jours au coucher du soleil, quand le silence et le calme du soir ne pourraient être interrompus que par les chants de quelques matelots, que par le sillage de bateaux à la voile, qu'assis sur un rocher, appuyé contre un arbre, on verrait glisser sous ses p...s.

A la pointe de Plougastel, en face de Brest, sous les forts de l'Armorique et du Corbeau, d'où l'on voit l'île longue, la Pointe Espagnole, le fort Guelern, la rade dans toute son étendue ; on aperçoit au midi, les montagnes du Ménès Com, que la tradition du pays atteste avoir été jadis une demeure des druides. Elle fut couverte de forêts, quoiqu'à présent elle soit tellement dépouillée qu'on n'y trouve pas un buisson.

De cette pointe la côte court est et ouest : elle est protégée contre les fureurs de la mer par la presqu'île de Crozon ; le sable le plus fin borde ses rives, sert de base aux eaux calmes et transparentes qui les arrosent : une multitude d'anses, de petits golfes, pénètrent dans les terres, où règne un éternel printemps. Vous n'êtes plus dans la Bretagne ; les fraises, la framboise, la rose, la jonquille, la violette et l'églantier couvrent les champs chargés d'arbres fruitiers ; le cerisier, le prunier, le pommier descendent jusqu'au rivage ; leurs branches élancées sur l'onde, chargées de fruits, sont souvent agitées par elle, et posent quelquefois sur des lits de narcisses dont les feuilles larges et longues suivent en ondulant le mouvement léger que les eaux leur imprime.

On fait dans ce canton une liqueur qu'on nomme vin de

Plougastel ! Les melons y viennent en plein champ. Pour les préserver des gelées blanches, on les couvre de petits verres qui, brillant au soleil, offrent des lignes de diamants dont l'éclat fatigue la vue.

Les petits pois s'élèvent à l'abri de jeunes plants de genêts rangés en haies de dix à douze pouces de hauteur, qui les défendent du vent du Nord.

Tous les légumes y croissent avec abondance et devancent de six semaines l'époque qui les voit naître ailleurs; l'hiver existe partout, même à deux lieues de ces cantons; et déjà le printemps l'a couvert de fleurs, de nids d'oiseaux et de feuillage.

Les femmes y sont plus jolies, les hommes plus grands que dans le reste de la Bretagne. Les noms de ce pays sont les plus harmonieux; Logonnia, Daoulas, Plougastel, Rozermeur sont agréables à l'oreille.

La superstition et l'ignorance] désenchantent ce paradis où je voudrais passer mes jours avec le peu d'amis que je pourrais retrouver en ce monde. Les anses dont je viens de parler se prolongent jusqu'au district de Châteaulin ; ils forment le petit port de Launay, baignent les murs de Landevenec ; s'étendent jusqu'au Faou ; une multitude de bateaux de pêche sont en actions sur ces bassins, sur ces lacs poissonneux ; ils nourrissent la ville de Brest et les soixante mille matelots de la rade.

De la pointe de Saint-Claude on aperçoit la côte aride de Crozon ; le Conquet, pays de tempête ; on n'y voit ni fleurs, ni légumes ; les hommes y sont de couleur olivâtre. La Bretagne peut seule offrir tant de contrastes.

Sur l'une et l'autre rive de l'Elorn, on trouve d'assez beaux cristaux de roche, l'île Ronde, la pointe du Corbeau, sont des rochers de marbre noir veinés de blanc.

Excursion à Châteaulin. — Tous les habitants de Morgat sont pilotes, marins, pêcheurs. La côte de Dinan, jusqu'à la pointe de la Chèvre, a quatre-vingts pieds d'élévation, elle n'offre d'objets remarquables qu'au peintre qui voudrait placer dans son tableau de superbes fonds de rochers. On fait à Camaret la pêche de sardine.

J'ai exécuté par terre un curieux voyage de Lanvau jusqu'au Faou, sans quitter la côte et jusqu'au port Launay par la rivière d'Aulne.

Les aspects s'y multiplient avec une incroyable variété ; on voit au nord les revers de Plongastel dominés par de vastes rochers couverts de terre de rapport. Leur culture que j'ai décrite, la multitude de petits jardins placés entre de grands plateaux, les sinuosités des anses, la culture que chaque site diversifie, les eaux limpides, les rochers avancés qui semblent suspendus dans les airs aux pieds desquels on a placé des jardins et des vergers multipliant les jouissances du voyageur. En approchant du Faou toutes les terres descendent jusqu'à la mer, elles offrent à l'œil des terres ensemencées, et des maisons et des cabanes.

Landevenec est sur la droite au milieu des bois. L'abbaye fut fondée, dit-on, par le roi Gralon, à la fin du IV° siècle ; le fameux Guenolé fut le premier abbé de ce saint monastère ; le roi Gralon après la destruction de la superbe ville d'Is, s'y retira, ce fut là qu'il fut enterré.

Du clocher de Crozon, on voit les îles de Molène, d'Ouessant, et la pointe du Raz ; Brest, la mer, les montagnes du Menez-com et de Loc-Renan.

Chateaulin est situé dans un vallon, la rivière d'Aulne le divise en deux parties, des prairies, quelques montagnes bizarrement découpées, le vieux château qui la domine, la digue qui barre la rivière, une multitude d'arbres, de peupliers, de chênes heureusement mêlés à de beaux tapis verts, à des rochers saillants, à des antres profonds, donnent à ce pays une forme extraordinaire qui séduit au premier coup d'œil et qui charme dans les détails.

Les détails que je vais donner sur Audierne Douarnenez, l'île de Sein, complèteront la description du district de Pont-croix. La surface du pays est montagneuse, comme celle de toute la Bretagne, les côtes sont le séjour des vents, des tempêtes, des naufrages. On nomme l'enfer de Plogoff un abîme où la mer s'engouffre avec un bruit épouvantable, les rochers du fond y sont de couleur rouge, le jeu des vapeurs et de l'écume, les font paraître en mouvement. La pointe du Raz est élevée de trois cents pieds, de sa hauteur on voit la mer avec effroi, sapper les fondements de ce roc dépouillé, les vagues poussées par un vent du nord-ouest, se déploient avec une force, une puissance qu'il est impossible de calculer, le plus intrépide matelot ne passe jamais sans implorer la pitié du Très-Haut devant la baie des Trépassés, dont le nom lui rappelle les millions d'hommes qu'elle a dévorés et qu'elle engloutit tous les jours.

Que sont les tourbillons de Carybde et Scylla, déterminés par des rochers presque invisibles, si vous les comparez au théâtre gigantesque, immense, qu'ici vous avez sous les yeux. La vue de la pointe du Raz est sublime, surtout au coucher du soleil; l'île de Sein, le prolongement des rochers qui la défendent, qui se perdent à l'horizon à plus de 7 lieues de distance, la pointe de la Chèvre élevée, d'un blanc éblouissant, la côte de Brest près du Conquet, Ouessant, le bassin d'Audierne, la pointe de Penmark, et la mer immense, agitée par les vents du soir forment un spectacle sans bornes qui ne se lie qu'avec le ciel, l'Univers et l'Eternité.

C'est sur cet angle de la terre célèbre, par le voisinage des prêtresses gauloises de l'île de Sein, par le séjour des vieux druides, par les idées de destruction, des trépassés, des ombres dont nous trouvons encore les traces, c'est là, dis-je, que l'imagination des anciens plaça les bouches de l'enfer, les gouffres du Ténare que par erreur on transporta dans l'Italie, que la Grèce ignorante a vingt fois confondu avec l'Occident de l'Europe.

Voilà la véritable place des sombres rêveries consignées

dans les plus anciens écrivains, c'est de cette Bretagne, c'est de ce point que parlent leurs écrits. Ce n'est ni dans l'Islande, ni dans Thulé, ni dans l'Angleterre inconnue des Gaulois eux-mêmes, pratiqué par les seuls bretons armoricains, ni dans l'Irlande qu'il faut placer le théâtre de ces merveilles. Les Cènes gauloises, la baie des Trépassés, l'enfer de Progoff, la tradition, les cris des morts et des noyés qu'on croit encore entendre dans l'île de Sein, cette multitude de pierres druidiques, d'aiguilles élevées, consacrées au génie du soleil par la pitié de nos pères. Ces monuments de Douarnenez, de Penmark, de Clohars-Carnoët, de Carnac, de la côte de Vannes; ces prophétesses Samnites des îles de la Loire le souvenir des villes englouties, de terres abîmées dans les ondes ; tout nous rappelle dans ces lieux à ces évènements extraordinaires, à ces bouleversements, à ces ravages des temps qui marquent éternellement dans le souvenir, qui sont en tête de toutes les histoires, que les Colonies, les Nomades et les conquérants portèrent sur tous points de l'univers. C'est ainsi qu'on trouve les mêmes faits, les mêmes évènements, les mêmes déluges, avec les mêmes circonstances dans la baye de Douarnenez, en Grèce, en Arménie, près d'Albano, dans le lac de Grandlieu, dans l'Amérique, dans la Judée, dans l'Atlantide; c'est ainsi qu'un seul fait a donné lieu, sans doute, aux contes de Noé, de Xixatrus, d'Ogigés, de Deucalion, du roi Gradlon, etc., etc.

C'est là qu'on doit placer la fable rapportée par Tzetzès (*in odis*), transportée par erreur de nom, dans l'île de Bretagne. On assure que delà, les âmes étaient portées dans une île, espèce d'Elysée par des pêcheurs qu'un génie réveillait. Ces pêcheurs trouvaient sur le rivage un bateau prêt, cédant au poids des êtres invisibles qu'il portait ; ils le dirigeaient vers l'île des ombres où des êtres, qu'ils ne pouvaient voir, comptaient, interrogeaient les morts, permettant aux pêcheurs de retourner dans leurs foyers. Avant que les Gaules et l'Angleterre fussent bien connus des Romains, toutes les plages, toutes les îles du nord et de l'occident se confondaient dans la tête des Grecs ; de là, ces erreurs grossières par lesquelles ils prennent l'Espagne pour une ville, la Vistule pour l'Eridan, par lesquelles ils confondaient les îles Electrides avec les îles Cassitérides, le Rhône avec l'Eridan.

Passons à des faits, à des détails plus positifs à l'île de Sein, qui dans les temps les plus reculés fut un lieu de féerie, de nymphes, de dryades ; et qui n'est à présent qu'une plage de sable aride et dépouillée où quelques malheureux végètent sans trouver autour d'eux les aliments nécessaires à leur existence ; leur histoire ressemble à la figure des syrènes, qu'ils croient entendre si souvent et qu'Horace nous a dépeintes.

« L'île de Sein, est dit Pomponius Mela, sur la côte des Osismiens, ce qui la distingue particulièrement c'est l'oracle d'une divinité gauloise. Les prêtresses de ce dieu gardent une perpétuelle virginité ; elles sont au nombre de neuf. Les Gaulois les nomment Cènes ; ils croient qu'animées d'un génie particulier, elles peuvent par leurs vers exciter des tempêtes et dans les airs et sur la mer ; prendre la forme de toute espèce d'animaux, guérir les maladies les plus invétérées, prédire l'avenir : elles n'exercent leur art que pour les navigateurs qui se mettent en mer, dans le seul but de les consulter. »

Sans doute, au retour de leurs longs voyages, ces navigateurs reconnaissants comblaient de présents ces prêtresses ; l'île de Sein alors n'était pas une plage dépouillée de toute verdure ; des esclaves, des femmes y servaient. Sur ces rochers qui s'avancent à cinq lieues dans la mer, peut-être existait-il des arbres des habitations. Les rivages qui s'étendent de Penmark au Raz, étaient couverts de villes considérables, comme la tradition, les souvenirs de la ville d'Is, les ruines de Douarnenez, les ruines immenses de Penmark, les ruines de la pointe de la Chèvre, celles de

Ris, etc., le démontrent à tout être impartial. Les principes du druidisme qui défendaient d'écrire l'histoire, la grossièreté des Romains qui négligèrent de s'instruire de ce qui concernait la Gaule, qui détruisirent toute espèce de monuments dans l'antique patrie des Celtes, pour anéantir tout ce qui pourrait faire ombrage à leur fausse grandeur, à leur inconcevable vanité, la cessation du commerce de l'empire des Vénètes, détruit par mer, quand les Romains s'emparèrent de l'Angleterre, par terre, à l'arrivée de ces sauvages Francs, de ce déluge de barbares qui refluèrent de l'Asie dans l'Europe ; les guerres civiles des princes Bretons ; la barbarie des siècles d'ignorance, les mensonges des écrivains vendus à la cour de France ; le mariage de la reine Anne : la jalousie des écrivains anglais firent perdre à la Bretagne, à la Gaule celtique, la place qu'elle doit occuper dans l'histoire. Ainsi les fondateurs, les souverains de l'Italie, les pères de tous les arts, les maîtres de la Grèce, de l'Asie, de l'Egypte ; les Etrusques conquis par les Romains, devinrent pour le commun des hommes, un petit peuple obscur descendu de la Grèce et de la Lydie. Le joug de tant de préjugés de l'autorité, de l'intérêt des rois et des empires ; celui des religions qui bornent la durée du temps, de la routine qui nous fait suivre les récits sans critique des Hérodote, des Tite-Live, des Diodore de Sicile, etc. ; l'empire des académies qui ne permettaient pas de changer la route qu'elles avaient tracées ; les jalousies de peuple à peuple ; la légèreté qui prescrivit l'érudition, nous tiennent encore opprimés sous le spectre de l'ignorance.

Forcatulus (*de Gal. Imp.*), prétend que l'enchanteur Merlin, si célèbre à la cour du roi Arthur, dans les romans de la table ronde, dont le corps enchanté rendait des oracles sous l'empire de Charlemagne, naquît dans l'île de Sein. Arthur dut à son ami fidèle les succès qui le rendirent si célèbre ; il le servit tantôt sous la forme d'un nain, tantôt sous celle d'un varlet, tantôt sous la forme d'un cerf, il disparut contraint par un charme invincible d'obéir à Vivane son amie.

Cette île est le prolongement de la pointe du Raz, dont autrefois elle faisait partie sans doute ; elle court de l'est à l'ouest.

Tous les hommes y sont pêcheurs, les femmes cultivent la terre, à la main ; leurs maris quelque fois ignorent la place de leurs propriétés. Les partages, les mesures entr'elles, se font avec leurs tabliers, de bonne foi et sans querelles. Les portes des maisons ne se ferment qu'aux approches de la tempête, des feux folets, des sifflements l'annoncent ; quand on entendait ce murmure éloigné qui précède l'orage, les anciens s'écriaient : fermons les portes ; écoutez les Crieriens, le tourbillon les suit ; ces Crieriens sont les ombres, les ossements des naufragés qui demandent la sépulture, désespérés d'être, depuis leur mort, balottés par les éléments.

S'il se perd quelque chose dans l'île, on la retrouve dans l'église pendue aux cordes de la cloche.

Pas un ouvrier dans cette île. Ils s'aident tous dans la construction des baraques qui leur servent de maisons. (*Les Assamts ont la même coutume*).

Les hommes y portent de grandes culottes, les femmes mettent sur leur coiffe de toile un mauvais chapeau pour porter du goëmon ; elles ont un juste-au-corps, un jupon de toile, des bas et des sabots.

Jadis les congres de leur pêche étaient séchés au soleil ; on ne les salait point ; des barques les portaient à Bordeaux ; des Catalans les achetaient. Tout leur poisson se vend à Brest depuis longtemps.

Touché de leur état, de leur misère, le duc d'Aiguillon leur offrit une habitation commode sur le Continent, tous les secours, les avances dont ils auraient besoin pour s'y fixer ; ce fut en vain. L'idée de quitter leur rocher, leur fit verser des larmes ; ils demandèrent à genoux qu'on ne les arrachât point à leur misère, aux sables qui les avaient vus naître. Le duc attendri, fit faire une jetée dans la partie du sud, elle préserve les champs cultivés et les maisons des eaux qui les inondaient.

Secourez-moi, grand Dieu, dit un proverbe, dans le passage du Raz; mon navire est si petit et la mer est si grande !

Ne cherchez dans cette île ni fleurs, ni fruits, ni cette multitude d'oiseaux faits pour animer la nature. Il y règne d'affreuses tempêtes, une humidité continuelle, une éternelle mélancolie.

Les brouillards, les frimas s'y promènent habituellement en tourbillons comme les sables dans l'Afrique; la vie s'y prolonge communément jusqu'à soixante-dix à soixante-quatorze ans. Les maladies chroniques y sont inconnues; du vin, une nourriture plus délicate, une poule bouillie sont les seuls remèdes qu'on y connaisse; la médecine n'a pas encore pénétré dans cette demeure de la sobriété, de la sagesse, de la pauvreté.

L'île de Sein ne nourrit ni lapin, ni lièvre; on n'y voit pas un seul cheval; des oiseaux de mer s'y reposent un moment. Des lieues, des congres, des raies, des turbots, des vielles, des écrevisses, deviennent la proie des pêcheurs qui sont souvent trois, quatre ou cinq jours éloignés de leur domicile; ils ne quittent pas leurs bateaux dans ces courses.

On a la plus belle vue de l'île de Sein, en face est la pointe du Raz, la côte d'Audierne jusqu'à Penmark, la pointe de saint Mathieu, les anses variés de la terre de Crozon, pas un vaisseau ne sort de Brest sans être aperçu de cette île. Les rochers prolongés de la pointe de l'ouest, le mouvement des navires à la voile dans le lointain, les changements subits de l'atmosphère, le lever, le coucher du soleil : spectacles toujours nouveaux, toujours sublimes, enchanteraient ici l'ami de la nature et de ses immenses tableaux.

La baie d'Audierne forme un arc dont les extrémités sont la pointe de Penmarck et le Bec-du-Raz; malheur aux navigateurs qu'un vent affale sur ces côtes hérissées de rochers. Sans un miracle, sans une saute de vent très rare, il est dans l'impossibilité de se relever, il faut périr ; le pilote qui de la côte voit les inutiles efforts des matelots, indique avec précision l'heure du naufrage; l'honnête homme palpite à la vue du danger, l'impitoyable habitant de ces rives s'arme de crocs, de cordes, va se cacher dans les rochers pour y saisir ce que la mer transportera sur le rivage ; il attend sa proie accroupi pour échapper à l'œil des surveillants. Jadis, il assommait le malheureux qui lui tendait les bras, en échappant au courroux des flots, il l'enterrait et le dépouillait sans pitié ; il est plus humain à présent, il accorde la vie, mais il vole : en vain la force armée tente de s'opposer à cet affreux désordre. Peignez-vous la position de ces hommes et de ces furies qui, la nuit, l'hiver surtout, au moment des orages, cachés dans les enfoncements du rivage, l'œil tendu vers les flots attendent les dons de la mer avec l'avidité d'un tigre. Dans les temps reculés, ils allumaient des feux, ils pendaient un fanal à la tête d'une vache, pour attirer les vaisseaux éloignés, trompés par le mouvement de ces animaux, et par ces feux qu'ils croyaient pouvoir suivre.

La sardine est le principal objet de commerce de ce pays, la seule commune de Douarnenez emploie à la pêche de ce petit poisson jusqu'à quatre cents bateaux ; leur produit a quelquefois été de trente-cinq mille barils, pesant chacun cent cinquante livres, et de quinze mille six cents barils d'huile ; on en exporte une partie pour Nantes, Bordeaux, La Rochelle, Oléron, Rochefort ; le reste s'expédie pour l'intérieur de la France, ou se consomme dans le pays. Les bâtiments qui portaient ces denrées étaient frétés à Douarnenez, et rapportaient des vins de la Rochelle et de Bordeaux. La roque nécessaire à cette pêche, appât sans lequel on n'attirerait pas la sardine, leur vient de la Norwège, les bâtiments qui la transportent étaient chargés en outre de goudrons et de planches de sapins. Bayonne fournissait au pays la résine, la braie, le liège, le goudron, dont il avait besoin pour sa consommation, sans qu'il en fît un objet de commerce.

Le maquereau, l'anchois ou sprat, les lieues, les merlans, les mulets, les bars, les soles, les turbots, des plies, des raies, la julienne, la morue, le merle, la poule de mer, le rouget, des tons, des esturgeons, des grondins, le strelet, poisson de la Baltique, les loups marins, le homard, l'écrevisse, des souffleurs, le cheval marin, une prodigieuse quantité de marsouins peuplent ces mers.

On ne pêche ici qu'entre deux soleils, depuis le mois d'avril jusqu'au mois de septembre.

C'est à la Pointe de la Chèvre qu'on trouve les ruines anciennes, c'est là qu'était, suivant la tradition, la superbe ville d'Is gouvernée par le roi Gralon; les gens graves ne me pardonneront pas d'avoir mêlé des contes, des merveilles à une description de la Bretagne; mais en décrivant les mœurs, l'esprit, l'état des hommes, peut-on ne pas parler de sa raison, de ses écarts, de son imagination.

La superbe ville d'Is: c'est ainsi qu'en parlent les légendes, les cantiques et les bardes de la Bretagne, était sous la puissance du roi Gralon; toute espèce de luxe et de débauches régnaient dans cette opulente cité. En vain les amis de Dieu, les plus saints personnages y prêchaient les mœurs et la réforme; saint Guénolé lui-même y perdait son latin. La princesse Dahut, fille du roi, oubliant la pudeur et la modération naturelle à son sexe, y donnait l'exemple de tout genre de dépravation. L'heure de la vengeance arrivait; le calme qui précède les plus horribles tempêtes, les chants, la musique, l'amour, le vin, toute espèce de spectacle et de débauche enivraient, endormaient les habitants endurcis de la grande ville.

Le roi Gralon, lui seul, n'était pas insensible à la voix

du Ciel ; il assistait aux saints offices et fréquentait les serviteurs de Dieu. Un jour saint Guénolé, saisi d'enthousiasme comme les prophètes ou la Sybille de Cume, prononça, d'une voix sombre ces mots, devant le roi Gralon :

« Prince, le désordre est au comble, le bras de l'Eternel s'élève, la mer se gonfle, la cité d'Is va disparaître : partons. »

Gralon docile à la voix du saint homme est à cheval, s'éloigne à toute bride ; sa fille Dahut le suit en croupe... La main de l'éternel s'abaisse ; les plus hautes tours de la ville sont englouties, les flots pressent en grondant le coursier du saint roi qui ne peut pas s'en dégager, une voix terrible se fait entendre : Prince, si tu veux te sauver secoue le diable qui te suit en croupe. » Le prince obéit : la belle Dahut perdit la vie, se noya près du lieu qu'on nomme Poul Dahut. La tempête cessa, l'air devient calme, le ciel serein ; mais depuis ce moment, le vaste bassin sur lequel s'étendait une partie de la ville d'Is fut couvert d'eau ; c'est la baie de Douarnenez.

Cette Bretagne est une médaille précieuse à consulter ; aucun bouleversement, aucune conquête de mémoire d'homme n'a pu changer ses idées, ses mœurs et ses coutumes. Les superstitions n'ont pu détruire sa religion druidique dont les époques se perdent dans la nuit des temps, qui d'après l'aveu des Grecs même, jaloux de s'attribuer toutes les origines, devancèrent toutes les religions du monde. La langue que les Bretons ont conservée, leur dédain pour celle des français n'ont pas permis dans ce pays la circulation des idées, l'introduction de la philosophie moderne. César ne fit qu'y paraître. La Bretagne secoua la première, avant l'arrivée des Français, le joug de l'empire romain ; elle céda sous Clovis et sous Charlemagne sans se rendre, et vainquit les autres rois, moins grands qui tentèrent de l'asservir. Lacédémone est au pouvoir des turcs ; Rome est sous le joug d'un pontife et d'un roi qui se partagent le pouvoir ; la fière Germanie soumise au gouvernement impérial, mais jamais conquérants ne plaça sur son front la couronne de la Bretagne ; que dans un autre siècle le combat de la vanité bretonne contre la vanité française ait enfanté des haines et des décisions, qu'on ait soldé des écrivains pour combattre l'histoire, les droits, les privilèges des Bretons, que le ridicule ait plu sur cette nation dégradée tombant dans la décrépitude sous le sceptre des rois de France qu'elle-même elle ait adopté les idées par lesquelles on voulait l'avilir ; je le conçois. Mais les conquêtes des vieux Celtes, l'antique science des Druides, le commerce et les colonies des Vénètes, l'étendue de leurs courses et de leurs possessions, l'état de leur marine, à l'époque où celle des Romains, des Phéniciens et des Carthaginois n'était composée que de barques et de galères ; l'Angleterre peuplée par eux, leurs victoires sur les rois de France, à la tête de toutes leurs forces, les lois et la sagesse de leur gouvernement, la vertueuse fierté de Judicael, l'inconcevable intrépidité de Vurfandus, la bataille des Trente, Clisson, Duguesclin qui rendit à la France morcelée, conquise, divisée, le lustre qu'elle eut sous les rois, etc., etc., s'élèvent en sa faveur. Je ne peux m'aveugler sur ses prétentions contre lesquelles je suis prévenu dès l'enfance, mais tout, sur l'angle reculé, sur la péninsule qu'elle occupe, me transporte à l'époque la plus éloignée que puissent atteindre les monuments et la mémoire des hommes.

Un rire peu réfléchi pourra suivre ces lignes, le dédain qui n'étudie pas mais qui juge ; l'amour-propre qui, je ne sais pourquoi, mettrait un prix à disputer des cheveux blancs, des rides et la décrépitude de la Bretagne se gendarmeront vraisemblablement contre mes assertions ; j'invite cependant à réfléchir que des faits les attestent ; qu'elles sont le résultat de vingt-cinq ans d'études et de recherches, sur l'histoire, sur l'origine, sur la marche de tous les peuples.

Sur les points que je vous décris, je ne vois que le tableau des ravages du temps, que des bouleversements dont les dates seraient connues, s'ils eussent eu lieu depuis deux, trois ou quatre mille ans. La mer dans toute sa fureur met des siècles à limer, à décomposer un rocher qui lui fait obstacle, et des millions de rochers autour de l'horizon que je parcours à des distances de cinq ou sept lieues, ont été successivement détruits par elle, tous les produits de la nature y ont subi l'influence du temps.

La langue monosyllabique des habitants, dont les racines sont celles de l'étrusque; les langues monosyllabiques de l'Extrême-Orient, du grec, du sabin, de l'hébreu, du chaldéen; ces ruines des travaux des hommes dont les rivages sont couverts, que la mer engloutit, découvrent, laissent apercevoir, prouvent que la partie du globe, dont je parle, avait précédé en civilisation l'Egypte, la Phénicie, la Grèce, l'Italie, la Judée, tous les pays qui prétendent à la priorité d'existence.

La marche des premiers hommes dont notre histoire se souvient, les Ombriens Gaulois repeuplent l'Italie, les Pélages Gaulois s'établissent dans les contrées de la Grèce; les Celtes gomériques dominant sur les Thraces qui peuplent l'Asie mineure; les Liguriens, peuple gaulois établis sur les rives de l'Eridan, pays des Vénètes gaulois; les conquêtes des Celto-Scythes; l'Espagne entière peuplée de Celtes, toutes les hauteurs de la Thrace peuplée de Geltes ou de Celtes, etc. Tout démontre à l'homme impartial que cette époque même si reculée où des fables tiennent lieu d'histoire; les Celtes, les Gaulois tourmentés par un excès de population, versaient partout leurs colonies.

On ne sera donc point surpris de trouver tant de ruines à la pointe de la Chèvre, dans tous les environs de la baie de Douarnenez, à Porsgate, à Porsmark, à Treguen, à Ris, sur l'île Tristan; de voir deux lieues de côtes à la pointe de Penmark, couvertes des débris d'une ville presqu'aussi grande que Paris ; ses ruines ne m'ont à la vérité rien offert qui m'assurent dans les détails une antiquité de quatre cents ans; mais n'est-il pas probable que les vieux monuments ont servi pour la construction de la ville nouvelle.

Par une singularité qui confirme les assertions, les passages qui se croisent entre les débris portant encore les noms des rues qu'ils ont remplacés, on les nomme la rue des argentiers, des orfèvres, du port, des sculpteurs, etc., etc.

Je ne doute pas que des cités, des établissements de toute espèce n'aient existé sur cette côte, que le temps et la mer les aient détruits, que la baie de Douarnenez ne soient une invasion de l'Océan sur les terres. Presque tous les pêcheurs, tous les cultivateurs, les légendaires, parlent d'une ville d'Is dans ces contrées, je crois son existence très vraisemblable ; elle eut été placée près du Bec de la Chèvre et se fut étendue jusque sur le rivage d'Audierne sur des terrains abîmés dans les eaux.

Dans mes recherches à Tresmalaouen, au moment où j'examinai des ruines curieuses, je vis un pâtre assis. Je l'interrogeai sur les idées qu'on avait dans le pays de cet antique monument, il me répéta ce qu'on m'en avait déjà dit. C'était le palais des Courils ou petits hommes, espèces de sorciers malins, corrompus et danseurs.

On les rencontre au clair de la lune, sautant autour des pierres consacrées ou des monuments druidiques ; s'ils vous saisissent par la main, il faut suivre leurs mouvements, ils vous laissent exténués sur la place quand ils la quittent. On sent que dans la nuit on approche fort rarement des lieux habités par cette espèce de démons ; ce sont les dusei des vieux Gaulois.

Excursions à Morlaix. — J'aurai l'occasion de le démontrer, la Bretagne est sans exception le pays le plus champêtre et le plus pittoresque de la France.

Dans la Bretagne, l'habitation des laboureurs est à peu près partout la même, presque toujours elle est située dans un fond, près d'un courtil. Un appenti couvert de chaume conserve les charrues et les instruments du labourage, une aire découverte sert à battre les grains. On n'y voit point de granges, les blés battus se déposent dans les greniers de la maison principale ou se conservent en mulon. Autour des bâtiments règnent des vergers enchanteurs, des champs et des prairies toujours entourés de fossés, couverts de chênes ou de frênes, d'épines blanches, de ronces ou de genêts; on ne voit point dans le reste du monde de paysages plus riants, plus variés, plus pittoresques. Tous les fossés sont tapissés de violettes, de perce-neiges, de roses, de jacinthes sauvages, de mille fleurs des couleurs les plus vives, d'une incroyable variété; l'air en est parfumé, l'œil en est enchanté. Mais au milieu de ces sites délicieux vivent les individus les plus grossiers, les plus sauvages; leur cabute sans jour est pleine de fumée, une claie légère la partage; le maître du ménage, sa femme, ses enfants et ses petits enfants, occupent une de ces parties; l'autre contient les bœufs, les vaches, tous les animaux de la ferme. Ces maisons n'ont pas trente pieds de long sur quinze de profondeur; une seule fenêtre de dix-huit pouces de hauteur leur donne un rayon de lumière; il éclaire un bahu, sur lequel une énorme masse de pain de seigle est ordinairement posée sur une serviette grossière; deux bancs, ou plutôt deux coffrets sont établis le long du bahu qui leur sert de table à manger.

Des deux côtés d'une vaste cheminée, sont placées de grandes armoires sans battants, à deux étages, dont la séparation n'est formée que par quelques planches où sont les lits dans lesquels les pères, les mères, les femmes et enfants entrent couchés, car la hauteur de ces étages n'est quelquefois que de deux pieds, ils dorment sur la balle d'avoine ou de seigle, sans matelats, sans lit de plumes; beaucoup d'entre eux ne sont couverts que d'une espèce de sac de balle, très peu se servent de couvertures de laine, quelques-uns en possèdent de ballin ; c'est une espèce d'étoffe tissue de gros fil d'étouppe. Ils emploient aussi quelquefois des couvertures de poil ; leurs draps à peine atteignent-ils les deux extrémités du lit. Le reste de leurs meubles est composé d'écuelles d'une terre commune, de quelques assiettes d'étain, d'un vaissellier, d'une platine à faire des crêpes, des chaudrons, d'une poêle et de quelques pots à lait; je n'ai pas besoin d'avertir que cette peinture générale, d'une habitation de campagne en Bretagne, doit être soumise à quelques exceptions ; j'ai vu des maisons champêtres, où tous les meubles, où tous les ustensiles étaient d'une propreté enchanteresse, lavés, nettoyés, cirés, mais ces maisons sont rares, et sont toujours sans air, étroites et privées de lumière. Je n'ai pas parlé du parquet, jamais il n'est carelé, ni boisé, ni pavé, la terre inégale en sert, ou pourrait se blesser dans les trous qui s'y forment ; les enfants s'estropient fort souvent, ces hommes sont incorrigibles. Ajoutez la malpropreté d'individus qui ne se baignent, qui ne se lavent que rarement, peignez-vous ces cheveux plats et longs, ces figures chargées de raies crasseuses, les courts gilets, les culottes énormes, les petits boutons, les guêtres, les sabots qui forment leur habillement, et vous aurez l'idée d'un paysan breton.

Ne jugez pas ces gens sur l'apparence ; ils sont en général hospitaliers, intelligents et fins. Ils ont une raison solide, ils calculent avec justesse, l'imagination domine chez eux. On verra par les détails que le cours de mon ouvrage détermine, quel est l'excès de leur superstition, combien de rêves les dominent ; ils vivent au milieu des ombres, des démons, des fées, des revenants et des sorciers ; ils les voient la nuit, le jour, dans leur sommeil, au coin de leurs fossés, dans les airs et sur les nuages. Aux pratiques de la religion catholique, ils ajoutent le matériel de la religion druidique, dont ils n'ont oublié que les idées sublimes: l'intérêt les a rendus sages, il les empêche d'être entièrement fous. Don Quichotte parlait comme Fénelon, quand la chevalerie, la gloire, les combats, ne le ramenaient pas à ses extravagances.

Ces observations s'appliquent au district de Morlaix, à ses habitants comme à ceux des autres districts du Finistère; à l'exception cependant de ce qui peut embellir ce tableau, je parle de ces jolis bosquets qui couvrent, qui décorent les chaumières; ici tout est ras, tout est sec; on rencontre quelques plantes près des chapelles ou des fontaines, quelques petits bouquets de bois aux environs des manoirs principaux, épars sur une grande surface. On voit quelques maigres taillis, des allées assez belles et des sapins. Les fossés qui partout sont couverts d'arbres et de buissons ne portent ici que des landes.

Le goëmon (le varec) est l'engrais principal des côtes, on en fait des amas, on le fait sécher au soleil, on le dépose sur les terres, il s'y mêle quand on les laboure; ailleurs le cultivateur emploie le fumier d'animaux, des herbes, des pailles, du feuillage, des landes, des genêts foulés aux pieds, écrasés par les voitures, pourris par l'eau des chemins creux, sur lesquels il les étend. Les terres lourdes sont divisées par des sables fins de la grève, quelquefois un gros sable nommé merle, chargé de débris de coquilles, s'incorpore dans les guérets par la herse et par la charrue.

Dans cette contrée, comme en Suisse, on répand sur les prairies, l'eau qui s'écoule des fumiers.

Il n'est point dans l'usage de donner du sel aux bestiaux.

Les beaux chevaux, les animaux du Léonais se nourrissent de panais, de choux, de navets, de trèfle, dans l'hiver on leur donne l'extrémité des landes pilées dans des auges de pierre avec de l'herbe et de la paille.

Les cultivateurs mangent peu de viande : deux fois par semaine ils servent sur leur table du porc et du fard de blé noir. Dans quelques cantons ils se nourrissent de pain d'orge mêlé de seigle.

Une fois par semaine ils font des crêpes de blé noir. Ils mangent beaucoup de lait, de beurre et de bouillie, peu de poisson même sur la côte.

Ils consomment peu de cidre, leur canton n'en produit pas ; ils ne boivent de vin que dans leurs maladies, ou quand ils font quelques marchés.

La chasse est assez abondante dans ces cantons ; on y trouve beaucoup de lièvres, de perdrix, quelques sangliers, des loups.

Les jours de fêtes, dans les noces, le veau, le bœuf, le fard au four, les vins de tout espèce, l'eau-de-vie, quelque chère qu'elle soit, sont prodigués ; on s'égaie, on s'enivre surtout, au son du biniou, des tambourins et des bombardes. On chante des chansons fort gaies, sur des airs pleins de vivacité, d'une mesure pressée ; on danse avec un aplomb, une justesse d'oreille inimaginables.

Dans les temps passés, rien n'égalait la dévotion des deux sexes : dans les églises, les hommes séparés des femmes, à genoux, immobiles comme elles, débitaient sans les entendre, des prières qu'ils croyaient propres à guérir toutes les maladies, à féconder les champs, à chasser les démons, à ruiner ses ennemis. L'espoir de ces succès leur communiquait un enthousiasme qui tenait du délire, il les émeuvait, les agitait, chassait l'ennemi. Rien ne remplace encore des anges, des démons et des millions de merveilles, le purgatoire, le ciel et l'enfer.

Il n'est point de pays, même en Afrique, où l'homme soit plus superstitieux qu'il l'est en Bretagne.

De tout temps la religion guida l'homme dans ces contrées, avec plus d'influence encore que sur le reste de la terre. Le gouvernement théocratique des druides, les millions de génies dont ils peuplèrent les éléments, la puissance des sages sur la nature, tous les rêves de la féerie, le culte des arbres, des fontaines, ne furent point détruits par les apôtres du catholicisme. On transporta sur les nouveaux saints les miracles des saints du temps passé. On ne voit dans leurs légendaires que solitaires chastes, sobres et vertueux, vivant dans les forêts, bravant l'inclémence des airs ; ils apaisent les tempêtes, fendent les flots de l'océan, passent la mer à pied sec, voguent sur des urnes de pierre, métamorphosent en arbres leurs bâtons ; les fontaines naissent sous leurs pieds, les maladies se guérissent, l'air s'embaume à leur passage, les morts ressuscitent et l'univers est soumis à leurs voix.

Les lumières répandues dans l'Europe, le temps qui détruit tout, n'a pu changer les rêveries de nos laboureurs. Ils s'émeuvent, ils agissent dans un monde réel, quand leur imagination erre sans cesse dans un monde de chimères et de fantômes. L'oiseau qui chante répond à leurs questions, marque les années de leur vie, l'époque de leur mariage ; un bruit fortuit répété trois fois, leur prédit un malheur ; les hurlements d'un chien leur annonce la mort ; le mugissement lointain de l'océan, le sifflement des vents entendus dans la nuit, sont la voix du noyé qui demande un tombeau. Des trésors sont gardés par des géants et par des fées : chaque pays a sa folie ; notre Bretagne les a toutes.

On parle du Cariquel-Ancou (la brouette de la mort) : elle est couverte d'un drap blanc, des squelettes la conduisent ; on entend le bruit de sa roue, quand quelqu'un est prêt d'expirer ; rappelez-vous les signes de Lusignan...

Sous le château de Morlaix, il existe de petits hommes d'un pied de haut, vivant sous terre, marchant et frappant sur des bassins ; ils étalent leur or et le font sécher au soleil. L'homme qui tend la main modestement, reçoit d'eux une poignée de ce métal ; celui qui vient avec un sac, dans l'intention de le remplir, est éconduit et maltraité ; leçon de modération qui tient à des temps reculés.

Les laveuses ar cannerez nos (les chanteuses des nuits), qui vous invitent à tordre leurs linges, qui vous cassent le bras si vous les aidez de mauvaise grâce, qui vous noyent si vous les refusez, vous portent à la charité, etc. On appelle pardons en Bretagne, une chapelle, une fontaine, un lieu consacré par le souvenir de quelque saint, de quelque miracle. On s'y confesse, on communie, on y donne l'aumône, on se soumet à quelque pratique superstitieuse, on achète des croix, des chapelets et des images qu'on fait toucher à la statue du saint ; on frotte son front, son genou, son bras paralysé, contre une pierre merveilleuse ; on jette des liards et des épingles dans les fontaines, on y trempe sa chemise pour se guérir, sa ceinture pour accoucher sans peine, son enfant, pour le rendre inaccessible à la douleur. On se retire après avoir dansé, après s'être enivré, vide d'argent, mais riche d'espérance.

Le Pardon de Sainte-Anne-la-Palue. — Le pèlerinage de Sainte-Anne-la-Palue, beaucoup plus ancien que celui de Sainte-Anne-d'Auray, a lieu à une chapelle qui s'élève sur le penchant d'une montagne nue et déserte formée d'énormes palus dominant l'anse de Trofenec, en face de la splendide baie de Douarnenez.

Nulle part la nature ne prête plus de charmes et de puissance aux imposantes cérémonies du culte, et quiconque a vu ce saisissant tableau ne peut l'oublier.

Le pardon de Sainte-Anne s'ouvre le samedi soir par la procession des vœux, suivie de huit à dix mille pèlerins portant chacun un cierge et un chapelet, et déroulant sous vingt costumes divers leurs longues files dans les plis onduleux du terrain. La statue vénérée qui date de 1543 est revêtue du costume que portent encore aujourd'hui les paysannes de Plounévez-Porzay.

« C'est, disent-elles, la mère de Sainte-Anne d'Auray ; aussi est-elle bien plus puissante. »

Le pèlerinage de la Palue a du moins précédé celui d'Auray, mais son origine n'est pas connue. Au reste, le culte de Sainte-Anne ne doit pas remonter à une haute antiquité en Bretagne, car aucune paroisse ne lui est dédiée, et ce n'est qu'en 1584 que le pape Grégoire XIII commanda que sa fête fut solennisée dans toute la chrétienté. Des comptes de fabrique de 1602 prouvent du moins que la dévotion à Sainte-Anne était florissante à Plonévez, longtemps avant les prescriptions du Saint-Siège, et le cérémonial de la procession n'a pas varié depuis.

Musettes, hautbois et tambourins alternent avec les litanies ; de nombreuses croix et des bannières de toutes couleurs précèdent des jeunes filles habillées de blanc portant la statue de la vierge, tandis que la statue de Sainte Anne est portée par des matrones habillées de rouge et que des prêtres en dalmatiques soutiennent ces saintes reliques déposées ensuite devant la porte de la chapelle, et sous lesquelles passe la foule dévote.

Deux marguilliers, armés de petites gaules blanches, sont chargés de tempérer la pieuse indiscrétion des mains qui voudraient toucher au reliquaire.

La nuit venue, le tableau change d'aspect. Les pèlerins, après avoir accompli leurs vœux de plus d'une sorte et fait sur leurs genoux nus le tour de la chapelle vénérée, campent sous une multitude de tentes dressées pour abriter les étrangers. Rien de plus propre à exalter l'âme qu'une belle nuit d'été passée au milieu du pieux bivouac de Sainte-Anne. Ces pénitents agenouillés qui psalmodient et se pressent contre les portes de l'église, ces cantiques qui raisonnent sous chacune des tentes éclairées de mille feux, tout respire une fraternité chrétienne qui rappelle les premiers âges.

Les cantons de Plougastel, Saint-Germain, Pont-l'Abbé, Pont-Croix, Douarnenez, Briec, Châteaulin, le Faouet et Daulas affluent principalement au pardon de Sainte-Anne et l'on assure que cette chapelle est visitée dans l'année par plus de soixante mille pèlerins.

Les hommes de Plougastel Daulas se reconnaissent à leur bonnet rouge semblable au bonnet phrygien, les femmes à leurs trois justins éclatants, à leur fichu uni et à leur coiffure empruntée à la déesse Iris. Mais il ne serait pas facile de décrire toutes les coiffes carrées, oblongues ou triangulaires qui ondulent au vent sur les palus de Sainte-Anne, leur forme, aussi capricieuse que la plus belle moitié de l'espèce humaine, varie souvent d'une paroisse à l'autre, et reste toutefois la même dans les lieux où de temps immémorial elle a été adoptée. Les vestes bleu foncé, étagées et bordées de franges, désignent les habitants des paroisses situées entre Pont-Croix et Pont-l'Abbé, ainsi que la coiffe dite bigouden relevée sur le front comme la visière d'un casque, ne recouvrant que le sommet de la tête et laissant voir les cheveux retroussés en chignon et retenus dans un serre-tête rouge. Les glazic (petits bleus) de Brice et du versant sud des Montagnes Noires jusqu'à Quimper, avec leurs chapens (vestes) matelassées, le dos d'un drap plus pâle que les manches, ont la taille prise dans une large ceinture de cuir blanc fermée par une boucle en cuivre. Les femmes du glazic, en colerettes tuyautées empèsent leurs coiffes en bleu de ciel et, lorsqu'elles sont en deuil en jaune safran.

Dans les grandes solennités, elles se plastronnent la poitrine de scapulaires et d'autant de petits miroirs qu'elles ont, dit-on, de centaines de livres de rente ; et ces miroirs emblématiques éblouissent autant les yeux des galants que les charmes de leurs belles, si l'on en croit la chanson d'aunbini goz éva dous :

> La jeune est jolie, la vieille a de l'argent ;
> La vieille est mon ami, sans doute,
> Et cependant, quand j'y songe, c'est la jeune
> Que j'aime ; mais la vieille a de l'argent.
> La vieille est mon ami assurément. »

Entre tous les costumes qui diversifient le coup d'œil du pardon, rien n'égale la richesse de celui de Ploaré et de Pouldergat. Par dessus le gilet bleu du glazic, croisé sur la poitrine et galonné de soie rouge et de velours noir en forme de hausse col, le cultivateur de Ploaré ajoute une veste de drap noir ouverte et sans manche, garnie à droite d'un rang de brillants boutons de cuivre doublant les uns sur les autres comme des écailles de poisson, et à gauche de fausses boutonnières brodées, ainsi que les initiales du propriétaire et la date de son habit. Cette veste, fendue par derrière, forme deux petites basquines munies de poches extérieures à parements; de grosses culottes plissées en étoffe de laine, noire ou en toile blanche, des guêtres en drap bariolées de dessins en laine de couleur, des souliers ronds à boucles d'argent, un turban de serge rouge tourné autour des reins, et un feutre rond surchargé de velours et de chenilles complètent le vêtement d'apparat qui exige pour sa confection quatre-vingt-dix journées de tailleur. Cet artiste n'a pas cependant à se préoccuper des caprices de la mode, et si dans une collection de costumes des diverses nations, on a pu représenter le français dans ce déshabillé qu'on prête à la vérité, mais portant une pièce d'étoffe sous le bras, cet emblème d'inconstance ne saurait s'appliquer au breton qui ne demande à son tailleur qu'une solidité presque séculaire. Aussi le même habit se transmet parfois d'une génération à l'autre.

La toilette des femmes de Ploaré est aussi compliquée que celle des hommes, plus enrubannée encore, jupes et corsages s'étagent graduellement et sont brodés de couleurs plus tranchantes. La jupe de dessus en drap écarlate et aux plis innombrables, brille d'une triple broderie de galons d'or et d'argent. Lorsque le tailleur en dessine les plis, il l'emprisonne dans des langes d'un enfant au maillot et le met sous presse entre deux planches recouvertes de pierres dans un four encore chaud, afin que la jupe, une fois débarrassée de ses liens, conserve ses plis et puisse se tenir debout.

Cette jupe est accompagnée d'un tablier de soie de couleur changeante en damas ou en satin broché, lacé par des galons frangés d'or et d'argent qu'on laisse retomber par derrière. Un galant corsage écarlate, marqueterie véritable de galons, de liserés et de bordure artistement bariolés, se croise au bas de la taille et s'ouvre en cœur sur la poitrine pour laisser voir un plastron blanc et un collet tuyauté. Le haut du bras est couvert de trois paires de manches, brodées, étagées et retroussées de l'emmanchure au coude et le bas du bras d'une quatrième paire de manches blanches. La tête enfin est enveloppée dans une espèce de mitre ou carton (strad ou bourleden) recouverte de tulle brodé galonné et enrubanné sur le devant de laquelle se pose la coiffe proprement dite dont la forme est presque carrée (comme chez les Tangoutes-daldis).

Telles sont les curieuses variétés de costumes des populations bretonnes groupées à Sainte-Anne. Elles ne se rencontrent ensemble que dans des fêtes semblables ; une distance de dix à quinze lieues au plus sépare seule leurs villages, cependant elles vivent aussi étrangères les unes aux autres que des nations différentes.

Le pèlerinage ne serait pas complet, si, après l'offrande à la chapelle, les ablutions à la fontaine sacrée et trop souvent aussi aux tavernes ambulantes, on ne faisait pas emplette pour soi et pour les absents de jolis chapelets en verroterie, de longs rosaires en os, de croix et de pennou, sortes de médailles grossières qui représentent en relief la tête du saint que l'on fête.

Puis la foule s'écoule dans toutes les directions, chaque pèlerin, muni d'une petite baguette blanche, regagne la plaine ou la montagne ; mais avant qu'un dernier pli de terrain lui dérobe la vue du clocher dont il s'éloigne, il se retourne pour le saluer d'une dernière prière, à la place où il s'était déjà prosterné en l'entrevoyant pour la première fois. Ces lieux avant-postes du pèlerinage, dont le but s'offre de loin aux regards, sont désignés sous le nom de la croix ou de la montagne du salut.

On assure que Conan de Léon, surnommé Lecourt,

assommait d'un seul coup de poing, l'homme le plus vigoureux ou le plus fort cheval.

Un des plus singuliers droits que nous offre le gouvernement féodal, est celui de motte, attribué au seigneur de Léon. Les vassaux appelés serfs de motte, ne pouvaient quitter les terres du vicomte ; s'ils le faisaient, le seigneur ou ses officiers pouvaient les saisir, leur mettre la corde au col, les ramener à leur motte et leur infliger une peine corporelle ou pécuniaire.

Dans le catalogue des évêques de Léon, on donne de curieux détails sur l'entrée de Philippe de Coëtquis dans son évêché de saint Pol, en 1421.

Le seigneur de Kermorvan (Tangui) tenait la bride du cheval de l'évêque ; le chapeau bas, il soutint l'étrier pour l'aider à descendre.

Le cheval et tout l'équipage lui furent donnés selon l'usage : quand l'évêque fut assis, le même gentilhomme lui ôta les bottes, les éperons, se saisit de son chapeau, de son manteau et garda le tout. Quelques moments après, l'évêque fit appeler les seigneurs de Kermorvan, Alain de Coëtivi et Guiomark de Kervorn, et leur dit : « Qu'à eux, « comme vassaux de son église et nobles chevaliers, « appartenait l'honneur de porter trois des poteaux de sa « chaise, en son entrée dans la ville épiscopale. » Ils répondirent qu'ils étaient prêts d'obéir : plusieurs seigneurs se disputèrent le quatrième poteau.

Les femmes du Léonais ne sont pas jolies, elles sont, sur la côte ; bazanées, robustes, taciturnes et superstitieuses. Les étrangères qui viennent habiter ces rivages y perdent en peu de temps leur fraîcheur et leur coloris. Les hommes sont doux, susceptibles de reconnaissance, sensibles aux mauvais procédés, très méchants dans l'ivresse, mornes dans leur état habituel, intrépides, surtout si le vin les anime ; leur courage augmente en raison du danger ; ils sont obéissants, bons soldats, ne reculent jamais : mais il faut les traiter avec douceur.

Le dialecte breton du Léonais est plus pur, plus sonore, plus élégant que celui des autres cantons ; il est à ces contrées ce que le Saxon est à l'Allemand. Le langage de la Cornouaille, de Tréguier, est entendu dans Léon ; on ne peut y comprendre celui de Vannes.

Ici l'on écrit peu ; on imprime à Tréguier une multitude de chansons, d'historiettes, de récits, de miracles, etc., toujours en vers.

Les peuples de Léon et de Tréguier détestent l'habitant de la Cornouaille, qui passe chez eux pour brutal et grossier ; frappant toujours sur le baptême (la tête). Je connais un proverbe breton, qui fait allusion, sans doute, à quelque combat aussi célèbre que celui des Horaces à Rome.

Un Cornouillais, vieux et cassé, vainquit trois Léonais jeunes et robustes.

Si les Anglais sont haïs des Bretons en général, ils le sont encore plus de ceux qui vivent sur les côtes de la Manche. Cette haine ne date que d'un millier d'années : l'histoire des temps reculés ; celle des premiers siècles de notre ère, démontrent l'union, l'identité des peuples de ces deux contrées.

Quand les Saxons s'emparèrent de l'Angleterre, ravagèrent nos côtes, les liaisons avec l'île de Bretagne cessèrent chez les Armoricains ; ils ne virent plus chez les nouveaux propriétaires que les vainqueurs, que les tyrans de leurs amis. Bientôt ils oublièrent jusqu'au nom de leurs frères et donnèrent le nom de Saozon (Saxon) à tous les habitants de l'île, dont ils redoutaient les fureurs et le brigandage.

Dans les marchés. Que d'examen ! Quel bavardage ! On s'appelle, on se quitte, on revient, une bouteille de cidre, un sol qu'on accorde ou qu'on refuse rompent quelquefois, ou font conclure une affaire considérable : tout se termine en frappant, en serrant la main de l'homme avec qui l'on contracte. C'est un engagement sacré : il fut jadis l'emblême de la bonne foi : les G..s et les Romains l'adoptèrent sur leurs médailles avec la même signification.

L'île de Batz ne produit pas un arbre, quelques fougères, des mousses, de l'ortie, du mouron, une espèce de giroflée de Mahon, sont les seules végétations, produits sans culture. Je vis avec surprise un fossé couvert de tamarisques. Nous sommes en face de Plymouth. Quel théâtre sublime j'avais sous les yeux. Quel spectacle immense! Ces flots qui se déploient en écume sur ces brisants prolongés dans la mer ; ces monts lointains, ces caps, ces promontoires ; le bruit sourd et majestueux des vagues, l'air traversé par le vol des goëlans, le tonnerre qui retentit dans la profonde grotte du Serpent, le silence de la nature dans l'intervalle du flux et du reflux, l'étrange cri de tant d'oiseaux de mer ; je ne sais quel sentiment, quelle exaltation dépendante de la majesté de ce spectacle, des souvenirs qu'il a fait naître, de l'étendue sans bornes qu'il présente. Tous ces objets vous pressent en masse ; il en résulte une émotion matérielle indéfinissable, que je n'éprouvais que sur les rives de la mer, ou près des sommets du Mont-Blanc, ou sur les monts Himalaya.

Ne cherchez ici, ni la beauté, ni les grâces ; enfants des climats plus heureux. Le plus beau teint s'y noircirait, la peau la plus lisse y serait ridée, sillonnée par la sécheresse de l'air, par la violence du vent, par les travaux de la journée, par les travaux plus rudes de la nuit ; imaginez après la fatigue des champs, du labourage, quel est l'état d'une femme obligée, dans les nuits d'hiver, au milieu des tempêtes et des fureurs de l'océan, dans une obscurité profonde, sur un rocher glissant, tantôt dans l'eau jusqu'à la moitié du corps, tantôt suspendue sur l'abîme, de saisir avec un rateau le goëmon que la mer apporte... Ses nuits paisibles sont celles, où fatiguée des ouvrages du jour, elle file dans les veillées jusqu'à deux heures après minuit, pour se procurer à grand frais, le plus mesquin, le plus stricte nécessaire. Les contes amusants des veillées bourguignones, de la Champagne ou de la Touraine, l'amour qui délasse de tout, la musique, le chant, aucun de ces plaisirs versés sur la nature pour soulager les malheureux humains du fardeau de leur existence, n'a lieu sur ces rochers sauvages. Les rêves de l'imagination, la poésie qui, dans les contrées les plus sauvages des pôles, console les humains de l'absence du soleil, n'existent point dans cette île sans fleur, sans rossignol et sans verdure.

Qui le croirait ? Les êtres qui semblent y végéter ne peuvent se résoudre à l'abandonner. La présence du bien ne les y fixe pas ; ils y tiennent par l'absence de tout ennui, de tout chagrin toute ambition, de ces peines morales, de ces maux physiques qui nous tourmentent dans le monde.

Excursion à Roscoff. — Les habitants de Roscoff cultivent la terre la plus riche, la plus féconde ; elle produit une incroyable quantité de légumes de toute espèce, qui naissent en plein champ, oignons, choux, navets, panais, choux fleurs, asperges, artichaux. Il en part des charretées pour Brest tous les jours ; des charges de chevaux se rendent en outre à Morlaix, à Landivisiau, à Lesneven, à Landerneau. J'ai vu souvent dans les marchés de Lorient et de Quimperlé, une concurrence établie entre les jardiniers du pays et les légumiers de Roscoff, qui malgré le long voyage qu'ils avaient fait et les frais du retour, donnaient au même prix, et même à meilleur marché, leurs denrées.

La pêche est ici très abondante ; le poisson en est excellent ; on le prend autour de ces milliers de rochers noirs, qui rendent si variés tous les aspects de ces rivages. On y trouve des mulets, des bars, des soles, des rougets, des anguilles, quelques turbots, des plies, des écrevisses, des chevrettes et des homards, des huîtres (préférables à celles de Cancale), des lieues, des vielles, des sardines. Nous traversâmes, pour aller aux sables de Santec des terrains où l'on pourrait nourrir d'immenses troupeaux de moutons ; nous passâmes des lacunes que la marée venait d'abandonner ; bientôt nous nous trouvâmes sur des plages éloignées des champs cultivés, sur les rivages de la mer. Vous qui vivez dans la mollesse, dans des palais, sur l'édredon, qui redoutez le souffle du zéphir, que des épaisses murailles, que des doubles châssis, que des rideaux de satin mettent à l'abri des orages ; qui, sans effort, trouvez toujours, à des heures réglées, sur des tables d'acajou, sur des tissus de neige de la Flandre ou de la Hollande, dans des services de vermeil, les mets du plus délicat Sybarite ; qui, portés par de doubles ressorts, menés par un cocher habile, ôtes si fatigués, si las, quand vous paraissez à Longchamp, au boulevard, à tous les spectacles, pour terminer votre journée par un brelan, dans un large fauteuil, ou sur les coussins d'un boudoir, venez dans ces climats sauvages et contemplez ces habitants.

Battus des vents et des orages, ils sont vêtus de toile au milieu des hivers ; leurs cheveux noirs, flottants sur leurs épaules, tombent sur le front et leur couvrent les yeux ; une barbe épaisse ombrage leur menton ; ils vivent de quelques panais, de quelques choux ; leur demeure est un trou formé par des rochers que des goëmons couvrent à peine. Un sable blanc blesse leurs yeux. Ils ne sont en rapport qu'avec les vents et la tempête. La nourriture insuffisante que leurs efforts arrache à la terre, naît sur des lieux que le sable couvrait. Quelle patience, quel temps il a fallu pour rendre ces terrains au soleil, à l'air, à la culture. Voyez cette mère assise sur un long banc de sable, sur la roche de Mean Rolgnant ; quel lait peut-elle donner au triste enfant qu'elle nourrit ! Les chimères de l'ignorance viennent encore la troubler, la nuit, dans ces affreux déserts, des fantômes hurlants parcourent le rivage ; l'homme rouge, en fureur, commande aux éléments et précipite dans les ondes le voyageur qui trouble ses secrets et la solitude qu'il aime. Ne prenez pas pour des déclamations, des oppositions faciles le récit vrai que je vous fait; c'est là, sur un rocher que j'écrivis, et j'avais sous les yeux ce spectacle déchirant.

Nous arrivons aux sables blancs. Buffon décrit l'affreux évènement qui couvrit des champs cultivés, des châteaux, des moulins, et noya pour jamais des campagnes fertiles : un vent du nord, nord-ouest engloutit dans une nuit, sous le sable des villages, leurs habitants; le lendemain, on en cherchait la place; ainsi disparut sous les poussières du Vésuve, Pompeïa, Stabia, des palais, des chaumières et les plaines les plus fécondes. Les sables de Santec couvrent presqu'en entier l'église de Tremenach.

Les princes de Léon combattirent longtemps contre les rois et les ducs de Bretagne, qui prétendaient aux droits de bris, sur les côtes du Léonais. Il paraît que dans les temps les plus reculés, leur cour brillante, leurs richesses, la position de leur pays, leur donnèrent un éclat dont les traces sont conservées dans nos anciens romans. Qui ne connaît Tristan le Léonais, la belle Iseult; ces scènes de bravoure, de loyauté, de générosité qui peignent les mœurs de nos pères? Sans les souvenirs de la féodalité, qui n'aimerait à se rappeler la galanterie, les tournois, la pompe de l'antique chevalerie? elle régna dans tout son lustre à la cour des rois de Bretagne. Lisez les Amadis, les Lancelot du Lac, les romans de la table ronde; vous y verrez non les caprices de la poésie, mais d'anciennes traditions, ce que conserva la mémoire des mœurs de nos premiers aïeux. Ce ne fut pas les Romains, maîtres de la Gaule; chez les Gaulois devenus Romains, chez ces sauvages francs, sans armes, sans habits, sans arts, que les romanciers du XII°, du XIII° et du XIV° siècles, puisèrent les descriptions brillantes, les idées pures et délicates, la magie des fées, le palais d'Apollidon, la sagesse, la puissance des solitaires retirés dans les îles de l'Océan, dans le creux des rochers, ou dans les forêts druidiques; ils écrivirent ce que de vieilles chansons, des poëmes conservés par les Bardes et les récits de leurs aïeux, leur rappelaient de la Celtique et de la Gaule.

Il est certain que dans les anciens philosophes de l'Etrurie, de Perse et de la Grèce, on aperçoit des restes de la théologie dont les Bretons ont encore conservé des traces. Il est certain que la langue de la Bretagne est la langue des anciens Celtes : il est démontré que les Celtes ont étendu partout leurs courses, leurs conquêtes dans les temps les plus reculés, puisque les auteurs les plus anciens n'en parlent qu'avec l'épithète de vieux ; que la langue des îles et des terres du Nord, de l'Irlande, de l'Ecosse, de l'Angleterre et de la vaste Germanie ; que la langue des Scythes qui peuplèrent une partie du monde fut la Celtique dans les temps reculés.

Si ces assertions avaient besoin de preuves, j'allèguerais des milliers de passages tirés des écrivains Grecs et Romains. Il me suffit de rappeler à mes lecteurs que toutes les terres situées entre la Loire et la Seine formaient l'antique patrie des Celtes ; que les Romains, dans le peu de temps qu'ils possédèrent la Bretagne, n'en purent changer la langue originelle.

J'avais le projet de visiter les montagnes d'Arès dont on parle en Bretagne comme des Alpes et des Cordillières ; dont les mœurs, les usages offrent, dit-on, des particularités singulières. Je me rendis à la Feuillée.

Les habitants des montagnes d'Arès sèment du chanvre, qu'ils emploient sans l'exporter. Ils sont vêtus de toile, ou de berlingue, espèce d'étoffe faite avec du fil de chanvre et de la laine ; ils en font des gilets, des habits, des culottes, des bas, et portent tous le même vêtement de la même couleur, d'un brun-jaunâtre. Les femmes se servent de la même étoffe ; elles n'ont de remarquable dans leur habillement qu'une espèce de queue plissée d'un empan de largeur, qui tombe aussi bas que leurs jambes. Les riches paysans mettent sous leur habit ou plutôt sous leur large veste, un gilet de peau de mouton, dont le poil est en dehors, la peau bien souple, bien passée, porte sur leur chemise.

Les crêpes, la bouillie, du pain de seigle, du laitage et du lard dans les jours de fête, sont la nourriture de ces montagnards.

Sur la pointe la plus élevée des montagnes d'Arès, à peu près de deux lieues de la Feuillée, est une chapelle antique, consacrée sans doute au soleil, dans les temps les plus reculés, comme le rocher de Tombelane en Normandie, comme le mont Penninus, comme tous les hauts lieux, c'est à présent saint Michel qu'on y vénère. Dans les belles nuits, on le voit quelquefois déployer ses ailes d'or et d'azur, et disparaître dans les airs.

En approchant de cette chapelle, la terre se dépouille d'arbres et de buissons, comme au sommet du Saint-Gothard, du mont Cenis, comme au sommet des Hautes-Alpes; elle n'est plus couverte que de bruyères et de rochers brisés par les orages ou décomposés par les temps. Tout prend un caractère sauvage, un air de mort; c'est l'aspect d'un vaste désert dont rien n'égale ou ne varie la longue et fatigante uniformité. Les derniers villages, les derniers champs forment des îles séparées, entourées de rochers d'une espèce de tourbe, d'une terre noirâtre et marécageuse, résultat de bruyères corrompues, accumulées pendant des siècles. Les femmes, les enfants qui ne volent personne, qui ne connaissent que les figures hâlées et l'habit grossier de leurs pères, vous regardent avec étonnement, s'enfuient, se cachent à votre aspect, des meutes de chiens vous poursuivent avec frayeur et les troupeaux épouvantés franchissent les fossés, méconnaissant la voix de leur gardien qui les rappellent. Vous voyagez enfin sur le bord d'un petit ruisseau, sur des pierres brisées, sur des rochers schisteux, sur une espèce de grès, jusqu'à la sommité que vous voulez atteindre.

Là, vous trouvez une chapelle abandonnée: la façade, formée d'assises irrégulières, est ornée d'un portique

décoré de deux pilastres d'ordre Toscan, et d'une assez jolie corniche: un petit dôme couronne l'édifice ; la charpente est détruite; l'intérieur est dépouillé, l'autel est renversé. Le bois de cette charpente s'emporte par petits morceaux ; il préserve du mauvais vent, des incendies et du tonnerre.

Près de ce petit temple, est un ceintre de pierre, où le jour de la fête du lieu les marchands étalaient leurs denrées.

Vous apercevez d'ici la vaste ceinture formée par les montagnes d'Arès et les montagnes Noires, qui n'en sont qu'un embranchement ; elles terminent à quinze lieues le point de vue de l'est-sud-est, coupé de collines peu pittoresques. La tour de Carhaix, celle de Rosternen ; se distinguent sur les nuages ; l'œil descendant au sud, est arrêté par la forêt de Las ; à l'ouest le point de vue perd son uniformité, offre plus d'accidents ; dans les beaux jours, on aperçoit la mer et les terres prolongées de la presqu'île de Croson. Les montagnes voisines du mont Saint-Michel bornent la vue du nord : elles présentent à peu de distance des tapis de bruyères d'un très beau rouge, des rochers dépouillés ; et dans quelques vallons, des lagunes de terre cultivées, des cabanes, quelques petits bouquets de bois. Rien de sauvage comme le canton de Saint-Ronal.

On dit à Braspars que les démons, chassés du corps de l'homme, sont enchaînés dans un cercle magique, sur le haut du mont Saint-Michel ; ceux qui mettent pied dans ce cercle, courent toute la nuit sans pouvoir s'arrêter. Ainsi la nuit on n'ose traverser ces montagnes.

Les habitants sont bons, hospitaliers, généreux: si les bestiaux de leurs voisins passent dans leurs champs, ils les ramènent aux propriétaires, sans se plaindre, sans exiger le moindre dédommagement ; s'ils ignorent à qui ces animaux peuvent appartenir, ils les soignent, ils les nourrissent, jusqu'au moment où leur maître vient les réclamer, loin de les écarter, de les chasser avec brutalité, de les faire saisir par d'avides huissiers, comme dans nos contrées policées. Les mœurs des habitants d'Arès sont douces ; l'ivrognerie n'y règne pas autant que dans le reste de la Bretagne.

Ici, le vin, l'eau-de-vie, du lait aigre, sont des remèdes à tous maux. Quelques cultivateurs raccommodent les bras cassés, et guérissent les bestiaux des maladies, qui les attaquent rarement.

Rien de plus champêtre, de plus riant, de plus pittoresque, que les environs de Châteauneuf ; tous les grands tableaux qui vous frappent sont terminés par la masse immense des montagnes Noires ; la forêt de Laz les couronne, rehausse l'éclat d'un ciel fort éloigné, et fait ressortir les couleurs variées des beaux tapis qui descendent jusqu'aux rives de l'Aulne.

Du pied de Notre-Dame-des-Portes on jouit d'un des beaux points de vue que j'ai trouvé dans mes voyages.

L'Aulne dessine un demi-cercle autour des plus riants coteaux du plus élégant paysage ; ses rives sont bordées de prairies, couvertes de bosquets, surmontées de chaumières, de jolis parcs et de petits jardins. Plus loin, au milieu des feuillages, le vieux château de Trévaré. Ce monument prépare à l'aspect redoutable d'immenses rochers, aux pieds desquels circule la rivière : des vapeurs sombres viennent s'y reposer, des vols de corbeaux les surmontent, plus loin les masses ondées de la forêt se confondent avec les nuages. J'ai vu des scènes plus augustes, mais jamais de plus variées.

Notre-Dame-des-Portes est une chapelle entourée de vieux arbres consacrés par la piété de nos pères. Cette vierge fut trouvée dans le cœur d'un chêne énorme. J'ai vu la niche qu'elle occupait, son image d'argent a disparu. Un bois sacré descend jusqu'au rivage par une pente de 5 à 600 pieds, sur laquelle on a pratiqué des allées. C'est là que dans les nuits on voit errer cette vierge en robe blanche, éblouissante de lumière. Le frottement de sa robe de soie se fait entendre au loin dans la campagne : cette apparition annonce de beaux jours, d'amples récoltes et des succès à ses fidèles adorateurs. On n'ose pas alors approcher de l'enceinte ; on s'agenouille, on s'humilie ; on chante une hymne en l'honneur de la vierge ; on se retire enfin à reculons, et sans tourner le dos à la déesse. Ainsi nos bons aïeux sortaient jadis des forêts druidiques. On ne peut voir un chêne plus auguste, de plus nerveuses rugosités, de branchages plus étendus, un tronc plus vénérable que celui qui renferme l'image de la vierge des Portes.

Le Huelgoat est à cinq quarts de lieue de Poulaouen. Le premier établissement de la mine qu'on trouve en s'y rendant se voit sur la montagne de Poulabas. Le point de vue qu'on a de la montagne de Poulabas, est agréable et varié, terminé par les montagnes d'Arès ; des rochers dépouillés bornent la vue au nord ; le reste des terrains qu'on aperçoit est formé d'un vaste amas de collines assez bien cultivées, couronnées d'arbres et de clochers agréablement disposés.

Tous ces établissements sont placés sur le penchant d'une colline entourée d'arbres, dans un site qui me rappela par ses vapeurs, par le bruit des chutes d'eau, par la forme des bâtiments, par leurs boiseries de sapin, par l'air d'étrangeté, de solitude, de tout ce qui environnait ces habitations, si calmes, si sauvages, des petits cantons de la Suisse, près de Saint-Gal, dans l'Apenzel, au milieu des rochers, des cascades, de riches tapis de verdure, et des forêts qui couronnent les monts, en ménageant dans les vallées un jour sombre et religieux.

La tradition conserve dans ces lieux le souvenir de l'énorme château d'Artus ; des rochers de granit entassés donnent l'idée de ces vastes murailles ; on doit y trouver des trésors gardés par des démons, qui souvent traversent les airs sous la forme d'éclairs, de feux follets en poussant quelquefois des hurlements affreux ; ils se répètent dans les forêts, dans les gorges du voisinage. L'orfraie, la buze et les corbeaux sont les seuls animaux qui fréquentent ces ruines merveilleuses.

Le sieur Mathurin Grillaud a partagé les morceaux d'un grand vase d'or, trouvé par son père, en bêchant un champ nommé Toula-Houat. Ce fait est attesté par la municipalité.

Les loups, les sangliers, et le gibier en général, sont fort communs dans les environs du Huelgoat.

L'étang fournit des poissons excellents ; carpes, tanches, truites, anguilles.

Après avoir encore séjourné quatre mois à Lorient et Hennebont, de juillet à octobre 1888, j'arrivais en dernier lieu à Vannes où l'obligeant Dr de Closmadeuc mit sa bibliothèque à ma disposition. Je fus souvent à Auray, à Locmariaker, à Sarzeau, à la butte de Tumiac, aux îles du Morbihan et Gavrinis. Mais revenons à Lorient et relatons nos impressions de voyage à Port-Louis, Lorient à Larmor, etc., etc.

Excursion à Hennebont. — Des antiques et puissantes fortifications d'Hennebont on ne retrouve plus que quelques vestiges. Du château qui fut le témoin de l'héroïsme de Jeanne de Montfort, il ne reste qu'un mur d'enceinte presque circulaire, construit en mauvais petit moellons de 1 mètre 50 centimètres environ d'épaisseur. Ces ruines se voient sur une hauteur, à la rive droite du Blavet. Non loin du château, sous une maison, rue de la Vieille-Ville, existe un caveau rectangulaire de 4 mètres sur 6 mètres, voûté en pierre ; cette voûte est soutenue par huit arcs en plein cintre, portés au milieu sur une courte colonne cylindrique. On descend par une trappe dans cette crypte, d'où suivant la tradition, un souterrain faisait communiquer le château avec la ville close. Ce château n'avait pas sans doute été relevé depuis que Duguesclin l'avait emporté d'assaut puisqu'il n'en est pas question dans les deux sièges d'Hennebont en 1590. C'est de cette époque que date le boulet engagé dans l'éperon dit tour Saint-Nicolas, derrière l'hôtel du Commerce. Le mur de cette tour a près de 5 mètres d'épaisseur à sa base.

L'enceinte de la ville close offre sur le quai une grande portion de courtine, avec parapets, mâchicoulis et maigres corbelets à trois retraits. Au sud les murs sont masqués par des maisons, et du côté de l'est une porte en cintre brisé, offrant les traces d'un pont-levis et d'une herse, est flanquée d'une poterne et de deux grosses tours qui ont jusqu'à ces derniers temps servi de prison. Le pied de ces tours était autrefois baigné par la mer ; elles sont couronnées de corbeaux et de mâchicoulis. Non loin de cette porte, l'enceinte offre encore à gauche une tourelle, et à droite une très grosse tour talutée.

Histoire de Lorient. — Cette ville est d'origine récente, et l'emplacement qu'elle occupe était une lande inculte, dépendant du manoir du Faouëdic, possédé sous les seigneurs de Rohan, princes de Guéméné, propriétaires de la châtellenie de Tréfaven, en la paroisse de Plœmeur. Au commencement du XVIIe siècle une association de commerçants bretons, qui exploitaient l'Inde, avait établi des hangars à Blavet (Port-Louis) de l'autre côté de la baie qui forme aujourd'hui la rade de Lorient. C'était pour eux un lieu de relâche où ils déposaient momentanément leurs cargaisons.

Ces magasins étant devenus insuffisants, ils en élevèrent d'autres en 1628 pour suppléer à ceux du Blavet, mais sur la rive opposée, où ces magasins se trouvaient plus à l'abri. Ce ne fut toutefois qu'en 1664 qu'une nouvelle compagnie des Indes, constituée par lettres patentes de Louis XV, s'établit définitivement sur cette côte, dont elle prit possession. Jusque-là les essais commerciaux des compagnies avaient été tous dus à l'initiative des particuliers ; mais le génie de Colbert devina à cette époque de tâtonnements que, pour faire quelque chose de grand et pour coordonner ces tendances isolées, il fallait l'appui du gouvernement. Ce fut donc Colbert qui fut le promoteur de la compagnie en 1664, et sur les 15,000,000 de capital auxquels la société avait été constituée, il lui promit 3 millions au nom du roi.

La compagnie commença aussitôt de nouvelles et importantes constructions, tant pour l'emmagasinement de ses marchandises que pour le logement de ses nombreux employés. Un chantier de constructions navales fut établi dans ce port, qui reçut le nom de l'Orient emprunté au pays d'Orient avec lequel il avait ouvert de vastes opérations commerciales.

Vingt ans après, on comptait déjà dans Lorient 700 familles. Cette population demanda l'érection d'une paroisse au centre de ses habitations, et l'église fut consacrée en 1709 sous le nom de saint Louis.

Le terrain en fut cédé gratuitement par M. Dondel du Faouëdic, en 1719, la compagnie des Indes reçut de l'aventureux ministre Law, une nouvelle organisation, obtint des privilèges nombreux, le monopole du tabac, celui des loteries. Alors elle décida la création d'un immense entrepôt sur la côte de Bretagne, l'établissement d'un vaste bazar, la construction d'une ville qui serait le siège de ses opérations commerciales.

Elle acheta la lande sur laquelle se trouvaient déjà établis ses hangars et ses habitations, au confluent du Scorff et du Blavet. La ville nouvelle s'éleva avec ses rues tirées au cordeau ; la rade et les passes furent étudiées et balisées, et la cité fut bientôt entourée d'une ceinture de remparts. En 1785 commença la vente générale des marchandises de la compagnie, dans les beaux et vastes édifices de la cour des ventes.

La tour de la découverte, de 9 mètres de diamètre à sa

base et de 35 mètres de hauteur, fut élevée de 1737 à 1744, en même temps que l'hôtel des directeurs, et que la salle de spectacle, à l'extrémité du cours nommé en 1778, de la Bove en l'honneur de l'intendant de Bretagne.

En 1745, la compagnie était arrivée au plus haut degré de prospérité ; c'était une véritable puissance maritime, ayant dans sa rade de Lorient 85 vaisseaux ou frégates et beaucoup d'autres navires de fort tonnage ; elle avait un corps nombreux d'officiers recommandables, parmi lesquels la marine royale vint souvent se recruter ; elle avait ses lois, son pavillon, son sceau à ses armes. Elle constituait pour ainsi dire une sorte d'Etat dans l'Etat.

L'importance acquise par la compagnie bretonne des Indes inquiétait sérieusement l'Angleterre ; bientôt même elle passa de cet état d'ombrage à des projets de destruction. C'était du port de Lorient que La Bourdonnais mettait à la voile pour aller combattre les Anglais dans l'Inde. Une flotte anglaise, commandée par l'amiral Lestock, parut devant Lorient en 1746 ; mais après un débarquement dans la baie du Pouldu, le feu des Anglais ne fut pas meurtrier. Le 8, on fut instruit qu'ils se rembarquaient, n'emportant avec eux de cette expédition que la honte de n'avoir pu réussir.

Les Lorientais montrent encore avec orgueil, incrusté dans le pignon de la chapelle de la Congrégation, chapelle restaurée en 1747 après le siège, un boulet anglais que l'on noircit tous les ans pour le mieux faire ressortir sur la muraille, reblanchie chaque année pour la même circonstance.

Cependant, la compagnie des Indes, si florissante pendant trente ans, avait dû ses immenses succès, non à l'habileté de ses administrateurs, mais à un concours de circonstances heureuses, et surtout au génie de deux hommes qui se dévouèrent à son service dans l'Inde et dont les noms sont à jamais célèbres: Duplex et Mahé de la Bourdonnais. La rivalité de ces deux hommes illustres, poussés en sens contraire, l'un par une administration inhabile et divisée, l'autre par des instructions secrètes émanant en partie du ministère, produisit d'immenses désastres et hâta la chute de cette société, à laquelle l'Angleterre porta le coup le plus terrible en s'emparant du Bengale, en 1753. A partir de cette fatale époque, la Compagnie ne fit plus que languir, et, après avoir reçu inutilement de l'Etat des secours considérables, puisqu'ils s'élevèrent en peu d'années à 375 millions de livres, elle fut supprimée par un arrêt du conseil, en date du 13 août 1769.

A l'extrémité de la commune de Plœmeur, sur les bords de la rade de Lorient, se trouve la dévote chapelle de Notre-Dame de Larmor.

C'est un édifice de 40 mètres de longueur, sur 10 mètres de largeur, appartenant à plusieurs époques. Les arcades de la nef à cintre brisé, à plusieurs retraits, sont portées par pénétration sur des colonnes cylindriques à bases ornées de simples tores ; au carré de transsept et au chœur, de vastes arcades en plein cintre retombent sur des faisceaux de colonettes engagées, dont quelques-unes offrent des chapiteaux romans, noyés dans le badigeon. Au nord est un porche carré, voûté sur croisées d'ogives ; à l'intersection des arcs, un ange tient un écusson aux armes de Maurice de Chef-du-Bois, sieur de Kerduellic, avec une banderolle portant en gothique.

en : l'an mil; V⁰ VI, fut faict cest aouvre.

Les parois intérieures du porche sont ornées, des statues en pierre des douze apôtres ; à leurs pieds courent des ruisseaux de feuilles de vigne et sur leurs têtes sont de riches dais avec arcatures en accolades. Chaque apôtre porte, avec son attribut, une banderolle où est inscrit un verset du *Credo*. Enfin, sur le socle qui supporte chaque statue, on lit en lettres gothiques les noms des donateurs.

Une lourde flèche en pierre surmonte la tour élevée en

1615, sur le flanc septentrional de la chapelle. De la même époque date le rétable du maître autel et le tableau du fond du chœur, décoré des armes de René et de Suzanne de Trelan, sa compagne. Ce tableau, donné à l'occasion d'un vœu, représente des navires en péril ; les donateurs agenouillés invoquent le secours de la Vierge et de son divin fils apparaissant dans les nuages.

Le village de Larmor doit la célébrité dont il jouit depuis des siècles à la cérémonie curieuse de la bénédiction annuelle du coureau de Groix. On appelle ainsi le chenal de dix ou douze kilomètres qui sépare l'île de Croix de la terre ferme. C'est dans le coureau que se fait la pêche de la sardine, seule industrie des habitants de l'île et des côtes voisines, et la bénédiction du coureau a pour but d'obtenir du ciel que la pêche soit abondante. Cette cérémonie a lieu chaque année, le 24 juin, jour de la Saint-Jean. Dès le matin, le village de Larmor se remplit d'une foule de paysans et de pêcheurs des environs, ainsi que d'un grand nombre d'habitants de Lorient. Bientôt le clergé de Plœmeur, croix et bannières en tête, sort de la chapelle de Larmor, se rend processionnellement au rivage et prend place dans une embarcation pavoisée. Un grand nombre de chaloupes et de péniches aussi pavoisées, montées par des pêcheurs auxquels se mêlent des curieux entourent l'embarcation et l'accompagnent jusqu'au milieu du courant où se rendent directement de leur côté avec les flottilles qui leur font escorte et aux chants des litanies et de cantiques bretons, le clergé du Port-Louis partant de Loc-Malo et celui de Riantec partant de Gavre. Après une traversée plus ou moins longue, selon que le vent est propice ou contraire, selon que la mer est calme ou tourmentée, les cortèges s'arrêtent pour attendre la procession de l'île de Croix, si elle n'est déjà arrivée au rendez-vous.

Lorsque ces processions flottantes sont réunies et groupées, les quatre croix paroissiales s'inclinent l'une vers l'autre et s'embrassent, les quatre clergés passent sur un caboteur de Croix et un pavillon de reconnaissance, sur lequel est écrit Bretagne, est hissé au grand mât.

A ce signal, le garde-pêche du Port-Louis fait tonner son artillerie et continue sa salve pendant la bénédiction, donnée alternativement chaque année, par le curé d'une des quatre paroisses, debout sur le pont de la chaloupe.

Il adresse alors une prière à l'Esprit-Saint et à Marie, l'étoile de la mer, pour qu'elle se montre favorable à ces populations, vivant de leurs filets comme les premiers amis de Jésus, et se tournant successivement vers les quatre points cardinaux, il mêle aux flots agités de la mer des gouttes d'eau lustrale en prononçant d'une voix lente et solennelle les paroles suivantes :

« Seigneur qui avez dit : croissez et multipliez, qui avez commandé à la mer furieuse de briser ses flots écumants, qui ne confondez pas vos serviteurs lorsqu'ils espèrent en vous, répandez d'abondantes bénédictions sur ces passes (curricula) afin que les poissons se multiplient pour notre utilité, et qu'après avoir parcouru la mer sans naufrage et sans la crainte de l'ennemi, nous arrivions sains et saufs au port du salut ».

Pendant cette invocation, il ne s'élève d'autre bruit de ces nombreuses barques ballottées par les vagues, qu'un murmure confus de pieuses oraisons. Toutes les têtes sont découvertes et inclinées : toutes les mains sont jointes ; chacun dans le recueillement de la prière et de la confiance, croit entendre le Sauveur lui-même répéter à ses enfants de Larmor ce qu'il disait à ses apôtres avant la pêche miraculeuse : « Maintenant avancez en pleine eau, et jetez vos filets ».

Te Deum laudamus ! Te Deum ! crie la foule en se levant dans un transport de joie et de reconnaissance, comme pour un bienfait déjà obtenu ; et, en effet, ce cri répété par des milliers de voix entre la mer et le ciel, est plus qu'une hymne d'espérance. L'assemblée se sépare sur ce chant de triomphe, les pêcheurs de Croix cinglant vers leur île, et les autres vers leurs ports respectifs.

La vénération pour Notre-Dame de Larmor est encore si grande que les bâtiments de guerre, à l'entrée et à la sortie de la rade de Lorient, saluent sa chapelle, en passant, de trois coups de canon.

Guérande. — Les jours de foire ou de marché, rien de plus attrayant que d'aller étudier successivement à chacune des portes de Guérande le contraste des diverses populations de la commune dans laquelle tout diffère, type, expression, habits, mœurs. Mais c'est surtout le dimanche, à la sortie de la grand'messe, alors que les fidèles, assemblés de tous les points du pays, se précipitent à flots presque par toutes les issues de l'église et s'entrecroisent sur le parvis, qu'il est curieux d'observer cette foule bariolée. Vers les portes de la ville se dirigent les élégants paludiers de Saillé, vêtus comme ceux du bourg de Batz, d'un costume aussi riche et éclatant qu'original, tandis que par les deux portes opposées, se retirent les métayers, race toute différente d'un type moins noble et moins beau, fidèle aussi cependant à son costume traditionnel, mais dont toutes les parties sont moins amples, les formes plus étriquées, des couleurs moins vives. Ces deux populations ne se trouvent mêlées qu'à l'église ; elles vivent du reste étrangères l'une à l'autre, la première dans ses marais, la seconde dans ses champs, sans jamais s'allier entre elles par des mariages. Comme la mer et la terre, leurs nourrices respectives, elles semblent devoir se toucher éternellement sans se confondre. Par un prodige historique dont on ne rencontre ailleurs aucun exemple, tandis que partout les races succèdent aux races et se fondent entre elles, les paludiers ou sauniers seuls, adossés du côté de la mer à des rochers inaccessibles, séparés de tous leurs voisins par des dîmes ou des marais infranchissables, conservent dans toute sa pureté primitive leur type originel qui contraste si fort avec les paysans des environs. Ne se mariant qu'entre eux ils ne forment pour ainsi dire qu'une seule famille ; aussi la confusion des noms est devenue telle, qu'il leur a fallu, pour se distinguer, y substituer des sobriquets. Quant au costume, aucun autre ne présente à l'œil ni plus d'originalité ni plus de magnificence. Mais comment sans le secours du pinceau rendre l'effet de ce chapeau à larges bords garni de chenilles de couleur et si étrangement relevé sur le côté en pointe ou en corne, signe symbolique qui fait connaître les trois phases de la vie du paludier.

Le jeune homme porte cette corne sur l'oreille ; dès qu'il est marié il la tourne par derrière, et s'il reste veuf c'est la pointe en avant qu'il devra l'offrir aux regards. Et cette collerette de mousseline qui se rabat sur les épaules comme dans les portraits de Raphaël ; ces nombreux gilets, tous de longueur différente et superposés par étages, de manière à laisser paraître les bandes de couleur variées qui en garnissent les bords inférieurs ; ces vastes braies plissées en toile fine, serrées au genou par des jarretières flottantes retenant des bas de laine blanche ; ces sandales d'un jaune pâle : tel est le costume de cérémonie d'un paludier. Ce n'est qu'après le mariage qu'il arbore pour veste de d... a la couleur éclatante. Pour le travail il ne porte qu'un ... se blanche, des culottes bouffantes et des guêtres de toile, au lieu de bas.

La jupe des femmes change aussi de couleur suivant leur état de jeune fille ou de femmes mariées. Elles sont généralement jolies, blanches et fraîches, et annoncent une constitution d'autant plus robuste qu'elles dissimulent complètement leurs formes sous une sorte de plastron, sacrifiant souvent dans leur toilette d'apparat la grâce à la richesse. Leur coiffe étroite, formant une pointe derrière la tête, est rattachée sous le menton. Un corset rouge avec de larges manches à revers et un plastron carré vert, bleu ou broché en soie, recouvre la poitrine ; plusieurs jupes de drap à plis serrés; une livrée ou ceinture, large ruban de soie souvent broché de fleurs d'or ou d'argent, comme la piécette et le revers des manches, relève la jupe de dessus et se noue sur les hanches; un ample tablier de soie, violet, vert, émeraude ou orange, d'élégants bas de laine, rouges ou violets, à fourchettes de couleur, des espèces de mules de religieuse pour chaussures, voilà la toilette d'une paludière.

C'est surtout aux processions du sacre, ou mieux encore les jours de noces, qu'il faut les voir déployer la pompe et l'originalité de leurs costumes. Le plus souvent on se rend à l'église en cavalcade; les bâts des mules sont tous recouverts d'une magnifique draperie blanche, et chaque cavalier porte en croupe une jeune fille assise de côté derrière lui et qui se tient à son cavalier en lui passant un bras autour du corps. Le marié et la mariée ouvrent la marche sur la même mule. La mariée se reconnaît, indépendamment de sa couronne et de son bouquet avec une petite Sainte Vierge au milieu, aux dorures qui enrichissent à profusion sa toilette. Un plastron de drap d'or lui recouvre la poitrine; une livrée brodée d'or retrousse son jupon; des paillettes d'or étincellent aux fourchettes de ses bas.

Quelquefois funeste présage! ce cortège se croise avec un autre. Ici les femmes sont encapuchonnées dans une espèce de demi-mante en laine noire, revêtue extérieurement d'une toison très longue et très fournie; près d'elles s'avancent gravement des hommes enveloppés dans de grands manteaux de drap noir coupés à l'espagnole et le bord relevé du chapeau tourné en avant. C'est le costume de deuil.

Jamais il n'existe de bail entre le propriétaire et le paludier: les mêmes salines sont cultivées depuis des siècles par les mêmes familles. Les propriétaires changent, les paludiers restent, et les pères regardant en quelque sorte les marais comme leur propriété en font le partage entre leurs enfants. L'intérieur de leur maison bien meublée est tenu avec une propreté hollandaise, propreté que l'on remarque sur leurs vêtements et sur leurs sarraux de travail, qui sont toujours de la plus grande blancheur. Il n'est pas de ville de Bretagne, d'Anjou ou de Basse-Normandie où on ne les rencontrât il y a quelques années conduisant une file de mules aux clochettes bruyantes, chargées de sel, qu'ils vendaient ou qu'ils échangeaient contre d'autres denrées, commerce qui porte le nom de troque. Les hommes qui se livrent à ce commerce ne sont pas des paludiers, c'est-à-dire les locataires des marais, mais des journaliers qui leur viennent en aide pendant la saison du travail, et qu'on nomme saulniers. L'établissement de la route de Guérande au Croisic et celui du chemin de fer de Saint-Nazaire ont modifié cette industrie. La presqu'île du Croisic était, au vi^e siècle, occupée par une colonie de Saxons que saint Félix, évêque de Nantes, convertit le jour de Pâques de l'année 557.

Escoublac. — Les hommes portent le costume des métayers de Guérande ; la coiffure des femmes s'arrondit en diadème sur le sommet de leur tête, où leurs cheveux tressés sont entourés d'un ruban roulé en torsade, d'où retombent deux bandeaux semblables à ceux des sphinx égyptiens.

Quand, par une chaude soirée d'été, la jeune fille d'Escoublac se dirige, une amphore sur la tête, vers la citerne creusée dans le sable, l'étranger, témoin de cette scène d'une simplicité biblique, remonte le cours des siècles, se transporte, comme l'a fait Horace Vernet, sous un autre climat et rêve à Rébecca versant à boire à Éliézar.

Les dunes occupent, à un quart de lieu au sud du bourg actuel, une étendue de plus d'une lieue, et leur aspect éveille dans l'âme les impressions les plus tristes. C'est, en petit, l'imagine complète du désert, avec son silence, sa solitude et sa stérilité ; nous nous sommes transporté dans les vastes solitudes du nord de l'Indo-Chine où vivent les Chan, les Tangoutes et les Mosso ou Lissou, que nous et maints autres voyageurs trouvent une frappante ressemblance avec nos Bas-Bretons, et l'illusion vient à être complète lorsqu'on se représente à nos compatriotes, les muletiers du plateau de Roupchouk au nord-ouest du Ladak (Petit Thibet), ainsi qu'aux muletiers de l'Yunnan qu'Elisée Reclus compare aux muletiers de Castille ; sans doute les muletiers de l'Yunnan rappellent les Castillans ; mais au lieu de se transporter en Espagne, n'est-il pas plus naturel de nous représenter les muletiers de Guérande, d'Escoublac et du Bourg-de-Batz.

Vannes. Aspect du pays. Carnac, Tour d'Elven, ruines féodales. — Quittons la Bretagne maintenant, nous allons entrer en Celtie. La féodalité qui nous apparaissait sans cesse dans les pays de Léon, de Cornouaille et de Tréguier, comme le caractère propre de la contrée, nous n'allons plus la voir qu'au second plan ; ce sera la trace d'un passage. Elle va se montrer à nous à côté des signes de la conquête latine, pareille à un brochage semé sur une trame gauloise. Ici les cromlec'hs, les dolmen, les menhir, les grottes aux fées, sont semés de toutes parts. Il y a même, dans la physionomie que ces monuments donnent à la contrée, quelque chose de funèbre, d'aride, de décharné. Dépouillé des forêts qui donnaient du mystère à ses enceintes sacrées, parsemé de pierres druidiques qui blanchissent sur les landes comme des ossements, le pays de Vannes a l'air d'un immense squelette qui, après avoir perdu sa peau et ses chairs, étale encore au jour sa carcasse faussée et ses membres désarticulés. Vous qui aimez les traditions des premiers âges et les débris de l'antiquité, allez voir les peulvans de Bieuzy, de Sarzeau, de Quiberon et de Gourin ; allez mesurer le menhir gigantesque de Loc-Maria-Ker qui s'élevait à plus de soixante pieds, et sous lequel des troupeaux se mettaient à l'ombre ; allez vous asseoir sur les barrows et les galgals de Trehorenteo;

allez visiter la pierre de Plougoumelin sur laquelle on prêtait serment ; allez voir les grottes aux fées et les dolmens de Quiberon, de Saint Nols, de Suiniac, d'Elven, de Caro, de Pluherlin, de Ruffiac, de Saint-Jean-Brevelay, de Plaudren ; mais hâtez-vous surtout de peur que les maçons ne vous devancent, et que vous ne trouviez les ouvriers mettant la mine sous les monuments druidiques.

Nous voici à Arzon. Vous voyez cette montagne qui s'élève là-bas et qui sert de point de mire aux caboteurs de l'Océan ? C'est un barrow (1), c'est la tombe de quelque grand commerçant de la Vénétie. C'est sur cette plage qu'il venait, pendant sa vie, attendre le retour des flottes qu'il avait envoyées à Parthénope ou à Phocée ; il a voulu dormir au bruit de la mer, cette vieille amie qui l'a enrichi ; il écoute, dans sa tombe, le bruit monotone de la houle comme une voix d'associé qui lui rend des comptes. Le soir, si vous voyez une forme humaine s'agiter au sommet de ce tumulus, c'est son ombre qui vient y guetter une voile à l'horizon, car il attend ses navires qui sont allés chercher l'étain de Thulé, la pourpre de Tyr et les fers de l'île d'Ilva. Montez vous-même au sommet de ce cap dressé pour couvrir les cendres d'un seul homme, et regardez ; la vue s'étend au loin sans obstacle. Ici, devant vous, l'Océan qui se perd dans le bleu du ciel ! là, au nord, l'archipel de la petite mer (Morbihan) avec ses îles aussi nombreuses que les jours de l'année. Celle-là où vous voyez un pâtre aux larges braies et aux cheveux flottants assis sur un galgal, c'est l'île de Galafus ou des Chèvres ; cette autre couverte de barow s'appelle l'île longue ; là-bas, apparaît l'île aux Moines avec son dolmen, appelé l'autel du sacrifice, et ses menhirs qui se penchent comme les mâts d'un vaisseau près de sombrer. Plus loin c'est l'île d'Artz, toute dépouillée de ses forêts de pins, et qui, désolée, dresse sous le ciel ses cromlec'hs, ses dolmens et ses peulvans tachés de mousse marine.

1. Butte de Tumiac.

Puis, sur la mer, voyez ces barques à voiles rouges qui se perdent entre les mille récifs de la baie, qui s'assoupissent à la houle sous le vent de ces îles vertes! Ce sont, sans doute, des barques vénètes qui pêchent, pour les banquets de la grande Rome, car les Lucullus d'Italie préfèrent maintenant les huîtres d'Armorique à celle du lac Lurin. Je vous l'ai déjà dit, vous n'êtes plus en Bretagne, vous êtes au pays des vieux Celtes visités par César.

Et ce n'est point seulement sur les bords de la mer que vous trouverez cet aspect antique; quittez le rivage et lancez-vous à travers les bruyères; partout et toujours c'est la vieille Gaule, moins ses forêts, que les haches de la conquête et de la civilisation ont fait disparaître. Ici vous rencontrez la lande immense de Lanvaux, hérissée de ses 120 pierres druidiques; là c'est Trehorentec avec ses barows innombrables, et que vous entendrez appeler dans le pays le jardin des tombes; c'est Carnac enfin. Carnac, où les antiquaires ont cru voir, tour à tour, un campement de César, un cimetière de vénètes, un monument triomphal, les colonnes d'Hercule, un serpent zodiacal, un lieu d'assemblée, et enfin un temple de druides; Carnac, cette ville des poulpiquets, comme on l'appelle dans la contrée, cet ouvrage égyptien pour la patience et l'énormité, et qui semble réclamer la fraternité des pyramides et des allées de sphinx qui conduisent au temple du même nom dans la Thébaïde. Mais si vous voulez voir ce lieu étrange dans toute sa fantastique beauté, arrivez-y comme moi, vers minuit, après avoir manqué le dernier train du soir de Quiberon à Auray, par une nuit d'hiver claire et froide; arrivez-y après avoir erré cinq heures dans les bruyères sans pouvoir retrouver votre route, après vous être arrêté vingt fois, avec un indicible saisissement pour entendre les hurlements d'une louve affamée ou le cri d'un oiseau de cimetière; montez sur la colline au moment où une horloge éloignée vous fera entendre ses douze coups fêlés ; et, arrivé au haut, vous vous arrêterez en jetant un cri de surprise et d'épouvante lorsque tout à coup des nuages noirs s'écartant, la lune découvre devant vous le plateau désolé de Carnac.

Sur onze lignes parallèles s'élèvent onze rangées de peulvans d'inégales grandeurs. Aussi loin que l'œil peut s'étendre, on voit les onze lignes se prolonger dans la nuit, et cette armée de fantômes immobiles semble rangée là pour passer la revue de la mort, que l'on s'attend à voir paraître entre les files, armée de sa faux et montée sur son squelette de cheval. Par instant, la clarté stellaire que voile ou que découvre un nuage, baigne ces masses blanches d'ombre ou de lumière, et l'œil trompé croirait les voir exécuter des mouvements mystérieux. Un silence solennel règne au loin ; à peine si le vent vous apporte un écho du clapotement de la mer sur les grèves. Il semble seulement que l'on entende dans la nuit cette voix sourde et indistincte de la terre et du ciel, ce retentissement confus de l'eau qui coule, de l'air qui passe, de l'insecte qui rampe ; vague rumeur du travail de la nature, à laquelle on ne peut donner de nom, et que l'on prendrait pour l'entretien insaisissable des génies de la terre, du ciel et des eaux.

C'est seulement à l'apparition du jour que tout prestige disparaît et que Carnac se montre dans sa réalité colossale. Alors le saisissement fait place à l'admiration. Les onze lignes de pierres druidiques se prolongent jusqu'à l'horizon à plus de deux lieues. Il en est qui s'élèvent à vingt pieds et dont le poids suffirait pour charger un navire ; toutes sont formées d'un seul bloc, brutes et telles qu'on les tira de la carrière. Pour augmenter encore le prodige d'un pareil travail ces peulvans ont été plantés la pointe en bas, de manière à paraître portés sur des pivots.

On dirait des pyramides que des géants se sont plu à renverser à la suite d'une orgie.

J'étais depuis deux heures dans la contemplation de cet

incompréhensible ouvrage ; je parcourais les rues immenses de cette ville sans modèle et sans nom, lorsqu'un jeune paysan passa, conduisant une génisse noire.

Je lui souhaitai la bienvenue.

— Que Dieu vous bénisse, monsieur ! me répondit-il en tirant son chapeau ; car il avait vu que j'étais un compatriote.

— Sais-tu qui a mis là ces pierres ? lui demandai-je, en lui montrant les lignes de menhirs. Le paysan se signa.

— Çà, monsieur, dit-il, ce sont les soldats qui poursuivaient saint Corneille, le bon patron de notre paroisse ; comme il allait être pris par eux et qu'il était arrêté par la mer, il les changea en pierres ainsi que vous les voyez là.

Je remerciai le pâtre et je passai ; je venais de retrouver la trace chrétienne au milieu de mes rêves d'antiquaire, j'avais marché sur le moyen-âge en tournant autour d'une pierre druidique.

Car le moyen-âge aussi a laissé ses traces au pays de Vannes; seulement il s'y est soudé après coup et sur un fond qui ne lui appartient pas.

Ce fond qui existait également dans le reste de la Basse-Bretagne, y a presque disparu, tandis que le Morbihan le montre encore de toutes parts. Cependant les ruines gothiques y sont nombreuses. Elles ont même un caractère plus militaire et plus historique que dans le reste de l'Armorique. De tout temps, aux jours des Romains comme aux jours de la vassalité, cette terre de Morbihan a nourri une race dure et batailleuse. Là, les hommes naissent avec la maladie héréditaire que l'on nomme esprit guerrier. Souvent je me suis étonné de ce que les dépeceurs de moyen-âge, qui se sont mis depuis 30 ans à fouiller le passé comme un cadavre, n'aient pas songé à y placer la scène de plus de leurs romans. C'est un pays à parcourir pour les arrangeurs de chroniques, et ils y auraient trouvé de merveilleux cadres pour décalquer Walter Scott.

N'avaient-ils pas en effet les sombres châteaux de Plessis et de Rochefort, avec leurs longs souterrains encore béants et garnis de dalles retentissantes? Sucinio, ce Trianon d'une époque farouche, où l'on avait fait des étangs avec la mer; le château de Josselin, bâti par Clisson; le vieux chêne de Mi-Voie et le combat des Trente, ce beau duel qui dura dix heures, et où l'on entendit ces étonnantes paroles qui seraient dans toutes les rhétoriques si elles eussent été dites en latin; Bois ton sang, Beaumanoir, et tu n'auras plus soif! la tour d'Elven, si belle quand on regarde les deux cents pieds d'élévation qui restent à ses murailles, quand on entre dans son enceinte qui était une ville entière, et que l'on voit la fenêtre à laquelle s'accouda prisonnier Henri VII roi d'Angleterre. Puis la ville de Vannes, elle-même, n'a-t-elle pas ses grands souvenirs? N'y voit-on pas la tour du connétable, dans laquelle se passa le drame terrible dont Voltaire a fait la tragédie d'Adélaïde du Guesclin? N'y montre-t-on pas encore les halles où Pierre II fut couronné duc; où plus tard, des Etats effrayés et corrompus prononcèrent la clôture définitive de la féodalité, en votant la réunion de la Bretagne à la France? Et si ces faits politiques ne suffisaient pas à nos romanciers, il en était de plus romanesques, de plus intimes. Ils n'avaient qu'à visiter, près de Brech, la fontaine où la levrette de Charles de Blois l'abandonna au moment de la bataille, pour suivre Montfort, présage éloquent qui disait d'avance l'issue du combat; ils pouvaient dépeindre la curieuse église de Ploërmel, où l'on voit au-dessus du portail le fameux verrat jouant de la cornemuse et au fond du sanctuaire, deux tombeaux des ducs de Bretagne, Jean II et Jean III; ils avaient à parler du pont de l'île Cado, bâti par le diable, et où l'on voit encore la trace que laissa le pied de saint Cado en glissant sur la pierre; ils pouvaient explorer, près de la Magdeleine, une corderie de Cacoux, et nous faire quelque beau tableau de ces parias d'autrefois, vêtus d'une souquenille que timbrait la croix rouge, et forcés d'écouter l'office sous les cloches! Je ne dis rien de la forêt de Brocéliande, de la chapelle de Bethléem, de la grotte de saint Rivalin à l'embouchure de la Sare et de mille autres mines fécondes aussi faciles à exploiter.

Superstitions du Morbihan. — On devine d'avance que le double cachet celtique et féodal qui marque au front si profondément le pays de Vannes se trouve non moins prononcée dans son aspect moral. Le Morbihanais est un Celte baptisé qui laisse entrevoir son origine bien plus clairement que tous les autres Bretons. Nulle part le culte des éléments et des génies de la mythologie druidique ne s'est plus évidemment conservé sous un léger déguisement chrétien. On y trouve encore les arbres à niches, les fontaines miraculeuses, les jeux gaulois, les pierres révérées. Il n'est point un seul des mille monuments druidiques répandus sur le sol vénète, devant lequel le Morbihanais ne se sente saisi d'un mouvement de respect.

Toutes ces pierres couvrent des trésors miraculeux toutes ont quelque vertu secrète, quelque divinité mystérieuse et toute puissante. Allez au roulers de Pontivy, maris inquiets, et si vos soupçons sont justes, la pierre immense que le doigt d'un enfant suffit pour remuer, demeurera immobile sous tous vos efforts. Ne passez pas trop tard près du peulvan de Noyal, vous qui aimez la vie, car vous pourriez vous trouver sur sa route au moment où il va boire à la rivière; méfiez-vous du Kist-vean de Caro (roches aux fées) Ian Kerloff de Sulniac y est passé la nuit de Pâques et il a vu les fées qui dansaient au clair de la lune, et si lumineuses, que Ian Kerloff dit qu'en regardant leurs figures on croyait voir une lumière à travers une lanterne de corne. Craignez aussi, quand vous voyagez de nuit, les chemins creux et les ponts étroits. Hervé Carzou passait sur l'Are l'an dernier en revenant de la foire, lorsqu'il aperçut au milieu du pont un bouc noir qui le regardait d'un air effronté. Comme il avait un peu de vin de feu dans la tête, il voulut frapper l'animal en lui disant : Hors d'ici, puant. Mais, par malheur c'était le gabino, et il jeta Hervé Carzou dans la rivière, où il se serait noyé sans un chapelet bénit à sainte Anne et sans le fils du meunier qui l'entendit crier. A Coat-Bian il y a aussi des barows que l'on appelle le château des poulpicans. Les poulpicans passent pour les maris des fées et les génies de la terre. On en trouve à Elven, à Neuillac, partout où il y a des monuments druidiques. Ce sont eux qui font entendre une clochette dans les bois pour tromper les petits pâtres qui cherchent leurs chèvres égarées.

Souvent, dans les soirs d'hiver, quand on se tient pensif au foyer et que l'on écoute le feu grésiller, il s'élève tout d'un coup, au dehors, des bruits aigus et criards. Les enfants et ceux qui ne savent pas les traditions disent : C'est la poulie du puits que le vent fait tourner, ou l'aile du moulin à vent de Jacques qui crie sur son axe, ou le tourniquet de bois qui a été placé sur le grand pommier pour faire peur aux oiseaux ; mais les vieux qui ont de l'expérience vous répondront, en secouant la tête, que ce sont les poulpicans qui s'appellent pour courir en rond autour des cromlec'hs du coteau. Alors ceux qui sont sages ne sortiront pas ; ils diront dévotement une prière, et ne se coucheront qu'après avoir placé devant leurs lits un vase plein de mil ; car si les poulpicans viennent, ils répandront le mil, et, forcés par leur nature à le ramasser grain par grain, cette opération les retiendra la nuit entière.

Près de Saint-Gildas les pêcheurs de mauvaise vie et qui se soucient peu du salut de leur âme sont quelquefois réveillés la nuit par trois coups que frappe à leur porte une main invisible. Alors ils se lèvent, poussés par une volonté surnaturelle ; ils se rendent au rivage, où ils trouvent de longs bateaux noirs qui semblent vides, et qui pourtant enfoncent dans la mer jusqu'au niveau de la vague. Dès qu'ils y sont entrés, une grande voile blanche se hisse seule au haut du mât, et la barque quitte le bord comme emportée par un courant rapide. On ajoute que ces bateaux, chargés d'âmes maudites, ne reparaissent plus au rivage, et que le pêcheur est condamné à errer avec elles à travers les océans jusqu'au jour du jugement. Qui ne reconnaît dans cette fable la tradition celtique rapportée par Procope.

Vous le voyez, toutes ces superstitions sont druidiques.

Les Celtes supposaient des génies unis à tous les éléments, à toutes les parties de la matière. Ils donnaient à quelques-uns de ces gnomes le nom de dus, comme nous l'apprend saint Augustin. Dans certains cantons de Bretagne, ils ont conservé à peu près le même nom ; on les appelle encore teus.

Impressions de voyage dans les Côtes-du-Nord.

Pendant l'été et l'automne de 1890, je retournai visiter toute la Bretagne de nouveau en commençant mon voyage en sens inverse de la première fois ; c'est-à-dire qu'au lieu de parcourir la Péninsule en suivant les côtes, du midi au nord, je me rendis à Rennes, visitant les campagnes et villes de l'Ile-et-Vilaine, et de là je me transportai à Saint-Brieuc et parcourus les Côtes-du-Nord en continuant par Lannion, Tréguir, Morlaix, Brest, Quimper ; en allant du nord à l'ouest et au midi et en remontant au nord par Lorient et Pontivy.

Dans le cours d'un voyage circulaire en allant d'Auray à Saint-Brieuc, je rencontrai en chemin de fer, un capitaine au long cours, natif de Séné, auprès de Vannes, qui me dit que mes photographies des costumes et types de Pont-l'Abbé, ressemblaient beaucoup aux Lapons de Norwège, et qu'il avait remarqué souvent dans ses nombreux voyages en Norwège, la grande ressemblance des Lapons avec ses compatriotes du Morbihan.

Le D' Bodichon Breton lui-même, cité par Elisée Reclus dans sa *Géographie universelle*, dit : « Le Breton pur sang a le crâne osseux, la peau d'un jaune pâle, le teint bistré, les yeux noirs ou bruns, les formes trapues, les cheveux noirs. » N'est-ce pas en tout point le portrait de la race Mongolique ?

Mais retournons dans les Côtes-du-Nord. C'est à Moncontour au pied des monts d'Arrès que j'ai rencontré les premiers Bretons pur sang du D' Bodichon, courts et trapus, basanés, très agiles et forts. Je ne retrouvais ces montagnards qu'au midi de Morlaix à Huelgouat et à Carhaix, patrie de la Tour d'Auvergne, ensuite je retrouvai le même type bien caractérisé aux environs de Chateaulin, nous sommes arrivé dans les montagnes Noires et ses habitants ont la peau presque noire, et les cheveux noirs comme du jais. Depuis Morlaix je ne nommai plus ces hommes trapus et forts que « les petits taureaux de montagne.

Tous ces contours de montagnes ont un cachet fort accidenté et pittoresque, surtout les environs de Saint-Brieuc qui sont entrecoupés de longues vallées boisées et de coteaux couverts de cultures variées ou de prairies qui nourrissent de beaux troupeaux. C'est la Suisse du nord aux mœurs primitives, où on peut encore voir à la foire de Saint-Nicolas de Crafoud, les paysannes jeunes ou vieilles, se faire tondre et troquer, le voile naturel de leurs tresses blondes ou blanches, pour un mouchoir de coton bleu.

Ce n'était plus le vent farouche qui sort des baies du Finistère et bondit à travers les montagnes Noires ; l'atmosphère était ici plus clémente. Les vertes vallées s'étendaient au loin, diaprées de violettes blanches et de primevères jaunes, appelées fleurs de lait par les enfants du pays ; partout couraient des haies d'aubépines et de troènes, toutes bordées par les églantiers et les chèvrefeuilles. On n'apercevait plus, des deux côtés du chemin, les tristes forêts d'ajoncs et de genêts ; mais sur les coteaux, des villages qui nageaient dans les feuillées; des champs de pommes de terre aux fleurs lilas, ondulant sous la brise et, de loin en loin, quelques grandes bruyères pourprées, d'où s'élevaient les mugissements des taureaux et les aboiements d'un chien de berger.

A chaque instant, pour compléter par un contraste le charme de cette nature arcadienne, je voyais s'élever quelque ruine couronnée de lierre et de giroflée sauvage : temples païens, tours féodales, saints monastères, symboles de tous les siècles et de toutes les croyances! comme si le temps, en emportant pêle-mêle dans un coin de sa tunique, les monuments du passé, eût laissé tomber là ces débris et les eût perdus dans l'herbe des vallées.

Depuis déjà huit jours je parcourais les Côtes-du-Nord et j'avais toujours marché au milieu des souvenirs d'un autre âge. Le pays s'était déroulé devant moi comme un immense médaillier, conservant une empreinte de chaque siècle.

J'avais parcouru les voies romaines à demi effacées sous un macadamisage communal; je m'étais reposé au pied des menhirs gaulois, surmontés de la croix chrétienne; j'avais vu le vieux château de Kertauarn, avec ses meurtrières encore béantes, sa basse fosse humide que traverse l'immense poutre garnie d'anneaux à laquelle le seigneur rivait ses prisonniers ; j'avais écouté à la porte de fer du double souterrain le mugissement sourd du vent sous les voûtes, et mon guide m'avait dit que c'étaient les âmes de faux monnayeurs qui revenaient travailler à la tombée du jour; j'avais dormi à Beaumanoir et les enfants m'y avaient raconté l'histoire de Fontenelle le Ligueur. A Cavreo, on m'avait montré le puits mystérieux où un duc de Bretagne avait caché le berceau d'or de son fils. J'étais entré au château de la Roche, et j'avais cherché la place où le Seigneur de Rhé trouva le bon connétable Du Guesclin dépéçant un verrat et faisant portions pour les voisins; la veille enfin, je m'étais longtemps arrêté devant cette étrange construction d'un âge inconnu qui s'élève sur la Terre des Pleurs (lan-leff), couronnée de son if immense. Or, maintenant j'allais revoir l'Océan, la grève de Saint-Michel et Beauport, cette chartreuse de Bretagne, où notre Lamennais voulut ouvrir un refuge aux cœurs devenus malades à l'air du monde et qui avaient besoin du silence et de la prière.

Déjà la plaine de Saint-Michel s'étendait devant moi. Le soleil dardait alors d'aplomb sur cette grande solitude, tandis qu'une rafale piquante venait de la mer. Ce mélange de chaleur dévorante et de fraîcheur produisait je ne sais quelle sensation agaçante impossible à décrire. Le ciel était sans nuées, et d'un bleu si limpide qu'on eût dit une tente de soie ; nul bruit ne se faisait entendre, si ce n'est le grouillement confus des grèves, au sein desquelles bourdonne un monde d'insectes invisibles. Mon cheval, comme tous ceux de sa race, s'était ranimé à l'air salin du rivage ; il tournait sa tête vers les flots, les narines ouvertes, et humant la brise marine. Je lui abandonnai la bride, et il s'élança de toute sa vitesse à travers l'espace ; ses pieds en frappant le sable humide, ne produisaient aucun bruit, et son galop était si doux que je ne sentais aucun de ses mouvements.

Mon guide (un de ces pâles et poétiques jeunes gens qui poursuivent leurs études dans les séminaires des Côtes-du-Nord) me fit voir la grand roche bleu (roc'h-irglaz), près de laquelle débarquèrent saint Efflain et ses compagnons à cette époque miraculeuse où les auges de pierre servaient de vaisseaux aux solitaires d'Hyberrie pour traverser les eaux, et venir prêcher le catholicisme aux idolâtres de l'Armorique. Le jeune séminariste me raconta comment Saint Efflain, qui avait épousé une princesse plus belle que le jour, la quitta pour répandre sa foi en Bretagne, et débarqua dans cet endroit, où il trouva son cousin Arthur prêt à attaquer un horrible dragon qui suait du feu, et dont les regards frappaient les hommes ainsi qu'une lance.

« Le chevalier et le dragon combattirent tout un jour sans pouvoir se vaincre.

Vers la nuit, Arthur vint s'asseoir vers le bord de la forêt car il était lassé et il avait bien soif, mais aucune eau ne bruissait alentour, sinon la grande mer, qui grondait toute affolée contre le ir-glazl Saint Efflam se mit alors en prières, et ayant frappé la terre de son bâton, il en jaillit aussitôt une source à laquelle Arthur but à long traits. Le saint passa le reste de la nuit en oraison, et quand le jour fut venu, comme le chevalier reprenait sa bonne épée :

« Chômez pour aujourd'hui, beau cousin, dit Efflam et laissez dague au fourreau, car la parole de Dieu est plus forte que le fer émoulu.

« Cela dit, il s'avança vers le dragon, auquel il ordonna au nom du Christ vivant, de sortir de sa tanière et de se précipiter dans la mer, ce que fit le monstre avec de sourds et terribles beuglements qui faisaient tressaillir Arthur dans sa cotte de fer. »

Cependant la mer, qui montait toujours, faisait voir de plus près sa longue dentelle d'écume; je commençais à craindre qu'elle ne nous entourât. J'avais entendu raconter dans mon enfance des histoires de voyageurs surpris par les flots de la grève de Saint-Michel, et sentant la mort leur monter, pouce à pouce de la cheville jusqu'à la gorge. Je témoignais mes craintes à mon compagnon.

— Il n'y a pas de danger, me dit-il en étendant la main vers le milieu de la grève : la croix nous voit!

Et en effet une croix de granit s'élevait là, et les flots commençaient à peine à l'effleurer à sa base. J'appris qu'aussi longtemps que cette croix apparaissait la fuite était encore facile.

En traversant la grève, j'aperçus successivement les trois chapelles de Toni-Efflam, de saint Michel et du Lancarré. A l'extrémité de la plaine, je trouvais quelques maisons presque ensevelies et une chapelle demi-croulée. C'est le bourg de Saint-Michel, pauvre herculanum maritime que mine lentement le flot, et sur lequel chaque année la mer étend plus avant son linceul de sable. Les deux tiers de la commune ont déjà été rongés par la vague.

Mais la lieue de grève ne m'avait point donné un aspect d'océan.

Dans ce désert de sable je n'avais vu que de l'eau et non la mer. Celle-ci m'apparut à Perroz et à Bréhat. Ce fut là que je pus juger du caractère particulier des côtes de Tréguier.

Je me rappelais encore les sombres baies des Trépassés et d'Audiern, les passes de l'île de Sein et des Glénans; je m'attendais à retrouver quelque chose de semblable; je fus complètement trompé. Au lieu des longs récifs de la côte de Cornouaille autour desquels hurle la vague, et qui élèvent dans la brume leurs squelettes jaunâtres, je trouvai un rivage fertile et habité. D'immenses rochers de granit rose, bizarrement taillés par les tempêtes, s'avançaient de loin en loin comme des sphinx égyptiens accroupis dans l'écume de la mer. Au fond de chaque havre apparaissaient des villages à maisonnettes rouges, avec leurs clochers pointus et ardoisés. Parfois derrière un coteau, je voyais briller au soleil le drapeau tricolore d'une batterie garde-côte, le paratonnerre d'une poudrière, ou l'aile d'un moulin à vent. Partout se révélait la présence de l'homme et de la société. C'était encore de la campagne, mais la solitude avait disparu. Les flots eux-mêmes, comme s'ils eussent éprouvé cette influence contagieuse de la civilisation, semblaient se briser plus mollement contre les grèves; à vue de terre s'élevaient gracieusement des îles tapissées d'herbes marines en fleurs, au milieu desquelles je voyais courir les lapins noirs et où j'entendais le cri des perroquets de mer qui viennent des extrémités du monde pour déposer leurs nids dans ces asiles. Sur quelques récifs se dressaient des balises noires et blanches, à moitié arrachées par les flots, et, au milieu de ce panorama magique, les voiles latines des barques de pêcheurs glissaient sur l'onde berceuse, les sloops caboteurs doublaient les pointes éloignés, et une frégate balancée sur ses ancres, à l'ombre d'une des îles, roulait languissamment à la lame, tandis que les mouettes, les goëlands et les mauves effarées tourbillonnaient autour de sa mature et de ses épars aériens.

J'avais alors sous les yeux, dans un seul paysage, et comme en résumé, tout le pays de Tréguier : un monastère devant moi ; à droite, des manoirs aux girouettes rouillées ; à gauche, quelques tours féodales ; tout autour une campagne tranquille ; et au loin la mer !... Il y avait dans ce tableau un calme rustique et je ne sais quelle poésie facile. C'était un paysage tel qu'il en faut à une méditation de jeune abbé causant tout bas avec Dieu, au paisible gentilhomme livrant sa vie au courant des joies vulgaires, au pâtre lançant sa voie dans les bruyères.

J'avais traversé le réfectoire de Beauport, transformé maintenant en avenue de peupliers ; je m'arrêtai au milieu de son église presque détruite, et qui n'avait plus pour toit que le ciel. Le pied posé sur une pierre tombale, où se lisait encore les noms d'Alain d'Avaugour, comte de Penthièvre, de Tréguier et de Guello, fondateur de l'abbaye en 1269, je contemplais avec ravissement le coup d'œil qui s'offrait à moi.

Le jour commençait à tomber ; à l'horizon, Bréhat, entouré de ses mille rochers et de ses deux cents voiles, flottait entre la brume et l'océan, semblable à une île de nuages ; les cloches des chapelles et des paroisses tintaient l'*Angelus*, les conques des bergers se répandaient du haut des collines, les merles sifflaient dans les sureaux, l'alouette descendait des cieux avec son cri joyeux !... Et ces mille bruits du soir se confondaient dans une inexprimable harmonie ! Le soleil couchant jaillissait en rayons pourprés à travers les dentelures du cloître ; le vent soupirait dans les ruines, et au loin, sur la route, un vieux prêtre s'en allait péniblement son bréviaire à la main.

Alors les chants du jeune paysan s'élevèrent dans la nuit, selon l'usage de Bretagne, pour empêcher l'approche des mauvais esprits, et le Klourek chanta un des sones trégorrais avec lesquels ma nourrice m'avait autrefois endormi.

Les villes des Côtes-du-Nord ne sont pas moins pittoresques que les campagnes. Outre Tréguier, si coquettement posé, les pieds dans la mer et la tête sous l'ombrage de sa colline, on peut citer Paimpol, joyeux petit port tout parfumé d'une odeur marine, et qui laisse voir une flamme de navire au-dessus de chacune de ses cheminées ; Lannion, Lamballe, Quintin, aux rues dépavées, où chaque femme file sur le seuil en chantant ; Guimgamp, riante bourgade où se répètent les plus beaux sones du pays ; Belle-Isle jaune et terreux, accroupi comme un mendiant au bord du chemin ; Jugon, ce gracieux village Suisse, jeté entre deux fentes de montagne ; enfin Dinan, ce son corset d'antiques murailles, si crevassé de maisonnettes riantes, si brodé de jardins fleuris, que l'on dirait « une jeune fille essayant une vieille armure par dessus sa robe de bal. »

Saint-Brieuc est une vieille cité replâtrée qui a fait nouvelle peau. Dès l'entrée, on respire la préfecture ; on se trouve nez à nez avec la civilisation symbolisée par une prison et une caserne neuves. L'étrangeté, le désordre, la hardiesse charmante des constructions gothiques ont fait place à une espèce de régularité contournée qui sent le traitement orthopédique.

On voit qu'un architecte a passé par là coudoyant les vieilles rues tortueuses pour les redresser, crépissant et rebadigeonnant les anciens édifices.

Superstitions du pays de Treguier

Tréguier. — Le pardon de saint Ildut à Coadout, qui a lieu le premier dimanche de l'avent, est connu sous le nom de pardon des coqs. En effet chaque famille fait ce jour-là hommage d'un coq à saint Ildut. Le plus beau est confié à un hardi paysan, qui le dépose sur le coq doré qui surmonte le clocher. Après quelques moments d'hésitation le coq s'envole, et tous les paysans se précipitent à sa poursuite, car un bonheur constant est attaché pendant une année à la possession de ce coq. Les quatre cinquièmes des volatils ainsi offerts à saint Ildut, sont revendus au profit de l'église, l'autre cinquième est dévolu au recteur de la paroisse dont la part s'élève parfois à 120 ou 140 coqs.

Le Pardon de saint Laurent. La nuit du 9 au 10 août de chaque année, une foule de dévots s'y rendent des paroisses environnantes et quand ils ont fait sur les genoux le tour du cimetière, ils entrent en rampant, dans un four pratiqué sous l'autel, pour rappeler le supplice du feu infligé à saint Laurent, baisant la pierre de l'âtre et ressortent par l'étroite ouverture qu'assiègent d'autres pèlerins impatients. Puis après s'être frotté les mains et la figure aux pieds de la statue du saint, ils se dépouillent de leurs vêtements et se plongent à l'envi dans une fontaine sacrée, construite en forme de niche, avec un siège en pierre pour asseoir les baigneurs. L'eau de source s'échappant avec abondance par un canal supérieur, pour retomber dans le bassin de la fontaine, retombe en cascade sur leur tête et chaque baigneur avant de céder la place à un autre prononce ces paroles : Que saint Laurent nous préserve et nous guérisse des rhumatismes.

Si un voyageur se trouvait conduit sans être averti parmi ce groupe d'hommes poussant des clameurs confuses ou des invocations dans une langue inconnue et se livrant avec une sorte de frénésie à ces ablutions nocturnes il se croirait transporté par un rêve dans quelque île sauvage de la Polynésie. Mais un druide reparaissant sur la terre ne serait point étonné de ce spectacle, aïeul de vingt siècles il reconnaîtrait encore ses descendants. La vertu de ces ablutions est, comme nous l'avons dit, de préserver ou de guérir des rhumatismes; quelques-uns des pèlerins, moins fervents ou plus frileux, se font remplacer par des mendiants qui s'offrent moyennant une légère rétribution de recevoir coup sur coup plusieurs douches pour compte d'autrui, nous avons eu personnellement recours à cet intermédiaire pour prendre à peu de frais un bain par procuration.

Au coup de minuit la foule abandonne la fontaine du Poulour, pour se porter dans une prairie ou commencent à la clarté de la lune ou à celle des cierges empruntés à la chapelle, des luttes qui durent plusieurs heures. Des vieillards, les juges du camp, ont précédé, dans de longs conciliabules, à l'admission des concurrents, à leur classement suivant leur âge. Les hommes mariés sont formellement exclus.

Il n'y a point de prix, ou plutôt il n'y en a qu'un digne de la valeur des combattants : on lutte pour l'honneur de la paroisse. Quand les préparatifs sont terminés, d'anciens lutteurs réduits au rôle de hérauts, crient : Lice ! Lice ! comme on le faisait dans les tournois, et rangent en rond les nombreux spectateurs. Cette opération s'exécute avec un ordre merveilleux ; et cependant l'autorité civile est absente, elle dort. Quant à l'autorité ecclésiastique, elle a depuis quatre-vingt-dix ans interdit la chapelle, où aucun office régulier n'est célébré ; mais cette prohibition n'a pas fait perdre à cette chapelle ses titres à la vénération. Les spectateurs des deux premiers rangs se tiennent accroupis sur les talons, les autres sont debout; tous suivent avec l'anxiété des Romains et des Albains au moment de leur duel national, les péripéties d'un combat dont l'issue doit décider quelle paroisse aura le droit de mépriser les autres pendant une année. Enfin les vainqueurs sont salués d'applaudissements assez sonores pour étouffer les imprécations des partisans du courage malheureux. Alors les gradins vivants du cirque se décomposent ; des groupes nouveaux se forment en attendant le jour ; les uns écoutent le flux de paroles intarissables des improvisateurs populaires ; d'autres dansent à la voix, en poussant de temps en temps et en cadence des cris sauvages ; tous emplissent successivement les tentes des taverniers.

Quand le soleil se lève les femmes qui n'avaient pas encore paru remplacent les hommes à la fontaine ; seulement leur costume est moins léger que celui de ces derniers ; les cheveux épars, la gorge couverte d'un mouchoir elles viennent à leur tour courber la tête sous les flots de l'eau lustrale. Toutes ces ablutions s'accomplissent avec une gravité et une simplicité de mœurs qui seraient peu comprises dans nos établissements d'eaux thermales en France. Mais les Trégorais ne sont pas aussi avancés en civilisation que les habitants de Vichy ou de Bade ; aussi comme dit la Genèse parlant d'Adam et Ève avant leur chute, « ils ne rougissent pas ».

Le cachet d'une nature transitoire et demi-francisée est si profondément empreint dans une partie du Tréguier que le langage même de ses habitants en porte la trace. C'est un breton d'abord pur, puis qui va toujours s'altérant jusqu'à Saint-Brieuc, où il se fond en un patois qui rappelle singulièrement le français de Montaigne. Le costume aussi y est moins varié, moins original, que dans le Léonais et la Cornouaille. On a pu voir dans ce que nous avons dit, que la foi elle-même y était affaiblie, les superstitions seules, ces premières et dernières fleurs que pousse une religion, ont survécu jusqu'à présent à tous les changements. Elles sont en grande partie les mêmes que dans le reste de la Bretagne. Une superstition se rattache à la fontaine de saint Michel. Quiconque a eu à souffrir d'un vol n'a qu'à s'y rendre à jeun le lundi, et à jeter dans l'eau des morceaux de pain d'égale grandeur, en nommant successivement les personnes qu'il soupçonne ; lorsqu'un des morceaux va au fond, le nom qui a été prononcé, en le jetant, est celui du voleur que l'on recherche. Cette croyance est évidemment un vertige du culte pour les éléments qui formaient la base du druidisme. Du reste, les traces de celui-ci sont encore profondément empreintes partout dans notre vieux duché.

Les premiers apôtres de l'Armorique, pour rendre la conversion plus générale, conservèrent, sans doute, une partie des rites populaires, en leur donnant seulement un nouveau patronage à une autre intention : on lui baptisa ses idoles pour qu'elle pût continuer à les adorer. Ce fut ainsi que ne pouvant pas déraciner les menhirs, on les fit chrétiens en les surmontant d'une croix; ainsi que l'on substitua les feux de Saint-Jean à ceux qui s'allumaient en l'honneur du soleil. Mais le peuple alla plus loin, ses passions lui étaient restées; et bien que la nouvelle loi toute de pureté et d'amour, ne leur offrît aucun patronage, il voulut conserver un culte pour elles. La divinisation de ses mauvais penchants est une hypocrisie naturelle à l'homme; il a besoin d'avoir un complice dans le ciel.

Le Celte, avant sa conversion, avait un autel élevé à la haine; il ne put se résoudre à n'en avoir qu'un seul consacré à la charité. Son vice lui était resté, et il lui fallait le dieu de son vice. Il songea donc à conserver son culte en changeant seulement de patron. Son esprit grossier ne voyait, sans doute, dans le Christ et sa famille que des divinités supérieures en puissance à ses anciennes idoles; il pensa qu'il pouvait transporter ses hommages des premiers autels au nouveau, sans rien changer, et qu'il n'y avait, après tout, qu'un culte à déménager. Ce fut ainsi que ce qui appartenait à un dieu barbare fut attribué, par lui, à la mère de Jésus, et que l'on vit s'élever des chapelles sous l'étrange invocation de Notre-Dame de la Haine! Et ne pensez pas que le temps ait éclairé les esprits et redressé de semblables erreurs! Une chapelle dédiée à Notre-Dame de la Haine existe toujours près de Tréguier, et le peuple n'a pas cessé de croire à la puissance des prières qui y sont faites. Parfois encore, vers le soir, on voit des ombres honteuses se glisser furtivement vers ce triste édifice placé au haut d'un coteau sans verdure. Ce sont de jeunes pupilles lassés de la surveillance de leurs tuteurs ; des vieillards jaloux de la prospérité d'un voisin ; des femmes trop rudement froissées par le despotisme d'un mari, qui viennent la prier pour la mort de l'objet de leur haine. Trois *Ave*, dévotement répétés, amènent irrévocablement cette mort dans l'année. Superstition bizarre et vraiment celtique ; vestige éloquent de cette énergie farouche des adorateurs de Teutatès, qui semblent n'avoir renoncé à l'épée qui tue qu'à la condition de pouvoir poignarder encore par la prière !

Le pays de Tréguier a un grand nombre de pèlerinages, parmi lesquels on peut surtout citer celui de saint Mathurin à Montcontour, et celui de Notre-Dame de Bon Secours à Guingamp. La puissance de saint Mathurin est sans égale aux yeux des Tregorrois. Interrogez-les, ils vous diront sérieusement que si ce saint l'avait voulu il eût été le bon Dieu. Le jour de sa fête, un concours immense de paysans se dirige vers Montcontour. Ils y conduisent leurs bœufs pour leur faire toucher la relique du saint, enchâssée dans un buste d'argent. Chaque fidèle, avant de se retirer, allume un cierge qu'il dépose dans le sanctuaire ; et c'est un bizarre coup d'œil que celui de cette foule d'hommes, de femmes, d'enfants, d'animaux, se pressant autour de l'autel, au milieu d'une forêt de bougies étincelantes, tandis que la voix rauque d'un marguillier s'élevant au milieu des beuglements des bœufs, répète d'intervalles en intervalles : Allumez les cierges, allumez les cierges ! Cela ressemble moins à une cérémonie religieuse qu'à une adjudication du paradis, faite par commissaire priseur, à éteinte de bougie ; et les plus sages de l'assemblée ne sont-ce pas les bœufs qui demandent le repos de l'étable à cette scène burlesque ?

Quant au pardon de Notre-Dame de Bon Secours à Guingamp, il offre un aspect tout différent. La principale processión a lieu la nuit. On voit alors les longues files de pèlerins s'avancer au milieu des ténèbres, comme un lugubre cortège de fantômes. Chacun des pénitents tient à la main droite un chapelet, à la gauche un cierge allumé, et tous ces visages pâles, à moitié voilés de leurs longs cheveux, ou de leurs coiffes blanches qui pendent des deux côtés comme un suaire, passent lentement en psalmodiant une prière latine. Bientôt une voix s'élève au-dessus des autres : c'est le conducteur des pèlerins qui chante le cantique de Madame Marie de Bon Secours.

A peine le cantique est-il achevé, que les rangs des pèlerins se rompent ; des cris de joie, des appels, des rires éclatants succèdent au recueillement de la procession nocturne. La foule des pénitents se rassemble sur la place...

Excursion à Combourg. — Cette forteresse est composée d'un assez grand pavillon carré avec cour intérieure flanquée de quatre grosses tours à mâchicoulis, recouvertes de toitures coniques. La tour située à l'angle nord est dite par Châteaubriand du Maure, plus élevée que les autres, paraît aussi la plus ancienne, sans être antérieure au xive siècle, malgré la date de 1100 que lui assigne Châteaubriand. Quelques appartements, dans le corps du logis principal, sont décorés de boiseries sculptées qui ne doivent guère remonter qu'au xviie siècle. Vu de la route de Rennes, au delà de l'étang qui le précède, au milieu des grands arbres dont il est environné et des maisons antiques à pignon sur rue, de la petite ville qu'il domine comme un grand seigneur environné de ses vassaux, ce château présente un charmant tableau à l'artiste et un but de respectueux pèlerinage aux nombreux admirateurs du chantre des *Martyrs*. C'est en effet dans ces murs que s'écoulèrent les plus belles années de son enfance, c'est là que pour la première fois il tailla la plume qui devait lui donner une si juste célébrité.

Dans ses *Mémoires d'outre tombe*, l'illustre écrivain

revient souvent avec une austère mélancolie à l'air féodal qui l'a vu grandir.

« La fenêtre de mon donjon s'ouvrait sur la cour intérieure, le jour j'avais en perspective les créneaux de la courtine opposée, où végétaient des scolopendres et croissait un prunier sauvage. Quelques martinets, qui, durant l'été s'enfonçaient en criant dans les trous des murs, étaient mes seuls compagnons. La nuit je n'apercevais qu'un petit morceau du ciel et quelques étoiles. Lorsque la lune brillait et qu'elle s'abaissait à l'occident, j'en étais averti par ses rayons, qui venaient à mon lit au travers des carreaux losangés de la fenêtre. Des chouettes voletant d'une tour à l'autre, passant et repassant entre la lune et moi, dessinaient sur mes rideaux l'ombre mobile de leurs ailes. Relégué dans l'endroit le plus désert, à l'ouverture des galeries, je ne perdais pas un murmure des ténèbres.

« Quelquefois le vent semblait courir à pas légers ; quelquefois il laissait échapper des plaintes ; tout à coup ma porte était ébranlée avec violence, les souterrains poussaient des mugissements, puis ces bruits expiraient pour recommencer encore...

« C'est dans les bois de Combourg que je suis devenu ce que je suis. Là j'ai cherché un cœur qui pût entendre le mien, là j'ai vu se réunir, puis se disperser ma famille. De dix enfants que nous avons été, nous ne restons plus que trois... Ma mère est morte de douleur, les cendres de mon père ont été arrachées de son tombeau.

« Si mes ouvrages me survivent, si je dois laisser un nom, peut-être un jour guidé par ces mémoires, quelque voyageur viendra visiter les lieux que j'ai peints. Il pourra reconnaître le château, mais il cherchera vainement le grand mail ou le grand bois : le berceau de mes songes a disparu comme ces songes. Demeuré seul debout sur son rocher, l'antique donjon pleure les chênes qui l'environnaient et le protégeaient contre la tempête. Isolé comme lui, j'ai vu comme lui tomber autour de moi la famille qui embellissait mes jours et me prêtait son abri ; heureusement ma vie n'est pas bâtie sur la terre aussi solidement que les tours où j'ai passé ma jeunesse, et l'homme résiste moins aux orages que les monuments élevés par ses mains. »

On connaît la charmante romance que Combourg lui inspira dans son exil :

> Combien j'ai douce souvenance
> Du joli lieu de ma naissance :
> Ma sœur, qu'ils étaient beaux ces jours
> De France !
> Mon pays sera mes amours
> Toujours.
> Ma sœur, te souvient-il encore
> Du château que baignait la Dore,
> Et de cette tant vieille tour
> Du Maure,
> Où l'airain sonnait le retour
> Du jour ?

La même tristesse règne dans ce chant d'Atala :
Heureux ceux qui n'ont point vu la fumée des fêtes de l'étranger et qui ne se sont assis qu'aux festins de leurs pères.

Dol de Bretagne. — Aujourd'hui simple chef-lieu de canton, elle exerce peu d'influence sur les destinées de la France ; il n'en était pas de même lorsqu'elle servait de boulevard à la Bretagne contre les invasions des Normands, et qu'elle arrêtait sous ses murs Guillaume le Conquérant en personne. Cette ville a successivement perdu son titre de comté, d'archevêché, puis d'évêché et ne vit plus que de souvenirs. Elle a en partie conservé, ainsi que Dinan, l'aspect que lui avait imprimé le moyen-âge, et sa grandeur est un curieux échantillon des constructions de toutes les époques. Rien de bizarre comme ces maisons à pignon sur rue, dont le premier étage en encorbellement forme au-dessus du rez-de-chaussée une saillie de 2 mètres à 2 m. 50 centimètres, soutenue par des piliers ou colonnes le plus souvent en bois, reposant sur une dalle sans ciment, ainsi que cela se pratique dans l'extrême orient, offrant les chapiteaux les plus variés, depuis le roman fleuri jusqu'aux derniers caprices de la Renaissance.

Par sa position de ville frontière, il était réservé à Dol de ressentir le contre-coup de toutes les guerres qui éclateraient en Bretagne. Quatorze sièges ou batailles soutenues ou livrées devant Dol, dans une période de huit siècles, c'est plus qu'il n'en faut pour illustrer une ville, et aucune autre en Bretagne n'offre des annales aussi fécondes en évènements. Ses glorieuses murailles ont résisté successivement aux rois du Nord, aux ducs de Bretagne, aux rois d'Angleterre, aux armées de Charles VIII, à celles de Henri IV et à celles de la République.

Marais de Dol. — Le territoire de Dol offre des singularités que nous devons signaler. Il a éprouvé de grandes révolutions physiques à la suite de plusieurs inondations de la mer, qui ont couvert ses vastes forêts. Les marais de Dol sont remplis d'arbres renversés qu'on rencontre souvent à une assez petite profondeur. Ces arbres, nommés par les habitants bourbans, la plupart, d'essence de chêne, ont conservé leur forme et souvent même leur écorce. Le long séjour qu'ils ont fait dans la bourbe a changé leur substance. Lorsqu'on les retire, leur bois est noir et mou ; mais dès qu'il est exposé à l'air, il devient compact et acquiert avec une très grande pesanteur spécifique la plus extrême dureté. Les chroniqueurs font remonter à l'année 709 la première inondation qui, en renversant la forêt de Scisey, a été l'origine des marais de Dol ; une seconde inondation est encore signalée sous l'année 1165 et se serait étendue jusqu'aux murailles de la ville. Ce ne sont pas seulement des débris de végétaux, tels que des arbres avec leurs fruits bien conservés, comme glands, faines, noisettes, que l'on extrait des marais de Dol, on y a aussi trouvé des débris d'animaux et entre autres un bois de cerf avec ses andouillers et une tête d'urus-bœuf sauvage qui peuplait originairement toutes les grandes forêts de l'Europe, mais qu'on ne rencontre plus que dans le Nord.

Le mont Dol qui domine au nord cette vaste plaine, est une éminence granitique d'une hauteur de 65 mètres et de 2 kilomètres de tour. Le village du même nom est situé à son versant ouest.

Le mont Dol était consacré par les druides; on voit au sommet une fontaine qui ne tarit jamais. La vue dont on jouit de ce point est immense : on découvre la mer, le mont Saint-Michel, la Normandie et quelques environs de Rennes, notamment Hédé.

Saint-Malo. — Le port avec bassin à flot, quais et cales de constructions, a joué un grand rôle dans l'histoire maritime. C'est de Saint-Malo que sont sortis ces essaims de corsaires, de vaillants capitaines, d'intrépides matelots qui ont fait trembler les ennemis de la France.

Saint-Malo a produit Jacques Cartier, le Christophe Colomb de la France, qui découvrit le Canada. Les Malouins ont encore signalé, à l'autre extrémité de l'Amérique, les îles Malouines.

A Rome, le capitole était gardé par des oies; à Saint-Malo, c'est à des dogues qu'on confiait de nuit la garde du port. On assure qu'ils descendaient de ces chiens fameux qui, suivant Strabon, livraient avec leurs maîtres, dans les Gaules, des batailles rangées aux Romains. Ces sentinelles vigilantes étaient rappelées sur les vieux sceaux de la communauté de ville qui portait pour armes jusqu'au xviie siècle : d'argent au dogue de gueules.

Saint-Malo, avec ses rues montueuses et ses maisons étagées sur le roc, offre un aspect des plus pittoresque. Les remparts sont la promenade de Saint-Malo qui, en y comprenant les quais et le château, n'a que vingt-six hectares de superficie, et dont on peut en un quart d'heure faire le tour. Mais on devrait plaindre comme affligé d'une infirmité morale le voyageur qui s'oublierait en chemin pour admirer à loisir le spectacle magnifique déployé sous ses yeux.

La vue se perd sur une mer, tantôt semblable à une glace unie, ou aux champs de blé qu'un vent léger agite et sillonne, tantôt écumante, soulevée par la tempête et ouvrant de profonds abîmes. Le flux et le reflux diversifient ce tableau, qui n'a jamais la monotonie des vues de terre. A la haute mer, on n'aperçoit que les eaux, mais elles se retirent ensuite à d'incroyables distances, laissant à sec toute la baie et d'éblouissantes plages de sable blanc d'où jaillissent les crêtes de mille écueils. Nulle part en France l'effort des marées n'est plus puissant ; il atteint à l'équinoxe jusqu'à quinze mètres de hauteur.

Parmi les nombreux îlots qui hérissent la côte, la vue se porte de préférence sur le Grand-Bé (en breton la Grande Tombe), cet autre rocher de Sainte-Hélène qui attendait l'autre Napoléon, où est déposé la dépouille mortelle de Chateaubriand, à l'ombre d'une simple croix de fer, sous une pierre tumulaire qui ne porte aucun nom. Il repose, ce glorieux mort, sur le rocher malouin qu'il a choisi vivant, aux pieds de la croix qu'il a relevée, au bruit des vagues natales et de la mer qu'il avait aimée aux accents de la voix de la postérité ! Avec le XVIIe siècle, les expéditions maritimes de Saint-Malo prirent une grande extension. Les amateurs malouins équipèrent une flotte pour renforcer celle du roi, lors du siège de la Rochelle, en 1622, et se rendirent surtout redoutables dans la guerre allumée par la fameuse ligue d'Augsbourg, où toutes les puissances de l'Europe se coalisèrent pour abaisser la France.

Les Anglais surtout eurent beaucoup à souffrir de la part des Malouins ; aussi formèrent-ils le projet de détruire une ville qui osait méconnaître leur prétendu empire sur la mer. Ils imaginèrent de la faire sauter par le moyen d'une machine infernale composée d'un bâtiment de 30 mètres de long, qui avait la forme d'une galiote à bombes, et qu'ils avaient rempli de poudre, de bombes, de boulets, de grenades, de morceaux de fer, etc.

Le 26 novembre 1693, une flotte de dix vaisseaux de ligne et de cinq galiotes à bombes vint mouiller à la Fosse aux Normands, d'où elle bombarda la place pendant quatre jours consécutifs, mais sans lui causer grand dommage; le feu des remparts et du fort Royal avait même contraint les Anglais à s'éloigner, lorsque dans la nuit du quatrième jour, la machine infernale s'avança à toutes voiles vers Saint-Malo. Un coup de vent la jeta heureusement sur un rocher où elle échoua. Ce contre-temps et les boulets qu'on lui envoyait du fort Royal déterminèrent le capitaine à y faire mettre le feu. L'inventeur de la machine en fut la victime; l'explosion ne lui donna pas le temps de se sauver dans son canot; il périt avec 40 hommes qui l'accompagnaient. C'en était fait de Saint-Malo, si l'effet eût été tel que l'ennemi avait lieu de l'attendre. L'explosion fut terrible et le bruit si effroyable, que la terre en trembla. Le bâtiment sauta en l'air à 50 pas des remparts; toute la ville en fut ébranlée; les cheminées tombèrent, les vitres et les ardoises furent brisées, et les maisons, non seulement à Saint-Malo, mais à deux lieues à la ronde, furent découvertes. Plusieurs bombes et carcasses sautèrent sur la ville, et deux canons chargés furent trouvés dans un grenier.

La mer, en se retirant, fit découvrir sur la grève trois cents bombes et trois cents barils remplis d'artifices. Cet amas de matières destructives ne fit de mal à personne.

Le 30, l'amiral tira un coup de canon et appareilla, avec la honte de n'avoir pas réussi dans son dessein. Ce dessein fut repris en 1695, et le 14 juillet, les flottes combinées d'Angleterre et de Hollande, formant un effectif de 70 bâtiments de guerre, parurent à la hauteur de Saint-Malo. La ville et les forts furent bombardés pendant encore 4 jours, et on répondit aux ennemis avec la même vivacité. Les 8 à 900 bombes qui tombèrent sur la ville, tuèrent dix personnes, brûlèrent sept maisons et en endommagèrent un très grand nombre. Le bon ordre empêcha les progrès du feu, et le 18 l'ennemi mit à la voile et disparut.

Ces deux attaques ne ralentirent pas l'ardeur des Malouins à poursuivre partout leurs fiers ennemis, dont les dépouilles les enrichirent. Dans une seule guerre, ils prirent plus de 1500 vaisseaux, dont plusieurs étaient chargés d'or, d'argent, de pierreries et autres effets précieux, sans compter un nombre considérable de bâtiments qu'ils brûlèrent.

Lors de la guerre de la succession d'Espagne, Saint-Malo recommença ses armements avec le même succès et fit en même temps un commerce considérable qui la rendit pendant quelques années la plus opulente ville du royaume. C'est du Pérou que les navires de Saint-Malo tiraient ces richesses qui mirent les habitants de cette ville en état de prêter au roi, en 1681, une somme de 30 millions, somme qui servit à maintenir son petit-fils sur le trône d'Espagne et à défendre nos propres frontières.

La compagnie des Indes, dont le siège était à Lorient, avait alors un établissement à Saint-Malo. Les richesses qu'elle apportait dans cette ville furent employées au service de l'Etat, dans la fameuse expédition de Rio-Janeiro. Les Malouins eurent la gloire de l'entreprise, en firent les dépenses et en partagèrent les périls, sous la conduite de Duguay-Trouin, leur concitoyen.

Le 5 juin 1758, une nouvelle attaque des Anglais fut dirigée contre Saint-Malo. Une flotte de cent voiles mouilla à Cancale et mit à terre 15000 hommes commandés par le célèbre Marlborough. Le général se rendit par terre à Saint-Servan, brûla les chantiers et les magasins qui s'y trouvaient, deux vaisseaux de ligne, plusieurs corsaires, 80 bâtiments de différentes grandeurs qui étaient à l'ancre dans le port, somma inutilement Saint-Malo de se rendre et repartit dans la nuit du 12 au 13, après avoir causé à la marine française une perte de 12 millions.

Le résultat de cette expédition détermina l'Angleterre à en tenter une nouvelle au mois de septembre suivant ; mais cette fois les troupes anglaises furent complètement battues à Saint-Cast, et leurs flottes n'ont plus reparu sur nos côtes.

Dans la guerre de 1778, les Malouins armèrent un grand nombre de corsaires qu'ils lancèrent contre les Anglais.

Le commerce maritime entièrement anéanti sous la terreur, ne reprit qu'avec le consulat et les guerres de l'Empire, pendant lesquelles les corsaires malouins rappelèrent par leurs coups hardis et leurs brillants combats les beaux jours de Duguay-Trouin.

Les habitants de Saint-Malo ne se disent ni Français ni Bretons, mais Malouins.

Ils sont très fiers de leur patrie et ils ont raison. Peu de villes, en effet, ont fourni autant d'hommes célèbres, et cela dans tous les genres d'illustrations. Nous citerons parmi eux : Jacques Cartier, qui découvrit le Canada en 1534 ; Duguay-Trouin, lieutenant-général des armées navales, mort en 1736, dont la statue orne une des places de Saint-Malo ; Mahé de la Bourdonnais, gouverneur général des Iles de France et de Bourbon, mort en 1754 ; le géomètre Moreau de Maupertuis, de l'Académie française, mort en 1769 ; l'abbé Trublet, de l'académie française ; l'amiral Thévenard, ministre de la marine en 1791 ; le corsaire Robert Surcouf, mort en 1827 ; les docteurs matérialistes Offraye de la Mettrie, mort en 1851, et Broussais, mort en 1847, les deux princes de la littérature au xix° siècle, Lamennais et Châteaubriand, dont l'illustration n'a pas besoin d'être rappelée.

N'oublions pas non plus parmi les hommes que Saint-Malo s'honore d'avoir produits, André des Iles, lieutenant au régiment du roi, surnommé le héros de Nancy, tué dans cette ville en 1790, s'étant placé devant la bouche d'un canon pour arrêter les troubles révolutionnaires ; Gesril du Papu, surnommé le Régulus breton, fusillé en 1795 et célèbre par son dévouement héroïque à Quiberon ; et le comte de la Ferronays, ancien ministre des affaires étrangères, mort en 1842. « Tout cela n'est pas trop mal, dit Châteaubriand, pour une enceinte qui n'égale pas celle du jardin des Tuileries. »

Les Malouins. — Rien de plus charmant que les environs de Saint-Malo dans un rayon de cinq à six lieues. Les bords de la Rance, en remontant cette rivière depuis son embouchure jusqu'à Dinan, mériteraient seuls d'attirer les voyageurs. C'est un mélange continuel de rochers et de verdure, de grèves et de forêts, de lacs grandioses, de criques et de hameaux, d'antiques manoirs de la Bretagne féodale et d'habitations modernes de la Bretagne commerçante. Celles-ci ont été construites en un temps où les négociants de Saint-Malo étaient si riches que dans leurs jours de goguettes ils fricassaient des piastres et les jetaient toutes bouillantes au peuple par les fenêtres. Ces habitations sont d'un grand luxe. Bonaban est en partie de marbre de Gênes, magnificence dont nous n'avons pas même l'idée à Paris. La Briantais, le Bosc, Montmarin, la Balue, le Colombier, sont ou étaient ornés d'orangeries, d'eaux jaillissantes et de statues. Quelquefois les jardins descendaient en pente au rivage derrière les arcades d'un portique de tilleuls ; à travers une colonnade de pins, au bout d'une pelouse par dessus les tulipes d'un parterre, la mer présente ses vaisseaux, son calme et ses tempêtes.

Chaque paysan, matelot et laboureur, est propriétaire d'une petite bastide blanche avec un jardin ; parmi les herbes potagères, les groseillers, les rosiers, les iris, les soucis de ce jardin, on trouve un plant de thé de Cayenne, un pied de tabac de Virginie, une fleur de la Chine, enfin quelque souvenir d'une autre rive et d'un autre soleil ; c'est l'itinéraire et la carte du maître du lieu. Les tenanciers de la côte sont d'une belle race normande, les femmes grandes, minces, agiles, portent des corsets de laine grise, des jupons courts de callemandre et de soie rayée, des bas blancs à coin de couleur. Leur front est ombragé d'une large coiffe de basin ou de batiste, dont les pattes se relèvent en forme de béret, ou flottent en manière de voile. Une chaîne d'argent à plusieurs branches pend à leur côté gauche. Tous les matins, au printemps, ces filles du nord, descendant de leurs barques, comme si elles venaient encore envahir la contrée, apportent au marché des fruits dans des corbeilles, et des caillebottes dans des coquilles. Lorsqu'elles soutiennent d'une main sur leurs têtes des vases noirs remplis de lait ou de fleurs, que les barbes de leurs cornettes accompagnent leurs yeux bleus, leur visage rose, leurs cheveux blonds, emperlés de rosée, les Valkyries de l'Edda dont la plus jeune est l'Avenir, ou les Canéphores d'Athènes n'avaient rien d'aussi gracieux.

Après avoir parcouru les bords de la Rance, l'une des parties les plus pittoresques de la Bretagne, nous nous écrierons avec Châteaubriand : « *vieux voyageur lassé, j'arrive à mon dernier gîte. Je suis allé bien loin admirer les scènes de la nature, je m'aurais pu contenter de celles que m'offrait mon pays* ».

Voilà pour l'histoire des Bretons et de la Bretagne, mais veut-on savoir d'où est venu ce peuple ; je ne ferai que répéter ce qu'a été dit avant moi, à cela je joindrai pour ma part dans la seconde partie de cet ouvrage l'origine de la race de ce peuple si remarquable que tout indique, et que plus de vingt-cinq ans de voyages et d'observation m'ont permis de constater et que je pose comme un *jalon à ces recherches si intéressantes* des races humaines.

Origine celtique et commune de tous les peuples qui ont porté le nom de Venètes.

« Ce nom de Venètes, dit Henri Martin, *Histoire de France*, t. 1, p. 20, semble celui d'un peuple primitif qui se serait brisé dans les âges anté-historiques et dont les tribus se seraient dispersées parmi les principales races de l'occident ; sans parler des Henètes de la Paphlagonie qui font grande figure dans le monde homérique, on trouve chez les Gaulois nos fameux Venètes de Vannes et les Venètes de la Grande Bretagne (Gwened, Vénédotie, la partie nord du pays de Galles et la partie sud de l'Ecosse portent toutes deux ce nom) ; chez les Slaves les Vendes ou Venèdes ; chez les Germains les Vandales ou Vindiles. Le lac de Constance s'est appelé lac Venète (Pomponius Mela). Polybe, II, p. 105, dit que les Venètes d'Italie parlaient une langue différente des Gaulois, mais qu'ils leur étaient à peu près semblables par les mœurs et l'état social. En langue Kimique Venète ou Givened dérive de Given, blanc, beau, brillant.

Cette simple note d'un historien deux fois couronné par l'Institut, nous a inspiré le désir de rechercher les rapports d'origine, de race ou de langage qui ont pu exister entre les divers fragments de ce peuple primitif, conservant pendant tant de siècles son autonomie, comme ses monuments sur tous les points du globe où il a été répandu par la dispersion des peuples dès les temps les plus reculés.

Il nous a semblé d'un grand intérêt pour notre histoire locale de poursuivre ainsi à travers l'histoire et l'étude des langues des peuples de l'Europe, la trace du chemin que nos pères avaient suivi pour y arriver et d'essayer dans notre humble sphère pour la contrée que nous habitons, ce que nos savants compatriotes le P. Pezron d'Hennebont et le Huerou, professeur à la faculté des lettres de Rennes, celui-ci dans les recherches sur les origines celtiques et sur la première colonisation de la Gaule, de la Bretagne, de l'Islande et de l'Ecosse, et le Bénédictin de Prières dans son *Antiquité de la nation et de la langue des Celtes* ; ce que Peloutier dans son *Histoire des Celtes* et Amédée Thierry dans son *Histoire des Gaulois*, ont fait pour la grande patrie gauloise, pour cette France illustrée par les travaux de ses enfants, qui ne veulent laisser dans l'obscurité aucune partie de sa glorieuse histoire.

Recueillons donc les textes relatifs à ces divers peuples qui ont conservé le nom de Venète et les renseignements que les auteurs anciens pourront nous fournir sur leur *origine ou leur provenance.*

Les Henéti de la Mer Noire. — Strabon, liv. XII, p. 543, édit de Cassaubon, dit :

« Après ce fleuve, Parthénius, on trouve la Paphlagonie et les Henètes. Mais quels sont ces Henètes dont Homère parle lorsqu'il dit : Le vaillant Pylémène conduisait les Paphlagoniens du pays des Henètes où naissent les mules sauvages ?

Car on ne trouve nulle part des Henètes en Paphlagonie (Strabon écrivait l'an 44 après J.-C.). Quelques-uns disent que c'était le nom d'un bourg situé sur la côte à 10 schœnes, 600 stades d'Amastris. Zénodote, dans ce passage d'Homère, au lieu d'Evetoi écrit au singulier et au féminin Eveté et prétend que c'était le nom de la ville connue aujourd'hui sous le nom d'Amisus : d'autres pensent que c'était un peuple limitrophe des Cappadociens, qui fit partie de l'expédition des Cimmériens et qui alla ensuite s'établir sur le golfe Adriatique. L'opinion la plus générale est que les Henètes dont venait Pylémène étaient un peuple considérable appartenant à la nation paphlagonienne ; mais qu'après la perte de leur chef et la prise de Troyes ils passèrent en Thrace, et que, de là, après avoir erré longtemps ils se rendirent au pays qu'on nomme aujourd'hui l'Hénétique, territoire de Venise. « Suivant quelques écrivains, Antenor même, avec ses enfants, s'associa aux Paphlagoniens dans cette expédition, et alla s'établir au fond du golfe adriatique ainsi que nous l'avons dit dans la description de l'Italie. Voilà, ce me semble, pourquoi l'on ne trouve plus d'Henètes dans la Paphlagonie.

« Les Paphlagoniens sont bornés à l'Orient par le fleuve Halys qui selon Hérodote prend sa source du côté du midi... »

Hérodote nous apprend l'origine de ces Henètes paphlagoniens lorsqu'il nous dit : « Les Cimmériens, fuyant devant les Scythes, se dirigèrent vers l'Asie et y bâtirent la ville de Chersonèse dans l'endroit où se trouve aujourd'hui la ville grecque de Sinope... C'est là l'opinion commune des Grecs et des Barbares. »

Au temps d'Hérodote, qui écrivait vers l'an 450 avant J.-C., l'opinion commune des Grecs et des barbares était que les Cimmériens, fuyant devant les Scythes, avaient fondé dans la Paphlagonie cette colonie des Henètes dont la principale ville appelée d'abord Chersonèse était devenue une ville grecque sous le nom de Sinope; or, les Cimmerii d'Homère et d'Hérodote sont, de l'aveu des plus graves auteurs de l'antiquité, les mêmes que les Cimbri de César, de Tacite et de Plutarque, et l'identité des Cimmerii, des Cimbri et des Celtes est également constatée comme celle des Scythes et des Teutons ou Germains. Le Héron Orig. Celt. Ainsi se trouve établie l'origine Celtique des Henètes de la Paphlagonie.

Cette migration aurait eu lieu lorsque Midas, pour échapper aux ravages des Cimmériens dans toute l'Asie Mineure, avalait du sang de taureau, c'est-à-dire vers l'an 651 avant J.-C. Au ve siècle, du temps d'Hérodote, la colonie des Hénètes était déjà confondue, avec les Grecs cappadociens, de là les fables de l'émigration avec le golfe de l'Adriatique, et de la similitude du nom, l'origine Troyenne des Venètes de l'Adriatique, origine que nous discuterons plus tard, toujours est-il qu'au temps de Strabon, au 1er siècle de notre ère, il n'y avait plus d'Henètes dans la Paphlagonie et qu'ils ne se réunirent même pas aux descendants des Gaulois qui traversèrent le Rhin sous la conduite de Ségovèse, se répandirent en Germanie et pénétrèrent par degré jusqu'en Pannonie, d'où plus tard ils vinrent fonder 279-280 avant J.-C. près de la Propontide, la Gallatie ou Gallo-Grèce qui devint province romaine sous Auguste.

Saint Jérôme, né à Stridon, sur les confins de la Dalmatie et de la Pannonie, qui avait séjourné à Trèves dans les Gaules vers le milieu du IV° siècle de notre ère, constate dans son commentaire de l'épître de saint Paul aux Galates que ceux-ci parlaient presque la même langue que les Gaulois de Trèves. Saint Jérôme veut que les Gaulois occidentaux viennent de ceux de l'Orient; il se récrie vivement contre Varron et Lactance, qui conduisent au contraire ces Gaulois de l'ouest de l'Europe en Asie. Ce dissentiment ne provient que d'un malentendu et la double émigration que nous constatons ici peut les mettre d'accord. La colonie des Henètes appartient évidemment à l'époque de la première migration des peuples d'Orient en Occident, antérieure aux âges historiques et au temps du siège de Troye, c'est celle à laquelle fait allusion saint Jérôme ; Varron et Lactance parlaient au contraire des Celto-belges qui revenaient en Galatie au II° siècle avant J.-C. Ausone énonce que le nom de Tectosages était Bolgo, Cicéron les appelle Belgo, et la langue qu'ils rapportèrent en Galatie était celle de Trèves, capitale des Belges gaulois.

Nous venons de jalonner la première étape, la plus rapprochée de son berceau, du peuple vénète quittant les plaines natales de la haute Asie marchant toujours devant lui pour s'avancer vers les lieux où le soleil se couche, franchissant hardiment les fleuves et les bras de mer dans de fragiles batelets (1), et ne s'arrêtant que lorsqu'ils rencontrent par delà les îles de l'ouest, ces abîmes du grand Océan que le seul Colomb devait nous apprendre à franchir.

1. Bat, bateau en gaëlique. C'était des nacelles d'osier, couvertes en cuir de bœuf, encore en usage dans le pays de Galles, dans l'Asie Orientale et dans l'Yunnan.

Venedi de la mer Baltique. — « Les Venedi occupaient, aux embouchures de la Vistule, les bords du golfe actuel de Dantzik, ceux du Frische Haff, et même ceux de Curische Haff où ils ont laissé leur nom à la petite ville de Vinden-Bourg, vis-à-vis l'embouchure principale du Niémen.

Ptolémée, les nomme Ouénodoi et Venedicus Sinus le golfe de Dantzik, Venedici Montes les montagnes de la Sarmatie européenne. Et il nous apprend qu'autrefois l'Europe portait en général le nom de Celtique. C'est pourquoi Pline nous dit : « Au delà des points où commence l'aquilon, quelques auteurs placent les Hyperboréens, quoique la plupart les mettent en Europe, sur ce rivage on rencontre d'abord le promontoire Lytarmis qui appartient à la Celtique.

« Philémon dit que les Cimbres donnent à cette mer jusqu'au promontoire Rubeas le nom de Marimarusa, c'est-à-dire mer morte, au delà il l'appelle Cronium.

« Xénophon de Lampsaque rapporte qu'à trois journées de navigation des côtes de la Scythie, il y a une île d'une immense étendue appelée Baltia, Pythias la nomme Basilia ».

Quelques-uns disent que les côtes, jusqu'à la Vistule sont habitées par les Sarmates, les Venedi, les Scire et les Hirri.

« Immédiatement après le golfe de Lagnus le promontoire des Cimbres qui en s'étendant au loin dans la mer, forme une péninsule appelée Cartis ».

De ce passage de Pline résulte : 1° que, du temps de Xénophon, c'est-à-dire au ive siècle avant J.-C., on reconnaissait que les Cimbres avaient précédé les Scythes ou Sarmates dans l'occupation de ce promontoire ; 2° Que la dénomination de Mer Morte donnée à celle qui touchait immédiatement leur territoire appartenait à leur langue, Mor Marousis, Marimarusa, dans le dialecte de Vannes, on dirait encore Mor Marhue ; au delà du cap Ruht, Rubeas, elle prenait le nom de Cronium, mer congelée, Mor Chroinn, Mor Scournett dans le dialecte de Vannes.

3º Que les Venedi appartenaient à cette nation cimbre ou celtique qui avait précédé les Scythes ou Sarmates.

Tacite hésite à placer les Venedi parmi les nations sarmates ou germaines.

Il constate que les Œstii, qui de son temps occupaient les lieux d'abord habités par les Venedi, parlaient encore une langue très rapprochée de celle des Bretons, et que la langue gallique que parlaient les Goths prouvait qu'ils n'étaient pas Germains.

Les Venedi de la mer Baltique appartiennent donc à cette race Celtique primitive qui a donné à la Gaule et à l'île de Bretagne ses premiers habitants. Cette affinité dans leur langue n'avait point échappé à l'esprit d'observation du plus grand des historiens romains. Nous allons les suivre sur les côtes des Gaules auxquelles ils donnèrent aussi le nom d'Armorique ; ar sur, et mor, mer, jusque dans l'asile qu'ils se choisirent dans le Morbihan, mor mer, bihan petite.

Veneti du Morbihan. — Ces Veneti, les Ouenetoi de Strabon, de Dion Cassius et de Ptolémée devinrent les plus célèbres par leurs rapports avec les Romains et les efforts désespérés faits par eux pour maintenir leur indépendance contre César ; de son temps ils étaient à la tête de la confédération armoricaine, et les noms de plusieurs cités voisines rappellent cette origine commune. Ainsi les Unelli ou Venelli de César, Ouenetoi de Ptolémée, sur la côte nord de la péninsule, pays d'Avranches, semblent jalonner la route suivie par eux du nord au sud.

Les traditions les plus reculées ne nous apprennent rien sur l'époque de la première occupation des Gaules par les Celtes ou Gaulois.

« Les Gaels ou Gaulois primitifs, dit Henri Martin, durent quitter les plaines de la Haute Asie avec les aïeux des Grecs et des Latins bien des siècles avant les Teutons. Ils avaient occupé, dans des âges antérieurs à toute histoire, les forêts et les déserts qui devaient être un jour la France, et la région continentale au couchant du Rhin et des Alpes, centre de leur domination, semble avoir été dès lors la Gaule proprement dite, la grande Gaule ou terre des Gaëls (Galtache, prononcer Galdès).

Henri Martin préfère le nom de Gaëls par contraction Gâls, nom que se donnent encore aujourd'hui les montagnards écossais et les Irlandais, Gadhel et Gaidhel dans leur langue, comme plus rapproché de la vraie prononciation. Amédée Thierry avait écrit Galls tout en faisant observer que le redoublement de l, introduit par les Latins est contraire à la prononciation gaëlique. « Du nom du pays, dit-il, Gaidhealtachd ou Gaeltachd (Galltachd) terre des Galls, les Grecs ont fait Galatia et de ce mot ils ont formé le nom générique Gaulois, Galates. Les Latins ont procédé autrement : de Gaianel, Gaël (Gall) Gallus nom du peuple, ils ont fait le nom du pays Gallia. Le nom de Celtes que César nous dit être celui que les Gaulois se donnaient dans leur langue vient du gaélique Koilte (Coelte) forêts, homme des forêts, ce qui semble indiquer un nom local plutôt que générique et a dû s'appliquer de préférence à certains cantons. Strabon confirme cette hypothèse en nous apprenant, que les Grecs, principalement les Massaliotes (les habitants de Marseille), étant entrés en relation avec eux avant de connaître les autres peuples de la Gaule, firent de ce nom donné plus particulièrement aux Celtes de la Narbonnaise le nom générique et commun de tous les Gaulois, d'autres auteurs grecs, comme Ephore étendant la Celtique hors des limites de la Gaule, en font une dénomination géographique qui comprenait toutes les races de l'occident.

La Celtique, dit Plutarque, est une contrée vaste et profonde s'étendant depuis la mer extérieure et les climats septentrionaux situés à l'est, jusqu'aux Palus-Méotides et touche à la Scythie Pontique. Les Celtes habitent aux extrémités de la terre près de l'océan hyperboréen, dans un pays couvert par des bois et des ombres épaisses presque inaccessibles aux rayons du soleil, qui ne peut pénétrer dans ces forêts si vastes, si profondes qu'elles vont se joindre à la forêt Hircinia.

C'est ainsi que le nom de Celtique a été conservé aux dialectes gaulois encore subsistants, savoir: le breton, le gallois, l'écossais, l'irlandais ; et que l'on doit nommer Celtiques, ces monuments Dolmens, Menhirs, Tumuli, que l'on retrouve identiques dans leur forme comme dans leur destination chez tous les peuples de la grande famille Japhétique (Dans l'Ethnographie biblique, on fait descendre les Gaulois d'Askenaz, un des fils de Gomer, fils de Japhet) depuis l'Asie, cette terre sainte des premiers âges, sur les rives de la mer Noire, de la Baltique, ou du Morbihan, jusqu'au rivage de l'océan britannique ; car ils appartiennent à ces Celtes, peuple véritablement primitif ou autochthone de ces contrées.

C'était la tradition des Druides : Ammien Marcelin, d'après Timogènes, ancien historien grec, la rapporte ainsi : « Une partie de la population était indigène, l'autre partie venait des îles lointaines et des pays situés au delà du Rhin. »

Mais les Venètes du Morbihan faisaient-ils partie de ces peuples indigènes ou autoctones qui, les premiers, vinrent occuper la Gaule? Nous sommes fondés à le conclure de la nature même des lieux où nous les trouvons.

Ces promontoires, ces presqu'îles, ces embouchures de fleuves nous montrent qu'ils y ont été, en quelque sorte, poussés par le flot des invasions étrangères dont nous parlent les anciens historiens, envahissant successivement toutes les contrées du continent aux extrémités duquel il les relègue, les forçant quelquefois à aller chercher jusque sur des rivages lointains et dans des îles voisines, un asile et un refuge, comme dans les îles britanniques ; ou poursuivant toujours sa marche aventureuse, se faisant jour, même au prix de luttes longues et sanglantes, à travers les peuples voisins, comme dans la Celtibérie et la Gallicie de la péninsule Ibérienne, jusqu'aux rivages de l'Adriatique et les bords du Danube, pour venir rejoindre, pour ainsi dire, leur point de départ dans la Gallatie et la Gallo-Grèce.

C'est aussi à la plus ancienne des langues, aux évènements historiques les plus reculés que se rattachent les noms de lieux, les traditions historiques qui constatent leur présence dans ces diverses localités ; or, telle est la marche que nous paraissent avoir suivi les Venètes armoricains dans la fondation des diverses colonies où nous allons les suivre.

Venètes des îles Britanniques. César nous dit : « L'intérieur de la Bretagne est habité par ceux que la tradition représente comme des indigènes, la partie maritime est occupée par ceux que la guerre ou l'appât du butin y ont fait passer de la Belgique. »

Tacite se demande aussi : « Quels mortels ont les premiers habité la Bretagne, si ce furent des indigènes ou des étrangers venus par mer, c'est ce qui est incertain comme tout ce qui concerne les barbares. » Et après quelques conjectures sur les différents types de la population, il termine par ces mots : Tout bien examiné, il est probable que les Gaulois ont occupé la côte qui avoisine la leur. On y trouve, en effet, leurs cérémonies religieuses produites par les mêmes superstitions. La langue est peu différente ; même audace pour braver le péril, quand il est loin, même frayeur pour l'éviter, lorsqu'il se montre. Les Bretons néanmoins sont plus belliqueux, car ils n'ont pas encore été amollis par une longue paix. »

Aux conjectures de Tacite, ajoutons le texte positif du vénérable Bède, qui écrivait au viiie siècle.

« Les Bretons furent les premiers habitants de l'île, et ils y vinrent des côtes de l'Armorique. »

Les plus anciennes traditions, recueillies dans les triades de l'île de Bretagne, traduites du gaëlique par Probert nous disent :

« Des trois tribus de la Bretagne, la première est celle des Cambriens, et personne n'a droit sur elle que la tribu des Cambriens, car les premiers, ils en prirent possession, et avant ce temps-là, il n'y eut aucun homme vivant, mais elle était pleine d'ours, de loups, de crocodiles et de bisons. La seconde fut celle des Lhoëgriens qui venaient de Guasguin ; ils descendaient de la tribu primitive des Cambriens, et les troisièmes furent les Brythons, qui étaient descendus de la tribu primitive des Cambriens, et ces trois tribus avaient toutes les trois la même parole et la même langue. »

Et ailleurs : « Ils marchèrent avec Casivallaun, contre les Césariens, vers le pays des Gaulois de l'Armorique, qui descendaient de la première race des Cambriens, et aucun d'eux, aucun de leurs fils ne retourna dans l'île, car ils se fixèrent dans le Guasguin, parmi les Césariens où ils sont à présent. C'était pour se venger de cette expédition que les Césariens vinrent pour la première fois dans cette île. »

Le Huérou établit que les Cambriens des Triades et les Britones de Bède ne font qu'un seul et même peuple comme les Cimbri, de Plutarque et les Cimmerii d'Hérodote, les Ambrones de Florus et les Umbri de l'Italie. Et que le nom de Brigantes, donné par Tacite à la plus puissante et à la plus ancienne de toutes les tribus de l'île, de brigands, selon l'orthographe aujourd'hui en Bretagne, Breogain, comme le disent les Irlandais et les Gallois, et « Bigouden » de Pont-l'Abbé par corruption, signifie encore indigènes.

Ainsi, les indigènes, les premiers habitants de l'île de Bretagne, furent, suivant les Triades, des Cambriens venant du pays de Lidaw ; c'est-à-dire de la Vénétie Armoricaine, le tractus armoricanus de Bédé.

Ils ont laissé, dans les noms de lieu des îles Britanniques, de nombreuses traces de cette émigration, et nous pouvons les suivre étape par étape.

Ptolémée, place sur la côte la plus septentrionale de l'Hibernie, l'île d'Erin, des Venicnii qui donnèrent leur nom au promontoire Venicnium, entre le promontoire Boreum et l'embouchure de la rivière Vidua, Crodagh suivant Camden.

L'itinéraire d'Antonin, comme le géographe Ptolémée, nous montre trois villes du nom de Venta, Veneta suivant Camden, dans l'île de Bretagne ; Venta Belgarum sur la route de Regnum à Laudinium ; Attribatum Winchester, dont l'évêque est encore appelé Ventanus, du nom de sa ville Wenta, nous montre les Venètes indigènes, chassés de cette première étape par l'émigration des Belges, dont parle César, et se réfugient vers le Nord, où ils fondent sur la rivière Wentsor la Venta Icenorum, dont l'Itinéraire nous donne la route jusqu'à Laudinium. Mais c'est surtout vers l'Ouest que se retirent le plus grand nombre de ces Venètes Cambriens et la Venta Silurum, placée par l'itinéraire sur la route d'Isca à Calléva, devient, la Vénétie britannique. Le pays prend le nom de Guent et de Wentsland, et sa ville prend le nom de Caër-went, dans le comté de Montmouth, où on voit encore ses ruines.

Enfin, un moine de Cantorbéry, du nom de Richard, né à Cirencester, écrivain du XIV° siècle, mais paraissant avoir eu à sa disposition des documents romains perdus aujourd'hui et dont lui seul a conservé quelques débris, nous apprend que l'île d'Erin, l'Irlande était restée à peu près inhabitée jusqu'à l'année 350 avant J.-C. C'est sous cette date que le vieux géographe place la première émigration des Belges de la Gaule dans l'île des Bretons ; ils déplacèrent, en s'y fixant, un certain nombre de tribus bretonnes, et celles-ci, après avoir vainement essayé de reconquérir la terre qu'on leur avait enlevée, prirent le parti d'aller en chercher une nouvelle dans cette île déserte qu'ils entrevoyaient à l'Occident.

Nous aurions ainsi une date certaine pour l'émigration des Venicnii, dans l'île d'Erin, ils se virent repoussés plus tard par les nouvelles émigrations de côtes orientales de l'Irlande jusqu'à l'extrémité la plus septentrionale, où Ptolémée place son Venicnium promontorium.

Vennenses de la Celtibérie. — Pendant que les Venètes armoricains étendaient leur rameau dans les îles britanniques, les Celtes et les Aquitains, qui n'étaient séparés que par la Garonne, entrèrent souvent en lutte et plus d'une bande celtique franchissant les passages occidentaux des Pyrénées pénétra dans l'intérieur de l'Espagne.

Pline nous montre : « Dépendant du conventus ou assemblée générale de Clunia, les Carietes et les Venenses qui comptaient cinq cents parmi lesquelles étaient les Vellenses. Clunia, municipe romain, est une ville d'Espagne de la Tarragonaise que l'itinéraire d'Antonin place à moitié chemin entre Rauda (Arunda de Duero) et Uxama (Osma). Or, ces noms rapprochés de Vennenses et d'Uxama dans la Celtibérie, comme ceux des Veneti et d'Uxisama (Ouessant) dans l'Armorique, sont encore un indice du passage de ces Celtes-Venètes fixés sur la frontière du royaume de Léon, dont le nom romain se reproduit aussi dans le pays de Léon armoricain.

L'établissement des Celtes dans l'angle sud-ouest de la côté ibérienne, indiqué dans le nom de Celtici, conservé par le peuple qui eut pour frontières au sud et à l'ouest l'océan, à l'orient le fleuve Anos, aujourd'hui la Guadiana, par le nom de Gallœcia (Gallice), pris par la tribu établie à l'angle nord-ouest, nous est attestée par Hérodote, par Polybe après Strabon, par Varro après Pline. Et le nom de Celtibérie ne laisse aucun doute sur la fusion de ces peuples.

L'émigration des Celtes dans la péninsule ibérienne

éprouva de la résistance de la part de ses premiers habitants, et l'invasion qui s'était opérée du sud-ouest de la Gaule en Espagne amena une contre-invasion du sud-est de la Gaule par ces peuples. La nation des Sicanes qui occupaient le bassin du Sicanus, aujourd'hui la Sègre, pénétra dans la Gaule qu'elle ne fit que traverser et entra en Italie par le littoral de la Méditerranée où elle s'arrêta dans la grande vallée du Pô. Sur les traces des Sicani, les Sigors ou Ligures, peuple originaire de la chaîne de montagnes au pied de laquelle coule la Guadiana, chassés de leurs pays par les Celtes conquérants, s'emparèrent des côtes, le long de la mer Méditerranée depuis les Pyrénées jusqu'à l'embouchure de l'Arno, bordant ainsi par une zône demi-circulaire le golfe qui dès lors porta leur nom. Ils trouvèrent sur cette côte une colonie Celto-Vénète qui se maintint contre leur invasion et à laquelle nous devons nous arrêter en passant.

Venètes des Alpes-Maritimes. — La notice des provinces des Gaules, document du IV° siècle, nous montre une Civitas-Vencientium dont la ville portait le nom de Ventia que Ptolémée, au II° siècle, désigne sous le nom de Ouentia, que l'on croit être la ville de Vence à deux lieues au nord d'Antibes et à trois lieues de Grasse, avec un évêché suffragant d'Embrun.

Cette tribu celtique, dont nous retrouvons ainsi les traces dans la Celto-Ligurie, jalonne encore notre route vers l'Adriatique où nous allons suivre l'émigration vénète.

Venètes de l'Adriatique. — Les Sicani d'Ibérie furent les premiers habitants des côtes de l'Adriatique, car, suivant nous, ils ne forment qu'un seul et même peuple avec les Seculi, que Denis d'Halicarnasse, Pline, Tacite, nous présentent comme se disant autochthones, c'est-à-dire les premiers occupants du pays où ils étaient venus dans cet état d'enfance sociale, où aucun souvenir n'est écrit dans la mémoire humaine.

Thucydide, ainsi que le reconnaît Fréret dans ses *Recherches sur l'origine et l'ancienne histoire des différents peuples de l'Italie*, donne l'origine ibérienne des Sicani comme un fait incontestable, et Ephorus, au rapport de Strabon, et Phyliste de Syracuse, cité par Diodore de Sicile, tiennent la chose pour certaine. Or, Thucydide dit que ces Ibériens qu'il nomme Sicani ne passèrent en Sicile que parce qu'ils avaient été chassés par les Liguriens de la contrée qu'ils habitaient auparavant. Ces Sicani, suivant Timée, pour le sentiment duquel se déclare Diodore, étaient regardés en Sicile comme autochthones, selon le système des mythologues grecs qui croyaient ces hommes sortis du sein même de la terre.

Ce passage en Sicile de ces premiers habitants a dû avoir lieu, suivant les calculs de Fréret, vers la fin du xve siècle avant l'ère chrétienne, et sert à fixer l'époque de la première invasion des Celtes dans la péninsule italienne.

« L'irruption des peuples ibériens, dit Amédée Thierry, avait révélé aux Galls l'existence de l'Italie ; ce fut de ce côté qu'ils se dirigèrent lorsque la subordonnance de population ou toute autre cause les détermina à entreprendre de nouvelles migrations. Une horde nombreuse, composée d'hommes, de femmes et d'enfants de toutes tribus, s'organisa sous le nom collectif d'Ambra, les vaillants ou les Nobles — plus correctement Ambra, dont les Latins ont fait Ambro, Ambronis et Umber, Umbri. — Les Grecs Ambron, Ombros. Cette horde franchit les Alpes, et après une lutte opiniâtre chassa les Sicules ou Sicanes de la vallée du Pô. Cette substitution des peuples de race celtique à la nation qui se prétendait autochthone dans la contrée circumpadane eut lieu vers l'an 1364 avant notre ère. Les Vénètes faisaient partie de ces peuples et conquirent une place à l'orient entre l'Adège, le Pô et la mer.

Cette origine résulte de l'étude chronologique des diverses migrations des peuples dans l'Italie, constaté par les plus anciens écrivains. Elle a pourtant été très controversée. C'est ainsi que le savant Fréret, tout en s'efforçant de dégager l'histoire d'avec la fable, partant de ce principe que les peuples primitifs ignoraient la navigation et que les migrations se faisaient de proche en proche, pose en fait, que selon toute apparence, c'est par l'extrémité septentrionale de l'Italie qu'entrèrent ces premiers habitants, qu'ils sortaient de l'Illyrie et des pays voisins. Les Liburni du pays de Croates, les Siculi des confins de la Dalmatie, les Veneti de l'Illyrie. Nous avons vu que les premières émigrations celtiques trouvèrent les Siculi en possession des contrées circumpadanes d'où ils les chassèrent pour s'y établir; or, l'origine de ces Siculi, que Fréret suppose illyrienne sur une simple conjecture, se trouve parfaitement constatée comme origine Ibérienne par Thucydide, par Ephorus au rapport de Strabon, et Phyliste de Syracuse cité par Diodore de Sicile. Ces auteurs nous apprennent que, chassés par les Ligies ou Ligures des lieux que ceux-ci habitaient au temps de Thucydide, c'est-à-dire vers 430 avant l'ère chrétienne, depuis les Pyrénées jusqu'aux Alpes et depuis les Alpes jusqu'à l'embouchure de l'Arno, les Ibériens qui les avaient précédés se réfugièrent, les uns sous le nom de Sicani dans l'île de Sicile, dont suivant ces auteurs ils furent les premiers habitants, les autres sous le nom de Siculi franchissant les Apennins s'arrêtèrent dans la grande vallée du Pô, jusqu'à ce qu'ils en furent encore repoussés par les Ombri, et vinrent rejoindre les Sicani, dans l'île de Sicile.

Tite-Live, avant de raconter la prise de Rome par les Gaulois, entre dans quelques détails sur les diverses émigrations gauloises dans la gaule cisalpine. « D'autres Etrusques, dit-il, longtemps avant ceux de Clusium, avaient, entre l'Apennin et les Alpes combattu plus d'une fois contre des armées gauloises. La preuve en existe dans le noms mêmes des deux mers, supérieure et inférieure qui baignent la presqu'île italienne ; car la mer Toscane porte le nom de la nation même ; l'autre appelée Adriatique, tient le sien d'Adria, colonie étrusque, et le langage de tous les peuples d'Italie attestent ces origines. Les Grecs disent aussi mer Adriatique et mer Tyrrhénienne ; les Toscans se sont établis sur les bords de l'une et de l'autre ; ils ont eu d'abord vers l'inférieure, en deçà de l'Apennin, des territoires partagés entre douze cités, et ensuite, au delà de l'Apennin, un égal nombre de colonies envoyées par chacune de ces métropoles. Ces seconds établissements remplissaient tout l'espace situé entre le Pô et les Alpes, excepté l'angle occupé par les Vénètes, à l'extrémité du sinus.

Suivant ce passage de Tite Live, les Vénètes occupaient le sinus de la mer Adriatique, lors que les Etrusques ou Tyrrhéniens, peuple pélagique, originaire de l'Asie Mineure, vinrent troubler vers le xie siècle avant J.-C.; après 400 ans de possession paisible, les peuples celtes qui avaient succédé aux Sicules d'origine ibérienne, les premiers occupants des plaines circumpadanes.

Les Vénètes faisaient en effet partie de ces Ambra ou Umbri, comme les appelèrent les Latins, qui divisèrent leur empire en trois vastes provinces : l'Is-Ombri ou Basse-Ombrie (is, ios, bas en Gaëlique), l'Oll-Ombrie ou Haute Ombrie (oll, all, haut), et la Vil-Ombrie ou Ombri du littoral (bil, vil, bord, rivage en Celtique).

Le peuple des Rasènes, si célèbre dans l'histoire sous le nom d'Etrusques, était bien supérieur en civilisation aux peuples d'origine ibérienne et celtique qu'ils venaient remplacer. Ils connaissaient l'art de construire des forteresses, art nouveau pour les Celto-Ligies comme les appelaient les Grecs. La Vil-Ombrie conquise, aux villages ouverts et aux cabanes de chaume succédèrent douze grandes villes fortifiées, habitations des conquérants et chefs-lieux d'autant de divisions politiques qu'unissait un bien fédéral. Le pays prit le nom des vainqueurs et fut appelé dès lors Etrurie.

L'Ombrie circumpadane passa successivement et pièce à pièce sous leur domination. Les douze cités étrusques se partagèrent par portions égales cette seconde conquête ; chacun eut son lot dans les 300 villages que les Galls y avaient habités, chacune d'elles y construisit une place de commerce et de guerre qu'elle peupla de ses citoyens, ce fut là la nouvelle Etrurie. Mais l'angle occupé par les Venètes à l'extrémité du sinus ne put être forcé comme le constate Pline, ils maintinrent leur indépendance, et ce fut par le progrès des temps et non par la conquête qu'ils finirent par adopter en partie les mœurs et la langue des peuples qui les environnaient sans jamais perdre les traits essentiels du génie gaulois (H. Martin).

La nation Ombrienne réduite au canton montagneux qui s'étendait entre la rive gauche du Tibre et la mer supérieure, et comprenant l'Oll-Ombrie et une faible partie de la Vil-Ombrie finit par s'allier intimement à ses anciens ennemis ; mais elle se distingua toujours par les qualités et les défauts attribués à la race gallique encore 6 siècles après, lors de la seconde invasion celtique, 600 ans avant J.-C.

L'on peut croire, en effet, que les descendants des Ambra reçurent comme des frères les Celtes qui, sous la conduite de Bellovèse, après avoir défait et mis en déroute les Etrusques, accourus pour leur disputer le passage du Tessin, trouvèrent sur un sol ennemi des hommes parlant la même langue et issus des mêmes aïeux. Tous, Edui, Arverni, Bituriges adoptèrent pour leur nom national celui d'Isombris ou Insubres, suivant l'orthographe romaine, et Bellovèse nomma Mediolanum la bourgade destinée à devenir le chef-lieu de sa horde devenue sédentaire, et une grande et illustre ville qui aujourd'hui même a conservé la trace de son ancien nom dans celui de Milan.

Si les Eudes et les Ambarres conservaient son nom à l'Is-Ombrie italienne en souvenir de l'Is-Ombrie, de la Saône et de leur terre natale, les Aulerci, les Carnutes et surtout les Cénomans sous la conduite d'Elitovius, après avoir à leur tour chassé les Etrusques de tout le reste de la Transpadane vinrent s'établir à la frontière des Venètes qu'ils retrouvaient aux bords de l'Adriatique comme sur les côtes du Morbihan, et avec lesquels ils firent désormais cause commune dans la Cisalpine comme dans la Gaule chevelue.

Polybe, au II° siècle avant J.-C., constate ainsi cet état de choses.

« Ces plaines (du Pô) étaient autrefois occupées par les Tyrrhéniens... Depuis, les Gaulois, qui leur étaient voisins et qui ne voyaient qu'avec un œil jaloux la beauté du pays, s'étant mêlés à eux par le commerce, tout à coup, sur un léger prétexte, fondirent avec une grosse armée sur les Tyrrhéniens, les chassèrent des environs du Pô et s'y mirent à leur place. Vers la source de ce fleuve étaient les Laens et les Lébiciens.

« Ensuite les Insubriens, nation puissante et fort étendue.

« Après eux les Cénomans ;

« Auprès de la mer Adriatique les Venètes, peuple ancien qui avait à peu près les mêmes coutumes et les mêmes habillements que les autres Gaulois, mais qui parlait une autre langue. Ces Venètes sont célèbres chez les poètes tragiques qui en ont débité forces prodiges.

Polybe reconnaît donc l'origine gauloise des Venètes de l'Adriatique tout en constatant l'antériorité de leur établissement et la différence dialectique de leur langue.

Les Venètes, peuple celte faisant partie des Ambra ou Ombres, qui vers 1304 avant J.-C. chassèrent les Siculi ibériens des plaines circumpadanes, qui résistent à la conquête étrusque obligé de s'arrêter à leur frontière, étaient sans doute plus anciens que les Cénomans d'Elito-

11

rius qui, en 527 avant J.-C., repoussaient les Etrusques de la transpadane et se substituaient à eux dans le voisinage des Venètes.

Plus de huit cents ans de séparation et de contact avec une civilisation aussi avancée que celle des Etrusques avaient dû apporter dans la langue de ceux-ci une différence égale à celle qui s'était opérée entre la langue des belges et celle des Gaulois au temps de César, et il est curieux de voir César et Polybe faire la même remarque, l'un dans la Gaule transalpine entre la différence dialectique dans le langage entre les Belges et les Gaulois ou Celtes, l'autre dans la Gaule cisalpine entre les Venètes de l'Adriatique et les Gaulois Cispadans. Mais l'origine celtique des uns comme des autres n'en est pas moins établie d'une manière certaine. Au temps de César le mélange avec les peuples germains avait apporté une grande différence dans la langue des Belges comme celui des Etrusques avec les Venètes de l'Adriatique. Mais c'est la langue gauloise que les Belges de Trèves transportèrent dans la Gallacie à la suite de l'émigration de Ségovèse, ainsi que le constate encore saint Jérôme au IVe siècle après J.-C., comme nous l'avons dit plus haut.

« Les Venètes, dit encore Fréret, étaient toujours en guerre avec les Gaulois, et par cette raison ils firent de très bonne heure alliance avec les Romains : ils contribuèrent même à sauver Rome par une diversion qui força les Gaulois à lever le siège pour aller défendre leur propre pays. » Mais dans ces guerres des Venètes contre les autres Gaulois il ne faut pas oublier qu'ils sont presque toujours accompagnés des Cénomans leurs voisins près de l'Adriatique comme dans l'Armorique et dont l'origine celtique ne peut être révoquée en doute. Amédée Thierry, dans son *Histoire des Gaulois*, nous donne l'explication de cette division et de ces guerres intestines entre les Gaulois cisalpins, c'est que ceux qui occupèrent la Transpadane, les Veneti, les Cénomans, les Aulerci, étaient d'origine celtique, tandis que les Boies, les Anamans, les Lingons et surtout les Senones qui assiégeaient Rome et qui occupèrent la Cispadane étaient d'origine Kimrique ou belge.

Coutumes des bas-Bretons. — Les pauvres fiancés vont tous deux inviter à leur fête de noces les familles des environs. Toutes viennent et apportent aux mariés quelques produits de leurs champs, du lin, du mi du blé, de l'argent même. Trois cents convives se réun.. ent ainsi quelquefois. Leurs présents forment le commencement du ménage des jeunes époux, qui retirent habituellement plusieurs centaines de francs de ces dons volontaires; sorte d'avance que la communauté chrétienne fait à un frère pauvre pour qu'il puisse se ranger à son humble place dans le monde.

Cette coutume se pratique chez tous les peuples d'origine mongolique, on la trouve dans la Mongolie, le Tibet, l'Assam, etc.

Mille autres usages aussi étrangers à nos mœurs ont été conservés dans le Léonais. Quand une femme devient mère, du pain blanc et du vin chaud sont envoyés de sa part, à toutes les femmes enceintes du voisinage, comme annonce et souhait d'heureuse délivrance; c'est un repas de communion entre la jeune épouse devenue mère et celles qui attendent ce doux nom.

L'accouchée reçoit ensuite la visite de toutes les jeunes mères du voisinage, chacune sollicite comme une grâce, la faveur d'allaiter la première le nouveau-né; car à leurs yeux, l'enfant qui vient de voir le jour est un ange qui arrive du ciel; ses lèvres innocentes sanctifient le sein qu'elles pressent pour la première fois et portent bonheur! Cette croyance est si vive, que le nouveau-né passe de bras en bras, et ne retourne sur le sein de celle qui l'a mis au monde qu'après avoir trouvé autant de mères qu'il y a là d'épouses. Si par malheur la mort lui enlève sa mère véritable, ne craignez pas qu'il reste sans appui. Le recteur de la paroisse vient près de son berceau, que les autres mères entourent silencieusement; il prend l'enfant dans ses bras, et, choisissant parmi les femmes qui sont là devant lui celle qui paraît la plus digne, il lui donne l'orphelin comme un dépôt confié par Dieu même. Parfois cependant, lorsque les voisines de la morte sont trop pauvres pour qu'aucune puisse se charger seule du nouveau-né, il leur reste en commun. Une d'elles le loge, mais chacune a son heure pour le soigner, lui donner son lait. Nous avons vu de ces femmes qui se levaient la nuit pour aller à des distances assez grandes, payer ainsi leur impôt de mère.

A Saint Pol, les nourrices ne commencent jamais à soigner un enfant sans faire le signe de la croix, et elles arrosent d'eau bénites les langes dont elles l'enveloppent. Du reste, l'espèce de sainteté et de respect dont les nations asiatiques et sauvages entourent l'enfance existe aussi dans la Basse-Bretagne.

Nul ne passera près d'une femme tenant un nourrisson sur ses genoux sans lui dire avec une inclination de tête amicale: Soyez bénie de Dieu! Si vous négligez cette salutation bienveillante la mère vous suivra d'un regard inquiet, car vous avez jeté un mauvais œil sur son enfant. Les haines les plus envenimées se taisent également à la vue d'un faible enfant. Il suffit qu'un homme porte son fils dans ses bras pour arrêter le pen-bas de son plus implacable ennemi.

Les pauvres sont les hôtes de Dieu. Jamais une voix rude ne les repoussent du seuil : aussi ne s'arrêtent-ils point timidement à la porte ; ils entrent avec confiance en laissant tomber ces mots : Que Dieu bénisse ceux qui sont ici! Et vous même! répond le maître de la maison en montrant une place au foyer. Le mendiant s'assied ; on le décharge de son bissac, qu'il reprendra plus pesant de dons nouveaux; et il commence à payer l'hospitalité de son hôte en lui racontant ce qu'il a appris dans ses dernières courses.

Il lui dira si le recteur de la terre du Christ (Lochrist) est malade ; si les blés de la peuplade du Saumon (Plouezoc'h) sont plus avancés que ceux de la grande terre (Lanmeur) ; si la toile s'est bien vendue au dernier marché de la terre d'Ernoc (Landerneau). Parfois aussi il saura lui rappeler un remède utile; il lui parlera du pèlerinage de Saint-Jean-du-Doigt pour guérir les maux d'yeux; il l'engagera à s'aller mettre sous la fontaine de saint Laurent pour se préserver des rhumatismes. Aux pennérès, il indiquera la fontaine du bois de l'église (Bodilis) dans laquelle on va jeter une épingle de son justin pour savoir si l'on se mariera dans l'année, il racontera combien il y avait de jeunes filles assises sur le pont du Naufrage (Penzé) le jour de la Saint-Michel; combien de jeunes gens sont venus chercher des épouses à cette foire de femmes, et combien de mariages s'en sont suivis. Il saura de plus chanter les dernières complaintes qui ont été faites à la ville du haut de la mer (Morlaix) sur le naufrage des huit douaniers de Kerlandy, ou sur l'assassinat du meunier du Pontou; car le mendiant est le barde de la Basse-Bretagne; c'est le porte nouvelles et le commis-voyageur de cette civilisation toute patriarcale.

Dans tout le centre et l'orient de l'Asie, le mendiant remplit le même rôle; il n'y a qu'à comparer ce qu'on vient de lire avec les coutumes des Kalmouks et des autres peuples Mongoles.

Le jeune Breton prend part de bonne heure aux travaux de sa famille. De la garde facile des bestiaux et des petits ouvrages de veillée, il passe aux rudes fatigues du labour, des récoltes, du battage, en un mot des grandes journées. On appelle ainsi le service en commun que tout laboureur reçoit de ses voisins, à charge de revanche et sans autre dépense qu'un repas largement arrosé de cidre. Le cidre, les crêpes et la danse sont le couronnement obligé des charrois et des aires neuves.

C'est au milieu de ces labeurs que naissent les premiers amours. Quand le jeune Paotred a fait son choix, un mendiant ou le tailleur du pays, va faire sa demande. Si cet ambassadeur aperçoit une pie sur la route, il retourne sur ses pas; cet oiseau bavard pronostique un mauvais ménage.

Mais s'il rencontre des augures favorables, il « porte la parole » à la jeune fille ; il la complimente sur sa toilette du dernier pardon, il lui vante son protégé comme le plus intrépide lutteur et le plus vigoureux porte bannière, sans oublier d'énumérer le beau linge et les bons écus enfermés dans son armoire.

Si ses propositions plaisent : « Parlez à mes parents », dit la Galathée bretonne en fuyant derrière les chênes. A partir de ce moment, le paotred agréé mène sa « douce » à la messe, à la foire, aux danses des aires neuves, aux pardons sacrés, qui deviennent parfois si profanes, aux luttes qui réunissent des arrondissements tout entiers sur l'arène. Les pardons sont aussi multipliés que les patrons de la Bretagne. Ceux de sainte Anne d'Auray, de saint Jean du Doigt, de saint Mathurin, de Notre-Dame de Bon-Secours, etc., sont les plus célèbres.

On y vient de plusieurs lieues à la ronde, dans ses plus beaux habits suivre la procession, boire et manger en plein air, parler d'affaires et danser jusqu'à minuit. On y cultive aussi les jeux de boules, de bascule, de galoche et trop souvent l'exercice du bâton. Les luttes sont la boxe, la course à pied, la course en sacs. Les prix de ces luttes sont des moutons, des vêtements, des bijoux. Lorsque nos jeunes gens se sont éprouvés au milieu de tous ces plaisirs, par des coups de poing et des niches de ce genre, plus souvent que par des caresses, le Baz-Valan s'arme de la branche de genêt qui lui donne ce nom, et, chaussé d'un bas rouge et d'un bas bleu, il présente à la famille de la

« pennerez » (jeune fille), le prétendant, suivi de son parent le plus proche. On se met à table, on boit au même pichet, on se sert du même couteau; on fait la revue des richesses de la maison, on compte les bestiaux dans l'étable; on entr'ouvre coquettement des armoires regorgeant de draps neufs; on laisse entrevoir des piles d'écus (empruntés souvent pour la circonstance); bref, on se tope dans la main et voilà les accords arrêtés. Chaque fiancé, dès lors, fait séparément ses invitations avec son garçon ou sa fille d'honneur. On achète à la foire prochaine les bijoux, les cadeaux, et tous les tailleurs s'assemblent pour confectionner les habits neufs. Le jour de la noce ont lieu les fameux discours où brillaient autrefois les poètes populaires.

La noce alors en grande toilette, part pour la mairie et pour l'église, quelquefois à cheval, par couples assortis, ce qui forme le plus aimable coup d'œil. Après les cérémonies, tout le monde prend place à un repas homérique, où les pauvres viennent chercher la part de J.-C. : orgie bruyante et prolongée dans laquelle les époux seuls gardent le décorum. On chante les complaintes si morales et si sévères du marié et de la mariée. On danse jusqu'au soir dans l'aire, au son du biniou, les rondes, les gavottes ou les gabadaos.

Le lendemain toutes les joies sont finies, toutes les illusions s'envolent.

Adieu les fêtes, les pardons et les danses : voici venir les travaux et les soins de la famille, à peine adoucis par l'amour maternel.

Après cette vie où la joie tient si peu de place, le Bas-Breton meurt calme et résigné en homme qui passe à une vie meilleure. C'est la volonté de Dieu ; que la volonté de Dieu soit faite! Ces mots résument toutes les vertus bretonnes. La famille du malade le gorge de vin chaud, donne un cierge à Notre-Dame de Bon-Secours, fait dire une messe à la paroisse, et attend l'heure fatale. Le prêtre arrive avec le pain des forts et l'huile sainte. Tout le village assiste et répond à la cérémonie, le chapelet à la main, les genoux sur la terre. Les commères montent sur le coffre banc du lit clos, répètent au mourant : « Tu n'iras pas loin désormais, recommande ton âme à Dieu (La même coutume se pratique dans l'Inde et le Tibet).

Les enfants crient et pleurent seuls au milieu du silence. Enfin les savants ou les aînés récitent les prières des agonisants. Si l'agonie se prolonge, on allume un cierge pour hâter la délivrance. Quand le dernier soupir s'exhale, on fait avec le cierge trois signes de croix sur les draps, puis on éteint la lumière au passage de l'âme. Bientôt on place le mort dans une petite chapelle ardente, sur le banc de son lit. On tient tous les vases de la maison pleins d'eau, de peur que l'âme en voulant se purifier ne fasse tourner le lait. On veille le corps une nuit ou deux, on prie, on chante et surtout on boit et on mange si le mort était riche, ce qui fait accourir les pauvres et les affamés de tous les points de la commune. Le matin de l'enterrement, le défunt est cousu dans son linceul enfermé et cloué dans sa châsse, en présence de toute sa famille.

La famille entière ne quitte le cadavre chéri qu'après lui avoir jeté les premières pelletées de terre. On peut dire même qu'elle ne le quitte jamais, du moins par la pensée, car la commémoration des morts est un culte perpétuel, et leur fête est la fête par excellence en Basse-Bretagne, où les vivants conservent aux défunts jusqu'à leur part dans le pain quotidien et dans les crêpes préparées pour les grands jours. On sait que tout prend le deuil chez le laboureur décédé, même ses abeilles dont les ruches s'entourent d'une banderolle jaune, bleue, ou noire suivant la coutume de la contrée.

Quant aux superstitions poétiques et aux pratiques religieuses des Bas-Bretons, la liste en serait interminable. Saint Jean de Dieu guérit les maux d'yeux, saint Laurent les rhumatismes, saint Herbot fait lever le beurre, et saint

Yves la pâle, saint Honoré donne du lait aux jeunes mères, saint Colomban guérit les fous, saint Christophe, les enfants, saint Philibert de Moëlan, les chagrins d'amour, saint Roche, la fièvre, saint Michel, la rage, saint Cornéli, les bestiaux, saint Guénolé, les femmes stériles, etc.

Les bruits du soir sur la côte et dans les cimetières sont les prières des trépassés. Les bestiaux jeûnent la veille de Noël. On suspend au cou des nouveau-nés un morceau de pain noir, symbole de leur humble destinée. La mère qui pleure son fils donne un bonnet au petit Jésus pour qu'il sourit à son enfant dans le ciel.

Deux corbeaux président à chaque toit les malheurs et la mort. Il y a au pays de Tréguier une chapelle à Notre-Dame de la Haine. On renouvelle ses forces et sa santé en se versant dans le cou et dans les manches l'eau des sources salutaires. Ceci est un reste du druidisme, ainsi que les feux de la Saint-Jean allumés par milliers, comme les anciens du soleil et entourés de rondes bondissantes; les nains des cromlec'h et les fées des fontaines qui enlèvent les enfants sur les portes; les louzoux, talismans, cueillis au clair de lune, etc. Un mot sur les principales classifications des populations armoricaines; les fermiers sont l'aristocratie des campagnes. Ils suivent toujours en famille les lois de leurs anciens seigneurs, et respectent le droit d'aînesse dans leurs partages. On a vu qu'ils se marient par ambassadeurs et avec toutes les cérémonies qu'on ne retrouve que chez les princes. Les mendiants viennent au second rang dans la hiérarchie; représentants de Dieu, on les accueille, on les héberge, on les chole de porte en porte, on les écoute surtout. En fait de chroniqueurs pourtant les tailleurs leur font concurrence, parasites, bavards, vivant chez tout le monde initiés à tous les secrets, entremetteurs de toutes les intrigues, les tailleurs sont les amis secrets des femmes, mais subissent comme au moyen-âge le mépris des hommes, qui ne parlent d'eux qu'en disant; « sauf votre respect. » Les sabotiers et les charbonniers sont les bohémiens de la Bretagne, et vivent isolés dans les forêts. Les pèlerins par procuration ; les commères et les rebouteurs despotiques oracles des malades, des jeunes mères, des nourrices et des infirmes ; les ménétriers qui passent leur vie à gonfler d'air leur biniou, et leur ventre de cidre ; les meuniers classe à part plus rusée que loyale, et plus riche qu'estimée ; les sorciers et les sorcières, héritiers encore très nombreux du savoir, de l'influence et de l'habitation des druides, etc.

Les plus célèbres bardes armoricains et gallois dont les noms ou les poésies nous soient parvenus sont : Guiclan, Taliesin, Anneurin, Lejiva'h-Heu, qui vivaient au vᵉ siècle. Les œuvres en prose que nous ont laissés les bardes sont *les Triades ;* et traditions bardiques : *Vaste épopée des gestes d'Arthur et des chevaliers de la table ronde.*

Il y a, dit un ancien proverbe Breton, trois sortes de personnes qui n'arrivent point tout droit au paradis : les tailleurs dont il faut neuf pour faire un homme, qui passent leurs journées assis et qui ont les mains blanches ; les sorciers, qui jettent des sorts, et qui soufflent le mauvais vent ; les maltotiers (les percepteurs de contributions), qui ressemblent aux mouches aveugles, lesquelles sucent le sang des animaux.

DEUXIÈME PARTIE

Nous ne savons si la science parviendra jamais à rétablir sans lacune l'arbre généalogique du genre humain, du moins chaque jour nous la voyons recueillir quelques-uns des anneaux dispersés de la longue chaîne qui avait uni autrefois l'Occident à l'Orient et reliait les hommes à leur berceau, rechercher et retrouver un à un les titres perdus de la grande famille humaine.

Mais cette chaîne, brisée par le bouleversement de tant de peuples et d'empires, n'en séparons pas les anneaux au lieu de les réunir ; ces titres au lieu de les rassembler, ne les déchirons pas à plaisir à mesure qu'ils se présentent. Notre époque, nous le reconnaissons avec satisfaction, a fait faire à la science un grand pas dans l'intelligence des peuples antiques ; mais n'oublions pas ce que nous devons aux siècles passés, ne brisons pas les échelons si péniblement consolidés sous nos pieds et qui nous servent à nous élever si haut, si nous voulons éviter une triste chute. Acceptons les résultats irrévocablement acquis par nos devanciers, ne les répudions pas pour y substituer les rêveries d'une imagination sans frein ou les systèmes d'une science vaine s'isolant dans son orgueil et voulant renfermer dans son scepticisme et sa personnalité tous les progrès de l'esprit humain.

Le langage, cette expression de l'intelligence humaine, aussi ancienne que la création de l'homme est venu fournir la boussole tant cherchée pour aller en haute mer ethnologique et pour reconstruire l'histoire primitive des peuples là, où les historiens faisaient défaut, les traditions qui, en réalité, ne pouvaient que cotoyer les historiens, ne permettaient qu'un vrai cabotage historique par trop insuffisant.

L'anthropologie nous montre l'humanité primitive remontant à une source unique; de là, la nécessité de ces migrations successives pour fonder les populations autochthones. La philologie comparée nous la révèle s'effectuant d'Orient en Occident pendant de longs siècles. L'archéologie comparée, la minéralogie elle-même dénoncent aussi cette origine asiatique des monuments que nous étudions; ils marquent les étapes de ces populations se répandant par degré sur la surface du globe.

Toutes nos connaissances sont solidaires, toutes les sciences sont sœurs; elles se fortifient et se contrôlent les unes les autres. Dans les questions de races, leurs progrès sont réels, assez avancés pour nous fournir les éléments d'une puissante pile; elle nous donnera une vive lumière de nature à dissiper tous les doutes raisonnables.

Mœurs et coutumes des Lapons, caractères physiques et moraux. — Nous l'avons dit au commencement de cet ouvrage qu'il existe des affinités très remarquables entre les Bas-Bretons et les Lapons qui les distinguent parmi tous les peuples de l'Europe, à cette appréciation est venue corroborer l'opinion très autorisée du Docteur Beddoe, Président de la société d'Anthropologie de Londres dont les lettres figurent dans l'introduction de mon voyage en Basse-Bretagne, et sans autre commentaire nous allons signaler au lecteur les points de ressemblance entre ces peuples et ceux de leurs congénères ou frères de sang.

Dans tout l'extrême nord de l'Europe et dans toute la partie septentrionale de la Sibérie jusqu'aux bords de l'Iénissey, en Mongolie, et jusqu'aux Monts Himalaya, on rencontre une foule de populations qui appartiennent au même type fondamental.

Parmi les populations scandinaves vivent des tribus encore presque asiatiques peu nombreuses, mais des plus intéressantes par leur aspect physique, leurs origines, leur genre de vie; ce sont les Lapons.

Les Lapons nomades, parcourant à leur aise les plaines presque désertes de la Péninsule, avaient établi des campements beaucoup plus au sud, dans les contrées que peuplent actuellement les scandinaves.

Des traces de leur idiome se retrouvent dans la langue suédoise et divers noms de lieux seraient expliqués par leur langage. Encore de nos jours, des familles de lapons vivent dans le cœur de Zemtland, vers le 63° degré de latitude, où leur domaine est nettement limité par la disparition de la mousse des rennes, nourriture de leurs troupeaux, mais la pression continue des immigrants suédois et norwégiens n'a cessé sur les deux rivages, de refouler ces premiers occupants dans l'intérieur des terres. Les légendes relatives aux nains (dvergar), aux sorciers (troll), aux gens des rochers (bergfolk), racontent sous une forme mythique les combats d'exterminations que les colons scandinaves livrèrent aux lapons, les anciens habitants de la contrée.

Connus désormais sous leur nom Suédois de lapons qui signifierait « Nomades » d'après les uns « habitants des cavernes » d'après les autres, les Sámes, parlent une langue que l'on dit ressembler plus à celle des Mordves qu'à tout autre dialecte ouralo altaïque et qui renferme d'anciennes formes et des racines manquant aujourd'hui à l'idiome finlandais; mais quoi qu'on donne aux Lapons le nom de Fin, dans le Fimmark norwégien, ils se distinguent nettement des Finlandais proprement dits, non seulement par les contrastes que produit la différence de civilisation, mais aussi par l'aspect physique, la taille, la forme du crâne.

Aussi des anthropologistes ont-ils vu dans les groupes de population des races tout à fait séparées, ayant reçu la langue de vainqueurs finnois, mais sans aucune parenté de sang avec eux. Tandis que Virchow considère les Lapons comme une branche des Finnois, Schaafhausen voit en eux les descendants de peuples mongoles refoulés au nord et cheminant vers l'ouest le long des côtes de l'Océan glacial. On croyait aussi naguère que les Sames se distinguaient de tous les autres hommes par une ignorance absolue du chant. « Les Lapons, dit Fétis, sont le seul peuple qui ne chante pas »; mais cette assertion est erronée. Les Lapons très bavards de leur nature, savent sinon chanter d'une manière agréable pour les oreilles suédoises, du moins fort bien moduler quelques sons musicaux, et l'on a recueilli plusieurs de leurs chansons. En général les Sames de l'intérieur, qui sont probablement les plus purs de race, sont des hommes de très petite taille, comparés à leurs voisins les Suédois du nord. Toutefois ils ne sont point en moyenne aussi petits qu'on se le figurait par goût pour le merveilleux. D'après Dulk, la stature moyenne des indigènes pasteurs de Rennes serait d'un mètre soixante centimètres, et même quelques-uns pourraient être considérés en tout pays comme des hommes de belle taille ; Von Duben, le savant qui a étudié les peuples du Nord avec le plus grand soin, croit ne devoir évaluer cette taille moyenne qu'à un mètre et demi. Le buste des Sames est assez long, seulement il est assez rare que leurs jambes ne soient pas légèrement arquées. On a remarqué aussi que les Lapons pêcheurs, toujours occupés à ramer, ont les jambes faibles, comparées à leurs bras vigoureux et à leur poitrine musculeuse. L'extrême laideur que l'on attribue à ces populations du Nord n'existe que dans l'imagination de leurs voisins. Les Lapons ont, pour la plupart, il est vrai, les pommettes saillantes, un nez épaté à l'extrémité, les yeux petits, la figure triangulaire, la barbe rare, la peau souvent jaunâtre chez les hommes ; mais le crâne est fort large, le front élevé, et d'une véritable noblesse, plus ample en général que celui des Scandinaves, la bouche est souriante, l'éclair du regard vif et bienveillant.

D'ordinaire l'œil est noir, mais la couleur de la chevelure varie souvent : la plupart ont les cheveux châtains, d'autres les ont tout à fait noirs, d'autres encore tout à fait blonds. La voix des Lapons n'est pas aussi métallique et sonore que celle des Suédois ; toutefois elle n'est faible et sourde que chez les buveurs d'eau-de-vie, devenus beaucoup plus rares que jadis, surtout en Suède, par suite de l'interdiction absolue des liqueurs dans le pays depuis 1839 : c'est le café qui remplace maintenant l'eau-de-vie comme boisson générale des Lapons ; ceux qui en ont les moyens en boivent presque toute la journée, en y mêlant du sel, et parfois du fromage, du sang, de la graisse. Grâce à l'extrême salubrité du pays et malgré la saleté et l'air impur de leurs cabanes, les Lapons jouissent en général d'une excellente santé et deviennent très vieux : la mortalité est moins forte chez eux que chez les civilisés du littoral ; mais, ainsi qu'Acerbi le remarquait déjà au siècle dernier, ils ont souvent les yeux rouges et malades à cause de la fumée des tentes et de leurs continuels voyages au milieu des neiges. Suivant leur genre de vie, les Sames se partagent en Lapons des côtes, en pasteurs de rennes et en pêcheurs. Un bien petit nombre d'entre eux, établis dans les plaines des alentours du golfe de Botnie, s'occupent de culture, mais ceux-là même comptent principalement sur le produit de leur pêche dans les lacs et les rivières. Leurs cabanes se composent de simples toitures posées sur des trous, ou de lattes placées en forme de cônes, et recouvertes d'une toile ou d'une étoffe de laine, qui laisse échapper la fumée par le sommet de l'échafaudage. Des maisonnettes sont perchées sur des pieux ; quelques familles habitent des réduits dont les parois penchent en dehors, de sorte que la façade présente l'aspect d'un losange reposant sur l'une de ses pointes. Ce sont généralement les hommes qui s'occupent du ménage de ces étroites demeures : faut-il voir dans cette coutume un reste de gynécocratie ou « droit de la mère », qui prévalait chez tant de peuples anciens ?

Les Lapons du littoral de l'Océan Arctique, plus nombreux que de l'intérieur, doivent demander aux eaux marines les ressources que les Lapons des forêts trouvent dans l'élève du renne. Ceux-ci sont forcément nomades, mais ils ne voyagent pas en tribus comme les peuplades errantes des pays chauds, tels que les Bédouins et les Turkmènes; chaque famille vit isolément dans la forêt. Ce n'est point par insociabilité que les Lapons se séparent ainsi de leurs semblables. Il leur faut de vastes espaces pour leurs troupeaux de Rennes, car chaque Lapon a besoin pour vivre d'au moins vingt-cinq bêtes, et le lichen des rennes, une fois brouté, ne repousse que lentement.

Les troupeaux ne reviennent paître au même endroit qu'après dix années révolues; il est vrai qu'ils se nourrissent en été d'herbes et de feuilles d'arbres; si le lichen devait suffire à l'alimentation du renne, l'immense espace de la Laponie serait trop étroit pour les quelques milliers de nomades qui le parcourent, car c'est le renne qui nourrit les familles errantes en leur donnant son lait, malheureusement très peu abondant; même en hiver, le Lapon « mange » le lait de renne qu'il a conservé gelé sous forme de rondelles. Mais la chair et le sang du renne servent aussi à l'alimentation des Sames. Le repas ordinaire de la journée est la « soupe de sang, » faite de farine et de sang mêlé de caillots, que les ménagères savent garder pendant les mois d'hiver à l'état liquide dans des tonneaux ou des outres en estomacs de renne. Dépendant ainsi de son troupeau pour sa nourriture aussi bien que pour son habillement, le Lapon qui n'a qu'une centaine de rennes ne peut nourrir sa famille que d'une manière incertaine; il est considéré comme pauvre et doit se rattacher en qualité de client à quelque pasteur plus fortuné. La moyenne des rennes par Lapon, en comptant les pêcheurs et les agriculteurs, est de treize à quatorze seulement, d'après Von Duben; elle tend à diminuer à mesure que la vie nomade est remplacée par la résidence fixe. Celui qui possède un troupeau de trois cents rennes est déjà tenu pour riche, et l'on cite parmi les Lapons de véritables potentats qui possèdent jusqu'à 2000 rennes, représentant une valeur d'au moins 60,000 francs et formant peut-être la deux centième partie de tous les troupeaux de rennes domestiques. Ces personnages connaissent bien le chemin des marchés du littoral pour y exporter des cuirs et des fromages, et pour y placer leur argent à gros intérêts. Déjà chez les Lapons comme chez leurs voisins les Scandinaves, se voit le contraste de la richesse et de la pauvreté. Mais que les demeures appartiennent à des Lapons opulents ou misérables, qu'elles renferment dans une armoire quelques tasses en porcelaine ou simplement des jattes en bois ; elles n'en sont pas moins des cabanes étroites, humides et nauséabondes, où l'on s'étonne que l'homme puisse y habiter ; mais il n'y a point d'insectes. La puce ne vit pas en Laponie ; en revanche, le cousin y est en été un terrible fléau pour les étrangers, sinon pour les Lapons eux-mêmes, qui s'oignent d'une substance graisseuse pour éviter les piqûres et qui habitent en été les régions où les nuages ailés sont dissipés par le vent de la mer.

Depuis le milieu du xviiᵉ siècle, les habitants de toute la Laponie se disent chrétiens ; ils possèdent, grâce aux missionnaires, une petite littérature religieuse, et suivant le territoire qu'ils occupent, ils observent les rites ordonnés par le gouvernement local : en Scandinavie, ils sont protestants et possèdent même quelques ouvrages religieux écrits en leur idiome ; sur le sol russe, ils appartiennent au culte orthodoxe grec. Les prêtres des deux religions ont pu facilement, en mainte occasion, exalter les passions de cette race « extatique » ; cependant il reste encore bien des traces des anciennes coutumes païennes, analogues au chamanisme des Mongols. Le tambour de magie jouait un grand rôle dans leurs cérémonies, de même que l'écorce de pin ou de bouleau sur laquelle les sorciers avaient tracé des images d'instruments, d'animaux, d'hommes et de dieux. Cette écorce, dite par les Norwégiens « arbre des runes », était consultée par les Lapons dans tous les actes de leur vie ; l'interprétation des signes mystérieux était le grand art et la sagesse suprême. On dit que le dernier « arbre des runes » a été détruit vers le milieu du siècle ; les seiteh ou pierres de forme bizarre, parfois grossièrement sculptées, autour desquelles se célébraient les rites, ont été jetées dans les lacs par les Lapons eux-mêmes ou sont conservées dans les musées de la Suède ; mais si les fétiches ont disparu, mainte cérémonie qui s'explique seulement par l'ancien culte est restée. Les chiens, les meilleurs amis du Lapon, sans l'aide desquels le nomade ne pourrait gouverner son troupeau de rennes, ne sont plus enterrés avec leurs maîtres et le cadavre n'est plus enveloppé dans une écorce de bouleau où sont représentés des ours, des loups, des rennes ; mais on jette encore dans la tombe des espèces de coquillages appelés « âmes de chien » : le Lapon converti au christianisme, n'ose plus se faire accompagner par son chien dans les forêts d'un autre monde, mais du moins un symbole rappelle son compagnon de chasse. De même que dans tous les pays d'Europe, on célèbre aussi en Laponie la fête du solstice par des feux allumés sur les hauteurs ; mais où le soleil pourrait-il être plus en honneur que sous ces latitudes, où dans l'espace de quelques semaines il a délivré la terre de ses neiges et renouvelé complètement sa parure de feuilles et de fleurs ?

On s'imagine d'ordinaire que le nombre des Lapons diminue d'année en année et que cet élément de population est destiné à disparaître bientôt, comme mainte tribu des Peaux-Rouges ou diverses peuplades de l'Océanie, il ne paraît pas qu'il en soit ainsi. Du moins dans le Finmark, c'est-à-dire dans la partie de la Laponie appartenant à la Norwège, le nombre des Lapons s'est accru ; d'après les listes d'imposition dressées en 1567, en 1709 et 1815, les nomades auraient même triplé depuis trois siècles : dans la Norwège seule ils ont septuplé. Si la population du littoral augmente ainsi, c'est en grande partie par l'effet de la pression des Nybyggare ou « Paysans Nouveaux », colons finlandais et suédois qui s'avancent graduellement vers la mer en rétrécissant le terrain des nomades et en les forçant à se rapprocher peu à peu des côtes ; à la fin du xviii° siècle, ces étrangers étaient déjà plus nombreux que les Sames dans le Norrbotten suédois. Les Lapons de la Suède ont probablement diminué depuis le commencement du siècle, quoi qu'en disent les statistiques contradictoires ; le témoignage unanime des colons ne laisse aucun doute sur le fait d'un refoulement graduel des nomades au delà des frontières suédoises ; de plus en plus, la région des forêts, appropriée par les colons scandinaves et finlandais, se ferme aux immigrations temporaires des Lapons. De même, les Sames de la Russie et les Kvaner, descendants d'anciens immigrants finnois apparus pour la première fois à l'ouest du fleuve Tornea, pendant les guerres de Charles XII, quittent en grand nombre leurs campements pour aller s'établir sur les côtes norwégiennes. Jadis les migrations se faisaient alternativement tantôt dans un sens, tantôt dans l'autre, suivant les saisons ; les Lapons norwégiens avaient l'habitude de gagner le territoire finnois au commencement de la saison froide pour y faire hiverner leurs troupeaux et de leur côté les Lapons finlandais émigraient en été vers le littoral de Norwège ; c'était un échange de services entre les populations des deux contrées. Les bureaucrates de Saint-Pétersbourg virent dans ces migrations périodiques un manque de respect pour la « sainte frontière », et depuis 1852 il est interdit aux nomades scandinaves de la franchir sans de gênantes formalités.

Mais les sujets russes, trouvant précisément en Norwège plus de liberté et plus d'avantages commerciaux que sous l'administration de leurs propres gouvernements, sont allés par milliers chercher leurs moyens d'existence chez leurs voisins de la Laponie scandinave ; ouverts toute l'année à la pêche et au trafic, le port de Vadso et les autres havres de la côte norwégienne sont des lieux de rendez-vous nécessaires pour les populations, bloquées en hiver par les glaces de la mer Blanche. Dès le milieu du siècle dernier, les pêcheurs russes, montés sur leurs misérables embarcations, commençaient à se hasarder dans les parages du Finmark ; on les dit encore plus hardis que les Kvaner et que les Norwégiens. Jadis ceux-ci étaient pour la plupart les descendants de bannis venus de la Norwège méridionale.

Vêtements. — Le costume des Lapons se compose, en hiver, d'un long vêtement en peau de renne dont les poils sont tournés en dehors ; en été, ils remplacent la fourrure par une grossière étoffe de laine. Le vêtement d'été, appelé kofta, est souvent orné par les Lapons de la Finlande. « Les morceaux d'étoffe jaune et rouge cousus l'un contre l'autre forment des épaulettes, et dessinent les emmanchures ; enfin une série de losanges rouges descend jusqu'à moitié du dos. Le col est en outre garni de plusieurs morceaux de différentes couleurs, formant une bigarrure agréable à l'œil. La forme du bonnet du Lapon et la disposition des couleurs qui l'ornent sont très importantes ; ce sont les marques distinctives de son état et de son sexe. Porte-t-il une sorte de toque, il est pêcheur ; a-t-il un bonnet carré, il est pasteur ; chez les Lapons du sud, la coiffure rouge est réservée aux femmes, le bonnet bleu aux hommes. Les Lapons finlandais paraissent avoir abandonné ces usages, aucun de ceux que nous avons vu n'avait de bonnet de ce genre ; tous portaient un chapeau de feutre. Leur costume s'est du reste modifié dans ces dernières années. Quelques-uns avaient des chemises, d'autres des gilets, vêtements qui ne font pas partie du costume lapon primitif (Rabot) ».

On ne saurait passer sous silence quelques autres détails de l'habillement des Lapons. Par dessous la tunique, ils portent une sorte de pantalon, collant comme un maillot, qui entre dans des bottes ou des souliers en peau de renne. Des gants en fourrure, n'ayant que le pouce distinct, sont portés par les deux sexes et sont absolument indispensables pendant les froids rigoureux de l'hiver.

Pour voyager, le Sabmi adapte souvent sous ses bottes d'immenses raquettes ou patins, de plus d'un mètre de longueur, qui lui permettent de glisser sur la neige sans enfoncer. Ainsi équipé et armé d'un long bâton, il franchit rapidement de grandes distances.

Les Lapons russes ont abandonné en partie le costume lapon proprement dit. Ils ont conservé pour l'hiver l'usage du grand vêtement en peau de renne ; mais l'été, ils portent, comme les Russes, une blouse en toile serrée à la taille. Tous font usage de chemises, partie du vêtement absolument inconnue des vrais Lapons. Les coiffures d'été, la seule partie du costume qui soit encore caractéristique chez eux, est un bonnet pointu, en étoffe grossière, blanc quand il est neuf et rayé de bandes circulaires verdâtres. Les femmes ont le costume des paysannes russes : une robe rouge, courte, dont la taille est placée très haut et dont le corsage maintenu par deux bretelles est complètement ouvert sur la chemise, elles ont un bonnet également rouge orné de rubans jaunes et de boutons blancs, de la même forme que celui des femmes russes (Rabot) ».

Les Lapons sédentaires se construisent des maisons qui portent le nom de games. Quelques pièces de bois plantées debout et reliées par des perches horizontales en constituent la charpente. Les indigènes qui habitent le voisinage des forêts recouvrent cette carcasse de larges morceaux d'écorce de pin ; les autres substituent la tourbe ou la terre à l'écorce. En Finlande, on voit parfois les Sabmi élever des maisons en bois, qui rappellent les constructions finnoises. Ceux de la Russie possèdent des maisons en bois qu'ils n'abandonnent qu'au printemps, pendant la pêche du saumon. Les cabanes qu'ils habitent alors sont construites en troncs de pin équarris, et sont couvertes en gazon posé sur la charpente. Elles sont pourvues de fenêtres souvent fermées par des planchettes qui glissent l'une sur l'autre. Il en est qui possèdent une seule pièce et d'autres qui en possèdent deux, la première servant de cuisine et la seconde de chambre à coucher.

De larges bancs recouverts de peaux remplissent le rôle de lits.

L'industrie des Sabmi est des plus rudimentaires. Les pêcheurs se fabriquent des canots et ils construisent même des espèces de hangars pour les abriter. Les Lapons de l'ouest font, avec l'os, des grattoirs pour préparer les peaux, des cuillers dont le manche est orné de dents sculptées, des mortiers pour broyer les écorces ; ils ont aussi des sacs en peau de phoque qui leur est fournie par des tribus voisines. Ils se servent du bois pour faire leurs récipients de toute sorte. Ceux de l'est, qui n'ont que fort peu de rennes, fabriquent peu d'ustensiles en os ; à peine rencontre-t-on chez eux une navette formée d'un tibia de renne et des billots qui consistent en vertèbres de baleine. En revanche, ils travaillent mieux le bois que ceux de la Scandinavie ; ils ont notamment un certain plat qui rappelle exactement, par sa forme, un plat à barbe. Pour compléter la ressemblance, un petit creux est taillé à l'intérieur et semble destiné à recevoir le savon. Ce plat sert à manger le poisson ; la petite cavité a pour but de recevoir le sel.

Si les Lapons sédentaires se livrent à la pêche pendant tout l'été, à partir de l'automne ils chassent. Une partie du poisson qu'ils capturent est mangé immédiatement; le reste est séché et mis en réserve pour l'hiver. Pour le conserver, ils ouvrent entièrement le poisson sur le dos et sur le ventre, afin d'en enlever les vertèbres, puis ils en séparent la tête et le suspendent à des perches qui servent de séchoirs, ils l'empêchent de se raccornir au moyen de petites lattes passées en travers.

La chasse est une grande ressource pour un bon nombre de Lapons de la Finlande. Ils se servent de vieux fusils pour chasser le renne sauvage, le coq de bruyère et l'écureuil ; ils emploient le lacet pour le lagopède.

Le renne sauvage devient extrêmement rare en Laponie. Pour le capturer, les chasseurs creusent des fosses, qu'ils recouvrent de branches, et lorsque l'animal vient tomber dans cette trape, l'homme sort de sa cachette où il s'était embusqué et le met à mort. Pour la chasse à l'écureuil et au coq de bruyère, les Lapons se font accompagner de chiens.

Les œufs de lagopède sont un grand régal pour les indigènes. Afin de s'en procurer facilement, ils ont imaginé un procédé assez ingénieux ; ils placent sur les arbres situés près de nappes d'eau des nids artificiels dans lesquels les oiseaux viennent déposer leurs œufs. Ce sont des boîtes carrées percées d'un simple trou.

La nourriture des Lapons russes est moins substantielle que celle des habitants de la province de Finmark. Ils suivent les règles de l'église orthodoxe, et elles leur défendent de manger de la viande et du beurre pendant la moitié environ de l'année. « Il est vrai que les jours où ils peuvent en manger, ils s'en gorgent pour quelque temps. Le professeur Frits raconte même fort plaisamment qu'ils ne refusent pas de manger des lagopèdes en temps d'abstinence ; ce sont disent-ils, des poissons volants. Le poisson est leur principale nourriture ; en hiver seulement ils mangent de la viande de renne. Le pain entre pour une bonne part dans l'alimentation des habitants de Boris-Glel, ces indigènes en mangent même une beaucoup plus grande quantité que les autres Lapons. Ils peuvent, il est vrai, se procurer facilement de la farine et c'est ce qui explique ce genre d'alimentation. L'usage du café n'est point répandu parmi eux comme parmi les autres Sames, et ils le remplacent par le thé ou par des infusions de reine des prés (Rabot). »

Politiquement comme nous l'avons dit, les Lapons dépendent de la Norwége, de la Suède et de la Russie. Chez eux, on ne trouve, à proprement parler, aucune organisation sociale ; ils vivent d'une façon tout à fait patriarcale : l'homme est le maître absolu dans la famille. La condition de la femme n'a pourtant rien de dur ; son travail consiste à faire des filets de pêche et à sécher le poisson, ou bien à traire les rennes et à faire le fromage, c'est elle aussi qui prépare les peaux. Les soins de la cuisine rentrent dans les attributions des hommes.

Lorsqu'un Lapon est dans l'intention de se marier, ce n'est pas à celle qu'il a choisie qu'il fait la cour, mais bien à son futur beau-père. Dans ce but, il se munit d'une bouteille d'eau-de-vie et va lui rendre visite. Souvent le père de la jeune fille tarde à donner son consentement afin de se faire offrir un certain nombre de bouteilles de cette liqueur si chère aux indigènes. Une fois qu'il s'est laissé toucher, le fiancé est admis auprès de sa future, et il s'empresse de lui offrir quelques friandises ; s'il assiste des témoins à l'entrevue, la belle ne manque jamais de les refuser, mais elle les accepte en particulier. Une fois la cérémonie religieuse accomplie, le nouvel époux doit servir son beau-père pendant un temps déterminé, à l'expiration duquel il lui sera seulement permis d'emmener sa femme chez lui.

Les Lapones sont bonnes mères de famille. Elles accouchent sans difficulté et travaillent immédiatement après. Elles vaquent à leurs occupations en portant, attachés sur leur dos, avec une courroie, l'enfant et le berceau. Ce berceau se compose d'un morceau de bois creusé, taillé en pointes aux extrémités, et garni de mousse à l'intérieur. Lorsque la mère s'arrête, elle le suspend à une branche, ou l'enfonce dans la neige. Le Lapon est en général bon, simple, honnête et hospitalier ; on l'accuse d'être un peu méfiant et de trop aimer l'eau-de-vie ainsi que le Breton. D'une indolence sans pareille, il est heureux dès qu'il possède une vieille pipe et un peu de tabac. On a bien à tort, dit M. Rabot, de représenter les Lapons comme un peuple grave et silencieux, tous ceux que nous avons rencontrés, soit en Suède, soit en Norwège étaient gens fort bruyants, babillant sans trêve ni repos dans la tente et chantonnant toujours en marche. Les Lapons russes ne le cèdent pas à leurs voisins ; sous ce rapport, le seul, il est vrai, ils leur sont supérieurs. Jamais on ne vit gens plus gais et plus enjoués que les six Lapons de Boris-Gleb qui nous accompagnèrent sur le Pasvig. Rien ne les rebutait, ils barbotaient dans l'eau pendant des heures, ramaient toute une journée, jamais ils ne se plaignaient.

En marche, ils parlaient avec animation, s'interpellaient, chantaient ; aux haltes, ils se mettaient à jouer aux cartes immédiatement après avoir mangé. »

Ils n'ont, il est vrai, guère de soucis. Leur seule ambition est de se procurer du tabac, de l'eau-de-vie, de la farine, quelques étoffes, des couteaux, des aiguilles et d'autres menus objets. Ils n'ont, pour cela, qu'à donner des quartiers de viande sèche, du poisson fumé ou des fourrures. Ces échanges se font dans des foires ou ils se rendent périodiquement emmenant avec eux toute leur famille.

Il ne faudrait pas croire cependant que tous les Lapons fussent des gens simples, se laissant facilement duper. Dans les marchés, ils montrent au contraire une finesse à laquelle on ne s'attendrait guère. Si ce qu'ils offrent vaut plus que ce qu'ils désirent, ils savent fort bien se faire payer la différence en espèces. On ne trouve pourtant pas de vraie fortune en Laponie ; mais cela tient, paraît-il, à ce que les habitants ont la singulière habitude de cacher leurs richesses sous une pierre, au milieu des solitudes. Ils meurent le plus souvent sans révéler à leurs héritiers l'endroit où ils ont enterré leur trésor, et la fortune amassée est presque toujours définitivement perdue.

Les Lapons de l'ouest sont, en général, d'une ignorance dont rien n'approche. Ce n'est pas qu'ils n'aient aucun désir de s'instruire, loin de là. Ainsi lorsqu'ils arrivent dans la ville où réside leur pasteur, qui nous l'avons vu, tient les registres de l'état civil, « ils s'informent avec une grande curiosité de l'âge qu'ils ont eux-mêmes, car c'est un détail que chacun d'eux a l'habitude d'oublier au bout de deux ou trois mois. » Leur ignorance tient surtout à ce qu'on ne s'est guère préoccupé de leur instruction. Avec un peu de bon vouloir, on les en tirerait facilement. En Finlande, par exemple, on leur apprend à lire et à écrire ; il y en a même parmi eux qui sont maîtres d'école ambulants. Si ceux de l'ouest sont beaucoup plus arriérés, la cause en est facile à trouver : personne ne les instruit.

Leurs pasteurs ne parlent pas même leur langue la plupart du temps, et les sermons qu'ils leur font sont souvent traduits par des sacristains jouant le rôle d'interprètes, qui acquièrent une grande importance aux yeux des Lapons.

En fait de religion ils n'ont fait « qu'échanger des superstitions anciennes pour d'autres plus nouvelles. On les loue d'être bons chrétiens, parce qu'ils se présentent à la sainte cène aussi fréquemment qu'ils le peuvent. Mais ils ne s'acquittent de ce devoir de religion que parce qu'ils regardent la cène comme une espèce de sortilège qui les préserve de l'influence des mauvais esprits. Il n'y a pas longtemps qu'ils portaient un linge à l'église et y rejetaient le pain de la cène ; ils l'enveloppaient soigneusement, l'emportaient, et arrivé chez eux le partageaient en une infinité de petits morceaux. Chaque renne de leur troupeau, recevait, autant que la chose se pouvait faire, une de ces portions, parce que les Lapons étaient persuadés que toute espèce de danger devait alors être détourné de dessus leurs bestiaux.

Sané nous raconte, de son côté, les pratiques de sorciers de ces chrétiens.

Sur leurs tambours magiques ils dessinent, avec une

couleur rouge, des figures qui ont la prétention de représenter le Christ, ses apôtres, une foule de dieux, le soleil, la lune et les étoiles, des oiseaux, etc. Ils placent sur ces figures des anneaux de laiton qui dansent lorsque le tambour est battu, et qui changent de place ; de leur marche, le devin tire des pronostics.

Ils font aussi des cordes magiques munies d'un certain nombre de nœuds qu'on défait pour se procurer un vent favorable. Des auteurs plus récents assurent que ces coutumes n'ont pas entièrement disparu.

Les mêmes idées superstitieuses les guident dans le traitement des maladies. Le scorbut, les maux de dents et la migraine sont traités par le sang de phoque, qui possède des propriétés miraculeuses lorsqu'il est avalé tout chaud ; si le mal persiste, il faut faire une large incision au front, sans doute pour livrer passage au mauvais esprit qui occasionne la souffrance. Pour guérir les ophthalmies, on se gratte les yeux avec la pointe d'un couteau.

Certaines pratiques médicales pour n'être pas dictées par les mêmes considérations, ne nous semblent pas moins bizarres. « Quand un homme est tombé à l'eau on le met à plat ventre sur un tonneau et on le fait rouler jusqu'à ce qu'il ait rendu toute l'eau qu'il a avalée. On emploie quelquefois le même moyen avec ceux qui viennent de s'enivrer » (X. Marmier).

Nous emprunterons à M. Rabot quelques détails sur leurs sépultures. Ceux de la Russie, après l'ensevelissement, déposent sur la tombe du défunt « tous les instruments dont il se sert journellement et dont il devra avoir besoin, supposent-ils, dans l'autre monde. »

Ainsi, sur une tombe que nous avons fouillée à Pakanajokki on avait placé un plat, une hache, une cuillère, une sorte de pelle, semblable à une pagaie et dont l'usage est pour nous énigmatique. Dans le cimetière de l'église de Ristiket, aux bords du Notozero, nous vîmes sur la tombe d'un prêtre russe décédé quelques mois auparavant la hache dont les Lapons s'étaient servi pour creuser la fosse. Les corps sont placés dans des cercueils en bois de pin, et en guise de pierre tombale, on élève sur la fosse un appentis en bois, à deux pans, comme un toit de maison, haut de quelques centimètres au-dessus du sol. Sur le devant est percée une petite ouverture carrée, sans doute pour que l'esprit du défunt puisse s'en échapper.

Du côté opposé est placée une croix grecque sur un des bras de laquelle est figurée une tête de mort, d'exécution très grossière. Les Lapons enterrent leurs morts soit dans des cimetières autour de l'église comme à Boris-Gleb, à Padome, ou à Ristiket ; soit dans des endroits déserts au milieu des forêts ou des montagnes. Lorsque le sol est crevassé comme dans certains terrains schisteux, ils déposent les cadavres dans les anfractuosités de la roche. On peut observer des sépultures de ce genre sur un point de la côte de Murmanie voisin de la Norwège.

Ce dernier mode de sépulture est plus ancien que le premier et rappelle celui en usage chez les Lapons de la Scandinavie. Ces Lapons enveloppent leurs morts d'un suaire d'écorce de bouleau et les déposent sous un tas de pierres ou dans une caverne, ainsi que dans le Finistère et le Morbihan autrefois. Ces indigènes avaient également la coutume de placer sur la tombe tous les ustensiles dont le défunt se servait. »

« La langue lapone comprend trois dialectes différents, suivant qu'elle est parlée à l'est, à l'ouest ou au nord. Malgré de nombreux emprunts faits au norwégien, au suédois au finlandais et même au russe, on doit reconnaître en elle une langue particulière : ses noms se déclinent ; sa déclinaison amène dix cas qui marquent divers rapports de présence, d'absence, de distance ; en un mot, toutes les relations que d'autres langues n'expriment qu'à l'aide de propositions.

Les verbes se conjuguent, les adjectifs ont tous les degrés de comparaison, les articles et les pronoms prennent le genre. Il n'y a point de caractères qui appartiennent en propre à l'alphabet lapon. Ils connaissaient autrefois les runes, cet alphabet poétique du nord; aujourd'hui, c'est avec des caractères romains ou allemands gothiques que l'on imprime.

LES MONGOLS

Histoire. — L'histoire nous apprend qu'à diverses reprises des conquérants de race mongolique se sont avancés à l'ouest, parfois à de grandes distances. Les Huns d'Attila étaient probablement des Toungouses, et ils pénétrèrent jusqu'en Italie et dans les Gaules ; rejetés dans l'est de l'Europe, ils se maintinrent dans le bassin du Don. Plus tard Gengis-Khan et ses successeurs envahirent à la tête des Mongols la Russie méridionale et reculèrent même les limites de leur empire jusqu'en Pologne. Leur occupation dura jusqu'au milieu du xiv° siècle.

Les races jaunes occupent pour la plupart le continent asiatique, mais elles ne sont pas cantonnées uniquement sur ce continent ; à l'est et à l'ouest, elles ont débordé les limites de l'Asie. Les Esquimaux du nord de l'Amérique appartiennent incontestablement au tronc mongolique ; on rattache même sans peine les Botocudos de l'Amérique du sud au tronc jaune. En Europe, surtout dans la région orientale on rencontre de nombreuses traces de sang jaune. Ainsi, tout en restant dans les temps strictement historiques, nous voyons les races jaunes tenter à bien des reprises de conquérir l'Europe.

Les Mongols ont, à un moment donné, joué un grand rôle dans l'histoire de l'Asie. C'est à cette race qu'appartenait Temoudjin, surnommé Gengis-Khan (le chef des chefs), qui soumit la Chine, les Huns du Kharisme, le Khoracan et la Perse. Son empire s'étendait de Tauris à Pékin, sur une longueur de quinze cents lieues. Le conquérant mongol n'était pas encore satisfait, et en 1223, il envoya un de ses fils contre l'Europe.

En 1227, Gengis-Khan mourut, et le premier empire mongol fut partagé entre ses quatre fils. Mais les exploits

JEUNE FILLE MONGOLE D'OURGA
(Mongolie)

des hordes barbares ne s'arrêtèrent pas. La Russie fut soumise, puis la Pologne, la Silésie et la Moravie. Les Mongols se jetèrent alors sur la Hongrie, détruisirent son armée et passèrent le Danube. Ils furent arrêtés par les deux fils de l'empereur Frédéric II.

Bientôt les quatre royaumes mongols se morcelèrent en une multitude de petites principautés dont les chefs entrèrent en guerre les uns contre les autres. Au bout de peu de temps, il ne resta plus de traces de l'empire de Gengis-Khan.

Dans le XIVᵉ siècle, un chef de tribu, qui descendait par les femmes de Gengis-Khan, résolut de se tailler à son tour un vaste empire; c'était Timour, plus connu sous le nom de Tamerlan. En 1370 il commença par renverser le Khan de Samarcande. Dans les années suivantes il s'empara successivement du Kharisme (Turkestan occidental) du Kachgar (Turkestan Chinois ou petite Boukharie) et des provinces voisines de la Perse. En 1385, il s'avança jusque dans le Caucase et l'Arménie.

Deux ans plus tard, il entra dans Ispahan, où il fit égorger 70,000 personnes. C'était, d'ailleurs, son habitude de tuer sans merci ; tantôt il massacrait 100,000 captifs ; tantôt il entassait 2,000 hommes vivants les uns sur les autres avec du mortier et de la brique, pour faire les fondations des tours qu'il bâtissait. D'autres fois, il élevait aux portes des villes des pyramides de 20,000 à 30,000 têtes ou des obélisques de 90,000 têtes humaines.

En 1390, à la tête de 400,000 Mongols, il soumit le reste de la Perse, envahit la Russie méridionale et remonta jusqu'aux environs de Moscou.

En 1398, il se dirigea vers le Gange et l'Indus et s'empara de l'Indoustan. La Géorgie, l'Egypte tombèrent sous ses coups.

Le 16 juin 1402, Tamerlan avait sous ses ordres 800,000 Mongols. Avec cette armée formidable, il attaqua Bajazet, le sultan de Turquie.

Celui-ci fut battu, l'Asie Mineure soumise, et les conquérants s'avancèrent jusqu'à l'archipel. Dans toute l'Asie, il ne restait debout que l'empire de la Chine. Tamerlan résolut de s'en rendre maître, et, en 1405, malgré ses soixante-neuf ans, il se mit en campagne à la tête de hordes innombrables, le 19 mars, la mort l'arrêtait dans ses conquêtes.

Après lui, le deuxième empire mongol fut divisé et disparut bientôt pour ne plus se relever. Vers la fin du xiv° siècle, les Mongols se partagèrent en trois groupes : les Mongols proprement dits ou Kalkhas, les Kalmouks et les Bouriates. Les Mongols proprement dits ou Mongols orientaux occupent toute la Mongolie. Leur territoire est situé au nord de la Chine, entre ce pays et les provinces méridionales de la Sibérie. A l'est il confine à la Manchourie, et à l'ouest, à la Dzoungarie, habitée par les Kalmouks. Du côté de l'est et du côté du sud, la Mongolie est limitée par de hautes montagnes, dont les plus remarquables sont les monts Khin-ghan, les monts In-chan et les monts Thian-chan ou monts Célestes. Le désert de Gobi occupe une grande partie du pays des Mongols. Les Kalkhas sont des hommes trapus, massifs, d'une taille moyenne ou un peu au-dessous de la moyenne, d'une coloration jaunâtre assez foncée. Ils offrent, au plus haut degré, les caractères du type jaune.

Leurs cheveux sont gros, noirs et raides, leur barbe est peu fournie.

Ils ont le crâne court, large, aplati, renflé sur les côtés et les oreilles écartées de la tête. La face est large et plate avec des yeux petits et bridés, des pommettes, extrêmement accusées, un nez peu saillant, épaté, enfoncé entre les deux pommettes. La bouche est limitée par des lèvres assez grosses, mais les mâchoires sont peu prognathes.

Le costume des Mongols ressemble considérablement à celui des Chinois.

« D'ailleurs les nomades, une fois en contact avec les

Chinois, croient de bon ton d'adopter leur costume et d'imiter leurs allures (de Prjewalski) ». Les soldats seuls se distinguent par leur espèce de longue robe, serrée à la taille par une ceinture, et par leur toque bordée de trois sortes de visières relevées contre le fond, qui peuvent s'abaisser au besoin. Ils ont néanmoins adopté les chaussures chinoises, comme la plupart des autres Kalkhas.

Les Mongols proprement dits sont presque tous nomades ; ils vivent dans des tentes en feutre ou iourtes. Cependant quelques-uns se sont fixés dans les villes bâties par les Chinois et s'y sont construit des cabanes en pisé.

C'est ce qu'on voit, par exemple, à Ourga, où la moitié de la ville est habitée par des Kalkhas. Tentes et cabanes sont toujours entourées de palissades.

« Tantôt ces habitations s'étendent sur un même alignement et forment alors des rues ; tantôt elles sont groupées sans aucun ordre. Au milieu de la ville s'élève le bazar, où le principal article de vente est le thé en briques.

L'aspect du quartier mongol est d'une malpropreté repoussante. Les immondices de toute nature encombrent les rues. Sur la place du marché stationnent de nombreuses bandes de mendiants affamés. Quelques-uns d'entre eux, surtout de vieilles femmes, y ont établi leur domicile. Il est difficile de se représenter un spectacle aussi hideux. Parfois une pauvre mendiante âgée et infirme se couche par terre, et les habitants lui font la charité de vieilles pièces de feutre dont elle se construit une sorte de tente ; la malheureuse vit là, jour et nuit, enfoncée dans l'ordure, et demandant aux passants de quoi soutenir sa triste existence. Quelquefois en hiver, pendant les tempêtes de neige, d'autres mendiants, plus vigoureux, l'arrachent de sa tanière pour s'y mettre à sa place, et l'infortunée meurt de froid au milieu de la rue. Si la mort vient la frapper dans sa cabane, les approches sont encore plus épouvantables, car la moribonde, qui a conservé sa connaissance, se voit entourée d'une troupe de chiens affamés n'attendant que son dernier soupir pour se disputer son cadavre. Ces animaux flairent de temps en temps la figure et les mains de l'agonisante, et si un mouvement ou un soupir indique que la vie n'a pas encore abandonné le corps, ils vont s'asseoir à quelques pas et attendent patiemment (De Prjewalski). »

Cette misère s'observe dans les villes moitié mongoles et moitié chinoises ; on la rencontre bien moins fréquemment chez les Kalkhas restés nomades.

Malgré l'aridité du pays chaque clan trouve dans ses troupeaux des ressources suffisantes pour nourrir toutes ses familles. Adonnés uniquement à l'élevage des troupeaux, ils parcourent dans toutes les directions les steppes arides de la Mongolie, changeant d'emplacement dès que leurs bestiaux ont brouté la maigre végétation qui poussait dans les environs de leurs campements. En une heure les tentes articulées sont pliées, les ustensiles de cuir et de bois sont chargés sur des chameaux et la tribu va s'établir à une dizaine de kilomètres plus loin.

L'absence de bois, la rareté de l'eau rendent impossible le séjour sur beaucoup de points du désert ; dans toute la Mongolie, le crottin desséché est le seul combustible que les Kalkhas aient à leur disposition (Il en est de même à l'île d'Ouessant et sur la côte du Léonais).

Des puits, creusés de loin en loin, fournissent de l'eau, souvent de mauvaise qualité qui est employée pour les usages culinaires et pour abreuver les bestiaux. Il est assez rare que les nomades consomment le précieux liquide pour les soins de leur toilette. M. de Prjewalski nous donne sur la malpropreté des Mongols des détails qui montrent bien le peu de cas que ces hordes font des règles les plus élémentaires de l'hygiène. « Cet intelligent Tchoutoun-Dzamba, dit-il, était, comme tous ses compatriotes, un véritable pourceau. Accroupi sur son chameau il marmottait continuellement des prières, et pour rien au monde il n'aurait fait un pas à pied. Il prenait un soin particulier de sa santé, et pendant toute la route il ne cessa de s'administrer des médicaments variés pour se guérir tantôt d'une indisposition, tantôt d'une autre, et toutes imaginaires. Cependant à la fin il fut réellement malade plusieurs fois par suite de sa gloutonnerie. Pendant le repas, il plaçait autour de lui de larges flaques de déjections gelées et disposait sa viande sur ces espèces d'assiettes pour la faire refroidir. La chaleur ne tardait pas à fondre ces plats d'un nouveau genre, et l'argol s'attachait à la viande. Mais notre Mongol ne l'essuyait même pas, et avalait sa pitance comme si c'eût été une salade fraîche. Après le repas, gavé à éclater, il ne tardait pas à se livrer aux plus dégoûtantes incongruités assurant gravement que ces désordres intestinaux étaient produits par le vent de la journée. Puis il charmait ses loisirs en se livrant à la chasse de la vermine qui grouillait dans sa pelisse. Une autre manie de notre guide était de collectionner et de cacher dans son sac tous les débris que nous jetions ; vieux morceaux de cuir, rognures de fer blanc, plumes de fer cassées, flacons fêlés, papier maculé, douilles de cartouches ; il nous fallut prendre le parti de faire disparaître en cachette tous nos débris pour lui épargner la peine de grossir démesurément sa collection. »

Les Mongols n'aiment pas le travail. Lorsqu'il a visité ses troupeaux, à cheval, l'homme s'accroupit sous sa tente dort, fume ou boit du thé.

La femme est chargée de presque toute la besogne, elle s'occupe du ménage et des troupeaux ; elle prépare la laine et les cuirs, elle confectionne les chaussures et les vêtements En revanche, toutes les hordes Mongoles se font remarquer par leur passion pour l'argent. « Pour un morceau de ce métal on peut obtenir d'un Mongol tout ce que l'on désire, ce qui est souvent très utile aux voyageurs. Mais quand on traite une affaire avec un Mongol, il faut être doué d'une remarquable dose de patience; car pour la plus mince bagatelle il surgit infailliblement une foule de difficultés.

« Désirez-vous, par exemple, faire emplette d'un mouton ? Il faut aller trouver un nomade. Après les politesses d'usage on boit avec lui le thé et on s'informe de la santé de son bétail. Le Mongol entame alors un long discours sur tout son troupeau, et vante successivement les qualités des bêtes qui le composent ; puis, lorsqu'on sort pour aller les visiter, le Mongol qui devine le but de votre visite, vous fait tâter chacun de ses moutons pour vous faire apprécier leur degré d'embonpoint, et il continue le panégyrique de sa marchandise.

L'acheteur, de son côté, dénigre hautement chacune des bêtes qui lui est présentée. On rentre ensuite dans la iourte, on se remet à boire du thé, et on commence à débattre le prix. Le Mongole exagère de la manière la plus fantaisiste la valeur de son mouton ; l'acheteur en rabat d'autant, les tasses de thé se succèdent avec plus de rapidité, et les deux interlocuteurs échangent les plus chaudes protestations d'amitié ; mais la critique et l'éloge recommencent. Enfin l'on convient du prix, pour conclure, l'un des contractants baisse la manche de sa robe, l'autre plonge sa main sous la manche baissée et le prix est fixé par différentes manières de se serrer les doigts, et sans qu'il ait été prononcé un mot à haute voix. On procède alors au payement les protestations redoublent, l'acheteur offre ses balances pour peser l'argent, le vendeur ne les trouve pas justes et se sert des siennes qui ne valent pas mieux ; d'autres difficultés s'élèvent sur la plus ou moins grande pureté du métal. Une discussion s'ensuit, qui dure quelque temps. Ce n'est pas tout encore, et l'argent reçu et la marchandise livrée, le vendeur insiste pour obtenir les intestins de l'animal, mais cette consolation dernière lui est généralement refusée (De Prejewalski). » (Mêmes coutumes en Basse-Bretagne.

Les bestiaux ne constituent pas le seul article d'échanges, des Mongols ; les feutres, les cuirs, les peaux leur servent aussi à se procurer, auprès des Russes et des Chinois, les objets de première nécessité. Ces derniers, notamment, leur vendent des soieries et des briques de thé. Les Russes leur fournissent des armes, spécialement de vieux fusils à mèche, des peluches, des draps, des objets en fer et en acier, des plats de cuivre, du corail, du brocart, des aiguilles, des montres, des tabatières, etc.

Il existe encore en Mongolie quelques chefs qui portent le titre de princes ou ambanes. Plusieurs sont sédentaires et habitent des villes envahies par une multitude de Chinois. Il en est qui possèdent des palais avec des salles meublées à l'européenne. Des glaces achetées à Pékin, des tables, des sièges, des chandeliers garnis de bougies décorent habituellement ces habitations princières.

Quelques-uns de ces princes sont avides de s'instruire et ils interrogent volontiers les étrangers sur l'industrie de leur pays, sur l'agriculture, sur les chemins de fer, sur la photographie, etc. Malheureusement ils sont imbus de tels préjugés, que leurs progrès doivent fatalement être fort lents. Ainsi tous les Européens sont pour eux des Russes, et on ne peut guère leur enlever de l'idée que les Français et les Anglais ne paient pas de contributions au Tzar blanc. Quant à la photographie, disait l'un d'eux au colonel de Prjewalski, « je sais comment cela se pratique ; on enferme dans la boîte une liqueur extraite des yeux humains, et c'est pour cela que les missionnaires de Tien-Dzin crevaient les yeux aux jeunes enfants, aussi le peuple s'est-il soulevé et plusieurs d'entre eux ont-ils été massacrés ».

Ces princes ont des soldats divisés en deux corps, les cavaliers et les fantassins ; leur armement se compose d'un arc et de flèches qu'ils portent dans un carquois en cuir si petit que la pointe seule peut entrer dans ce sac. Ils ont en outre un fusil et un sabre semblable à celui des Chinois. Les cavaliers y joignent encore une lance longue de 3 à 4 mètres.

Les ambanes ne sont généralement que les instruments

des mandarins chinois. Leurs sujets doivent servir dans les armées de la Chine où ils forment d'ailleurs des corps à part. La cavalerie mongole est fort appréciée des généraux chinois. La femme est considérée en Mongolie comme bien inférieure à l'homme. La monogamie est la règle générale chez toutes les tribus mongoles. Le père accorde habituellement sa fille au prétendant qui lui en offre le prix le plus élevé. Une fois la livraison de la fiancée effectuée, le prêtre unit les jeunes époux, et on se livre à de grands festins dans lesquels on consomme une quantité énorme de viande, d'eau-de-vie, de thé et de tabac. Nous avons déjà dit que la femme était ensuite chargée de tous les travaux. Les enfants sont élevés dans le respect des parents auxquels ils obéissent sans réplique. La religion des Kalkhas est le bouddhisme. On sait que cette doctrine repose sur une philosophie spéciale, l'homme doit rentrer dans le néant et cesser alors de souffrir. Au lieu des jouissances que les autres religions promettent aux croyants, le bouddhisme promet la disparition complète des souffrances par l'anéantissement du corps et de l'âme. Mais pour en arriver là, l'homme doit se montrer vertueux, sans quoi son âme s'incarnera dans un autre corps jusqu'à ce qu'elle arrive à l'état de perfection voulu. De divinités, il n'y en avait pas dans le bouddhisme primitif. « Il n'y a pas de Créateur ni de cause première, pas d'Être suprême ni de Providence. Au-dessus de toutes les existences particulières il y a le non-être. Le monde n'a jamais eu de commencement ; il se crée lui-même par le désir de vivre, il se conserve et se renouvelle par la continuité des métamorphoses. C'est un changement perpétuel, une succession d'apparences sans réalité (Louis Ménard) ». Le monde visible n'a pas d'existence réelle ; tout ce que nous révèlent nos sens n'est qu'illusion.

Tel est, ou plutôt tel était le bouddhisme, car aujourd'hui il existe dans cette religion plusieurs divinités, plusieurs Bouddhas, dont trois ont régné jadis sur le monde et dont le quatrième, Cakya-Mouni, est le maître actuel de l'univers. A côté de ces dieux se trouvent les Baddhisatvas, sortes de saints qui deviendront plus tard des Bouddhas et les Arkhats ou saints ordinaires.

Les Kalkhas, comme tous les peuples de la famille mongole, étaient jadis chamanistes. Il est resté dans leur religion actuelle des traces de leur ancien fétichisme, que nous retrouverons encore en vigueur chez les Bouriates. Il semble d'ailleurs que tous les Mongols soient assez indifférents en matière de religion.

La caste sacerdotale est extrêmement nombreuse chez les Kalkhas. A Ourga par exemple, dans le nord du désert de Gobi, la plupart des habitants du quartier mongol sont des lamas ou ecclésiastiques. Leur nombre n'est guère inférieur à dix mille. Ces gens vivent en parasites et exploitent la crédulité du vulgaire, dont ils entretiennent soigneusement les superstitions. Ils reçoivent une éducation spéciale, dans des sortes de monastères ou de séminaires, et, parmi les prêtres Kalkhas, il s'en trouve qui ont été élevés dans les couvents du Thibet.

Au-dessus des simples lamas se trouvent des houtouklous ou higuènes, qu'on pourrait comparer aux évêques catholiques, puis un autre houtouklou qui surpasse tous les autres en sainteté, et qui réside à Ourga. Devant cette espèce d'archevêque, les higuènes doivent se prosterner, comme le commun des mortels. Il n'a au-dessus de lui que le Ban-tchin-erdem et le Dalaï-Lama (le Prêtre Océan).

Le Dalaï-Lama est le souverain pontife des bouddhistes; il réside à Lassa, dans le Thibet. « La nullité personnelle du Dalaï-Lama et son manque de relations de parenté avec les familles puissantes du pays (le Dalaï-Lama est toujours choisi parmi les familles pauvres) sont pour les Chinois la meilleure garantie, sinon de leur suzeraineté en Thibet, du moins de la tranquillité de ce turbulent voisin. Dans le fait, la Chine a tout raison de se tenir sur ses gardes. Qu'un homme intelligent et énergique monte sur le trône du Dalaï-Lama, sur un signe d'un tel homme tous les nomades se lèveront de l'Himalaya jusqu'en Sibérie. Animés par le fanatisme religieux et la haine de leurs oppresseurs, ces hordes sauvages ne tarderaient pas à faire irruption en Chine, où il ne leur serait pas difficile de tout bouleverser. L'influence du clergé sur ces grossiers nomades n'a pas de limites. Pour eux, le plus grand bonheur — bonheur qui ne s'acquiert qu'à beaux deniers — c'est d'adresser leurs prières au prêtre, d'obtenir sa bénédiction ou de toucher simplement le bord de sa robe. Ainsi les temples de Mongolie sont-ils colossalement riches ; les pèlerins y affluent et nul n'y serait admis les mains vides (De Prjewalski). »

Les murs de ces temples disparaissent sous une grande quantité de petites idoles et de tableaux sacrés. Le temple du maïdaïn « qui doit un jour régner sur le monde », du Bouddha futur, élevé à Ourga, contient en outre une gigantesque statue du dieu de l'avenir, représenté sous la forme d'un homme assis et souriant. Cette statue est en cuivre et ne mesure pas moins de 1 m. 60 de hauteur ; on évalue son poids à 131,000 kilogrammes. Devant elle se trouve une table couverte d'offrandes, parmi lesquelles on remarque, en bonne place, un simple bouchon de carafe.

Dans ces temples luxueux, les lamas célèbrent des offices qui ont les plus grandes analogies avec les offices catholiques. C'est là leur unique occupation.

Plus ingénieux que nos prêtres, ils ont trouvé un moyen pratique de remplacer le bréviaire ; ils ont imaginé des moulins à prières. Nous verrons bientôt en quoi consistent ces machines.

Les Kalmouks. — Les Kalmouks sont disséminés sur un immense territoire, divisés en plusieurs branches, mais offrant partout une unité de type, de mœurs, de coutumes, d'institutions, etc. A elle seule, cette unifor-

KALMOUCK FUMANT LA PIPE

mité suffit pour démontrer l'unité d'origine de toutes les hordes de ce peuple.

Les Kalmouks, ou plutôt Ralmyks, portent un nom qui n'est pas indigène.

Il a été appliqué par les Turcs aux Mongols occidentaux qui l'ont conservé.

Il semble que le vrai nom de ce peuple soit Euleutes, et c'est ainsi que les désignent encore les Chinois et les Mongols de l'est. Tout porte à croire que la race s'est constituée vers le plateau central de l'Asie, mais son histoire ancienne nous est encore inconnue. Les auteurs chinois qui en parlent ne nous disent rien des Euleutes antérieurs au commencement du XVe siècle. A cette époque, les Kalmouks étaient déjà divisés en trois tribus. Les guerres qu'ils eurent à soutenir contre leurs voisins, les luttes intestines qui se déclarèrent alors, amenèrent bientôt la subdivision d'une de ces tribus en deux hordes, de sorte qu'à l'heure actuelle la race comprend quatre hordes ou tribus principales qui sont :

1° Les Khochotes ; 2° Les Torgotes ; 3° Les Derbetes ; 4° Les Zoongares.

Les Kakmouks occupent trois territoires distincts, dont l'un est situé en Europe et les deux autres en Asie. Au XVIIe siècle, ils commencèrent à s'établir dans le sud de la Russie, entre le Volga, le Don, la Kouma et le Kouban. Dans le gouvernement d'Astrakan ils sont divisés en 7 petits hordes (oulous). Quelques oulous, notamment celui du Grand Derbente, campent dans le gouvernement de Stavropol et sur le territoire des Cosaques du Don. Le nombre des Kalmouks de l'Europe peut être évalué à 150,000, environ (Deniker).

En Asie, un groupe de Kalmouks vit dans la Dzoungarie et quelques contrées voisines, c'est-à-dire au sud de la Sibérie, entre les monts Altaï et les monts Célestes. Ils dépassent même la première de ces chaînes de montagnes, dans la direction du nord, et arrivent jusqu'au fleuve Obi.

Les plus méridionaux se sont établis dans la contrée dès le xvi⁰ siècle ; on les désigne sous le nom de Taboun-Soumen-Torgoutes, ce qui veut dire Torgoutes à besaces, pour les distinguer des Tsokhom-Torgoutes ou Kara-Kalmouks, qui ne sont arrivés qu'en 1771. Le nombre des Tsokhour-Torgoutes est environ 67.000. A l'est, habitent les Baïtes, les Eulentes et les Maringhites. En remontant vers le nord on trouve les Ourangas et les Derbètes ; puis sur le versant nord de l'Ataï, les Télengoutes ou Télenghites, dont le nombre est d'environ 20.000 individus.

Le groupe dont il vient d'être question est séparé par une zône de population Kirghise et Dzoungane, d'un autre groupe de 35.000 à 40.000 Kalmouks, qui habitent le Kouldja et les contrés situées au sud du Tian-Chân. Enfin, le troisième groupe de Kalmouks, composé de Khochotes, de Torgotes et de Tchorosses, vit dans le Zaïdan, le Koukou-Nor, le Sinin et jusque dans le Thibet ; leur nombre peut être évalué à 80.000 individus. En somme, tous les Kalmouks réunies constituent un population qui a été estimée au chiffre de 500 à 600 mille âmes ; mais M. Deniker pense que le jour où on aura des renseignements précis il faudra probablement doubler ces chiffres.

Les Kalmouks peuvent être comptés parmi les représentants les plus purs du type Mongol. Leur taille est de 1 m. 635 pour les hommes et de 1 m. 50 pour les femmes ; leur peau est d'un ton brun jaunâtre ; les cheveux sont noirs, gros et droits, la barbe est rare et, lorsqu'elle est un peu fournie, ce n'est guère que sur les lèvres qu'elle pousse avec une certaine abondance. La tête du Kalmouk est très courte et peu développée dans le sens de la hauteur ; le crâne tend à prendre dans son ensemble la forme d'une sphère. Le front long, et assez large, fuit d'une manière remarquable.

La face est d'une largeur exagérée, avec des arcades sourcilières renflées, des pommettes anguleuses et extrêmement proéminentes.

Les yeux sont toujours d'un brun foncé. On a dit qu'ils étaient toujours bridés et obliques, mais ce qui les caractérise avant tout, c'est le peu de hauteur de la fente que laissent entre elles les paupières et le renversement en dedans du bord qui porte les cils. Il est vrai que dans la plupart des cas l'œil est en partie caché par une bride qui recouvre tout l'angle interne, mais bien souvent cette bride n'entraîne pas l'obliquité de l'œil, qui peut être aussi horizontale que chez nous.

Le nez des Kalmouks n'est pas moins caractéristique; il est à la fois écrasé et comme enfoncé dans le visage. Vu de profil il ne dépasse guère les pommettes en avant. Les ailes sont très peu développées et les narines offrent une ouverture circulaire au lieu d'une ouverture elliptique. Les mâchoires sont larges et peu proéminentes; celle du bas est très peu développée en hauteur. Enfin la bouche est généralement petite; avec des lèvres plutôt minces que grosses.

Le costume varie selon les régions qu'habitent les hordes. Dans le sud de la Russie, les hommes portent une sorte de tunique (bechmet) bleue, serrée autour des reins par une ceinture garnie de pièces de laiton ou d'argent; ils y joignent un long pantalon de même couleur et une toque en fourrure. Les riches font usage de bottes tartares en cuir rouge, tandis que les pauvres portent des bottes noires ou vont nu pieds.

Le costume des fem a été décrit dans les termes suivants par Mme Ca enn : « La coupe des vêtements est la même dans toutes les classes; une longue robe (hersé), ouverte sur la poitrine, laisse voir un gilet rouge (terlik) orné de galons en or et argent; elle est plate sur le dos et le devant, formée sur les hanches; les manches amples du haut et très longues, tombent en pointe sur les mains. Un pardessus ouvert devant (tsagilik) court de taille et échancré derrière, découvre les côtés du dos; les lés de derrière sont fendus et vont jusqu'en bas. Un large col blanc, dont les bouts sont garnis de perles fines montées en filigrane, complète la toilette d'une dame Kalmouk ; ce col (sacha) est porté par toutes les classes, les ornements en font l'élégance. Ajoutons les bottes en cuir rouge (gossen) et d'immenses boucles d'oreille (sike) très ornées. Les vêtements des femmes du peuple sont en coton gros bleu ; les élégantes emploient de riches étoffes. »

Ce qu'il y a de plus riche dans le costume des femmes c'est le bonnet. Il en existe de trois sortes : la taïcha, espèce de bonnet de curé en drap jaune ou en brocart, orné de passementeries rouges et noires et d'un pompon rouge ; la sougounmir, toque en fourrure surmontée d'un bonnet quadrilatère en drap jaune, et parfois garnie en haut d'une frange de soie écarlate ; le kalvoun, bonnet de gala en forme de cylindre, surmonté d'un toit voûté en quadrilatère. Cette dernière coiffure est ornée de broderies en or, de galons en argent, de passementeries multicolores ; le haut est en brocart d'or et porte une garniture de franges de soie rouge ; à chaque angle pend un gland en argent.

« Les filles non mariées portent les cheveux courts ; les femmes mariées les réunissent en deux nates qui sont contenues dans de longs fourreaux en velours ou en drap et pendent sur la poitrine comme chez les femmes mongoles. En hiver, les hommes et les femmes portent des fourrures en peau de mouton recouvertes d'un drap ou d'une cotonnade rouge.

« Les hommes portent une boucle dans l'oreille gauche, les filles dans l'oreille droite et les femmes dans les deux ; ces ornements, de même que les bagues, sont pour la plupart en argent (Deniker). »

En Dzoungarie et dans l'Altaï, les Kalmouks font usage d'une sorte de robe de chambre en coton ou en drap, doublée de fourrure pendant la saison froide. Par dessous ils portent une chemise chinoise, qu'ils ne lavent jamais. En hiver, ils ajoutent un pantalon à leur costume. Ils se rasent la tête, à l'exception d'une longue mèche qu'ils conservent au sommet et qu'ils natent comme les Chinois. La coiffure varie suivant les tribus.

Dans cette contrée, les femmes suspendent à l'extrémité du fourreau dans lequel est renfermée leur tresse, un petit bâtonnet garni d'argent. Le reste du costume diffère peu de celui des femmes kalmoukes du Volga.

Les hordes du Zaïdam, beaucoup plus isolées que les autres, ne peuvent se procurer des étoffes chez les Russes ou les Chinois. Aussi fabriquent-elles, en poil de chameau ou en laine, un feutre leur servant à faire une sorte de robe de chambre, qui constitue leur seul vêtement.

Les habitations des Kalmouks sont des tentes en feutre qu'ils appellent gher et que les Russes désignent sous le nom de khibitka. Elles se composent d'une charpente en osier, assujettie par des perches en saule, fixées au moyen de courroies. Les différentes parties de la charpente sont articulées de façon à pouvoir se plier ou se mettre en place avec la plus grande facilité. Sur cette carcasse, on pose plusieurs grandes pièces de feutre qu'on maintient au moyen de cordes en crin entrelacées. Au sommet, on laisse une ouverture pour le passage de la fumée et pendant l'été, on soulève le feutre sur un des côtés.

La forme générale des tentes kalmoukes est toujours la même ; c'est un cylindre peu élevé surmonté d'un cône. Celles des gens riches, des princes, des prêtres, celles qui servent de temples, ressemblent à celles du commun des mortels et ne s'en différencient que par leurs dimensions plus grandes et par le feutre qui est de meilleure qualité et de couleur blanche, tandis que les cabanes ordinaires sont recouvertes d'un feutre gris ou roussâtre.

Sur quelques points, les chefs ont construit des maisons et des chapelles à l'instar des Russes ou des Chinois ; mais ces édifices ne servent que pour recevoir des visites, leurs propriétaires habitent des tentes semblables à celles que nous venons de décrire.

Dans l'Altaï, quelques Kalmouks sont devenus sédentaires et commencent à se construire des maisons en bois. Au lieu de leur donner une forme rectangulaire, ils les font hexagonales. Ceux qui dans cette région sont restés nomades, se contentent parfois d'une petite tente conique, à peine capable d'abriter deux hommes, et dont la charpente ne se compose que de quelques perches qui se réunissent au sommet. Enfin dans le Zaïdam, il n'est pas rare de rencontrer de petites forteresses en terre glaise, où les habitants renferment leur bien et leurs troupeaux, pour les mettre à l'abri des razzias.

Le mobilier d'une tente kalmouk comprend un grand trépied en fer qui occupe le centre de l'habitation et qui sert à supporter les immenses plats en fer dans lesquels on fait la cuisine.

« En face de la porte se trouve ordinairement une petite caisse sur laquelle on dispose les images et les statuettes des dieux, devant lesquels se trouvent les offrandes dans deux petites tasses en métal ; ces petits autels se trouvent dans chaque tente et varient par leur richesse suivant la condition du propriétaire. Près de l'autel se trouve le lit, avec des couvertures et des coussins ou des traversins en feutre. A côté du lit se trouve parfois une petite étagère en bois, à laquelle on suspend les seaux en cuir. Le reste de l'espace est occupé par des malles en cuir ou en bois, par des nattes, des tapis, des matelas, par des sacs avec les provisions, etc.

« Les ustensiles de ménage sont généralement en bois ou en cuir. La poterie est inconnue, et cela se comprend, car dans les déménagements continuels ce ne serait qu'un embarras ; les objets en bois et surtout en cuir, ne sont pas casuels et sont plus légers à transporter. Les seaux dans lesquels on trait les juments, les grands vases quadrangulaires, incrustés de résidus et où le lait se transforme en tchigan, les gourdes (bortgha) sont en cuir. Mais à côté, il existe des brocs et des tasses en bois. Les petites tasses (aga) remplacent les soupières, les verres et les assiettes à la fois; chaque individu doit avoir sa tasse qu'il porte dans ses habits, parfois soigneusement enveloppée dans un chiffon. En outre, chaque personne a un couteau; mais la fourchette est remplacée par les doigts (Deniker). »

Les Kalmouks sont actuellement nomades; le nombre de ceux qui, au contact des Russes, ont adopté une vie sédentaire, est extrêmement réduit. Les quelques centaines de familles qui se livrent à l'agriculture dans le centre de l'Asie, ou qui sont devenus pêcheurs dans le gouvernement d'Astracan, se composent de pauvres gens qui ont perdu leurs troupeaux à la suite d'épidémies, ou qui ne peuvent plus acheter de provisions chez leurs voisins, par suite d'un état de guerre.

Dès qu'ils le peuvent ils reviennent à la vie nomade.

Le bétail est l'unique ressource de ces hordes errantes; ce sont leurs animaux domestiques qui leur fournissent leurs aliments en même temps que les éléments de leurs vêtements, de leurs tentes et jusqu'au chauffage. Dans les déserts que parcourent les Kalmouks, l'absence complète d'arbres les met dans l'obligation de recourir aux excréments séchés de leurs troupeaux pour faire du feu. Ces troupeaux consistent en chameaux, en chevaux, en moutons et en bêtes à cornes. Dès qu'ils ont brouté la maigre végétation de la localité où s'est installée la tribu, celle-ci lève ses tentes et va s'établir plus loin. Le déménagement d'un clan se fait avec une rapidité incroyable. En une heure, les tentes sont pliées et tout le mobilier chargé sur les chameaux. Il ne faut pas plus de temps pour installer le nouveau campement.

La base de l'alimentation des Kalmouks consiste en viande de mouton; la chair des autres animaux est également consommée, même lorsqu'ils sont morts de maladie. Jamais la viande n'est mangée crue. Le lait vient en seconde ligne; celui de la jument est préféré à tous les autres, et on le consomme souvent à l'état de tchigan ou de koumys, comme disent les Tatars, c'est-à-dire quand il a subi une fermentation. Le lait de vache aigre ou airek, joue aussi un rôle important. Parfois le lait est absorbé tout frais ; d'autres fois on distille le tchigan pour en retirer une eau-de-vie nommée arca, et, avec le résidu de la distillation, on fabrique une espèce de fromage qui se conserve indéfiniment. Outre ce fromage spécial, on en fabrique deux ou trois autres sortes. Les végétaux ne sont pas entièrement dédaignés par les Kalmouks ; plusieurs plantes sauvages entrent dans leur alimentation. Ceux qui habitent le Zaïdam peuvent rarement s'offrir de la viande, ils vivent surtout de laitage et de farine grillée. Les tribus qui se livrent à l'agriculture cultivent l'orge et le blé, mais ils n'en font pas de pain et se contentent de griller le grain avant de le réduire en farine.

La boisson habituelle est le thé qu'on prend avec du lait, du beurre et du sel ; les Kalmouks le tirent de la Chine. C'est aussi auprès des marchands chinois ou des commerçants russes qu'ils se procurent l'eau-de-vie qu'ils ajoutent à celle fabriquée par eux-mêmes avec le lait de jument. « Le tabac est aussi une nécessité. Les hommes et les femmes ne quittent jamais la pipe de la bouche et les enfants commencent à fumer souvent même avant qu'ils n'aient cessé de téter, c'est-à-dire à trois, quatre ans.

Les pipes des Kalmouks de la Dzoungarie ressemblent aux petites pipes chinoises et celles de Kalmouks du Volga rappellent les « lulka » des Cosaques, mais elles ont un couvercle spécial qui ne laisse pas éteindre le feu, même par le grand vent du désert (Deniker) ». Cette phrase s'applique en tout points aux Bas-Bretons.

Nous connaissons déjà presque toute l'industrie des Kalmouks. Il suffit d'ajouter qu'ils préparent eux-mêmes leurs feutres, qu'ils tannent leurs cuirs, et que quelques femmes tissent des étoffes en se servant à cette fin de métiers extrêmement primitifs, sans navettes. On rencontre encore des forgerons et quelques orfèvres ; mais la proximité des villes russes ou chinoises permet à ces nomades de se procurer des draps, des cotonnades, des armes, des ornements, des objets en fer, etc.; sans se donner la peine de les fabriquer eux-mêmes, ce qu'ils seraient souvent incapables de faire. En échange ils donnent du bétail.

Nous ne saurions mieux faire pour donner une idée de l'organisation des Kalmouks, que d'emprunter encore une citation au beau mémoire de M. Deniker, qui nous a donné tant de renseignements du plus haut intérêt sur cette population qu'il connaît si bien. « Les troupeaux, dit-il, et le peu de ce qui constitue le ménage, appartiennent ordinairement à la famille habitant sous le même toit. Chaque gher ou tente (kibitka en russe) forme ainsi une unité réelle ; aussi sert-elle actuellement de base en Russie comme en Chine pour le dénombrement de la population et pour la perception d'impôts.

« La réunion de plusieurs tentes nomadisant en commun, et appartenant ordinairement à des familles intimement apparentées entre elles, s'appellent un Khoton (campement). Les Khotons composés de 3 à 15 ghers sont habités ordinairement par le grand-père, ses enfants et ses arrières-enfants avec leurs familles.

« Plusieurs Khotons campant à proximité l'un de l'autre s'appellent aïmak ou tsisaï (clan). Les habitants de plusieurs aïmaks ayant un ancêtre commun, s'appellent anghi (rod en Russe) (tribu).

La réunion de plusieurs anghis forme l'oulous (peuple).

« L'oulous, les anghis, et parfois les aïmaks, sont ordinairement deux territoires limités (otok), pour leurs campements d'été et d'hiver, et le passage sur les terres de la tribu voisine serait considéré comme une infraction aux lois coutumières.

« Dans les limites de leurs territoires, les Khotons changent de place dès que le bétail ne trouve plus d'herbe pour se nourrir. Les étapes de ces migrations sont de quelques dizaines de kilomètres, et l'itinéraire est indiqué par la position des puits (Khoudoukhi). Les campements d'hiver sont choisis, autant que possible, près des bois, et se trouvent généralement à quelques centaines de kilomètres des campements d'été.

« Anciennement, à l'époque de leur indépendance, les Kalmouks avaient des chefs pour administrer les affaires communes. Ainsi, le chef d'un oulous était le taichi, quelque chose comme un Khan tatare ; il distribuait les fonctions administratives dans les anghis et les aïmaks, entre ses parents et amis, qui portaient les noms de noïon (possesseur d'un anghi ou d'un oulous) et de zaïsang gérant d'un aïmak ou d'un tsisaï. Enfin chaque Khoton avait pour chef le plus âgé de la famille, un doyen.

L'ensemble de la classe privilégiée, dirigeante, portait le nom des Os blancs (Tsagan Yosto), celle de la masse du peuple, des Os noirs (Khara-Yosto).

Les Kalmouks du Volga soumis à la Russie gardèrent cette constitution politique patriarchale jusqu'à la fin du XVIII° siècle. Mais après le grand exode des Torgoutes en 1771, le gouvernement russe songea à la « reformer ». Depuis ce temps jusqu'à nos jours, on a changé treize fois le système d'administration du peuple Kalmouk, sans augmenter pour cela sensiblement son bien-être, actuellement il se trouve dans chaque oulous un « gérant » indigène et un employé russe (tuteur). L'administration centrale ayant à sa tête « le tuteur principal du peuple Kalmouk » se trouve à Astrakhan.

« Les Kalmouks qui sont sous la domination chinoise ont plus d'autonomie en apparence; ils sont gouvernés par les princes indigènes qui appartiennent suivant le système chinois, à un des quatorze rangs distingués par la couleur de la boule sur le chapeau et portent les noms de Van, de Sassak, de Béïssé, etc. Ce sont pour la plupart, les instruments aveugles des fonctionnaires chinois (Ambanes).

« Les divisions correspondantes aux oulous portent le

nom de Khochounes chez les Kalmouks chinois. Il existe, en outre, la division « bannières » ou pavillons » (à Koukounor ; par exemple).

« En Chine, les Kalmouks sont astreints au service militaire dans la cavalerie mongole. En Russie, les Kalmouks d'Astrakkan ne fournissent qu'une centaine de cavaliers pour le service de police intérieure dans leurs terres. Dans le territoire des Cosaques du Don, ils sont obligés de servir dans les corps de cavalerie cosaque ».

Les Kalmouks sont monogames, sauf les princes qui ont parfois jusqu'à trois épouses. La femme est considérée comme un être inférieur et chargée de la plus grande partie des travaux manuels. Elle n'est cependant pas maltraitée, et elle jouit d'une assez grande liberté, même avant son mariage, ce qui n'est pas sans entraîner fréquemment des conséquences fâcheuses.

Le mariage se célèbre ordinairement de quatorze à seize ans pour les filles et de dix-sept à dix-neuf ans pour le jeune homme. Celui-ci commence par payer aux parents de sa future la rançon, le Kalym comme ils disent. En revanche, ceux-ci « fournissent à la fille une dot consistant en une tente, en objets de ménage, en literie et en quelques habits. Après avoir réglé les comptes, on s'adresse aux geulungs (prêtres) pour fixer le jour de la cérémonie. Ceux-ci consultent les livres astrologiques et indiquent la date qui dépend, disent-ils, de l'année dans laquelle les fiancés sont nés, de certaines coïncidences de noms de chiffres, etc. ; mais en réalité la fixation de la date n'est influencée que par le montant des cadeaux qu'on leur offre à cette occasion. Souvent ils indiquent une époque trop éloignée, en ajournant le mariage à deux ou trois ans. Naturellement les parents sont mécontents de cette décision ; ils multiplient les présents, et la date se trouve avancée en raison de l'importance du cadeau... Le jour fixé pour le mariage, la fiancée part à cheval vers le campement de son futur, le visage voilé ; elle est accompagnée d'une suite nombreuse de parents et d'amis. A l'arrivée, elle entre dans la tente qu'elle a apportée comme dot, tandis que le promis reste dans une autre hutte où ordinairement il boit avec ses amis. Le prêtre après avoir récité des prières et béni la hutte nouvelle, va dehors et commence la cérémonie devant les futurs qui se trouvent à genoux sur un tapis de feutre blanc. Il dit des prières, demande aux promis s'ils se réunissent de bon gré, exhorte le mari à la bienveillance envers sa femme et cette dernière à l'obéissance à son mari, puis leur donne un gigot d'agneau que l'homme doit tenir par le manche et la femme par la partie charnue. C'est alors qu'interviennent deux garçons d'honneur qui forcent les conjoints de baisser la tête jusqu'à terre en disant : « Adorez le soleil, adorez le gigot, adorez le beurre ! » Plusieurs garçons et filles se trouvent tout près et prennent alors les toques du mari et de la femme, et les jettent dans la hutte, puis se précipitent pour les rapporter ; celui des deux époux dont la toque est rapportée la première est considéré comme le plus heureux. Pendant le repas copieux qui suit cette cérémonie, les femmes essayent d'attirer la jeune mariée dans leur cercle et les filles la défendent, il s'en suit une bataille très vive, qui se termine toujours au profit des femmes. Une fois parmi ces dernières, la mariée arrange ses cheveux en deux tresses (signe de femme mariée) et termine le repas de noce.

« Quelquefois, après la cérémonie, la femme attache des rubans multicolores sur la baguette avec laquelle on remue le lait, et sur le collier du chien de la maison ; évidemment, c'est un reste des pratiques chamanistes.

« Comme dans certaines tribus du Thibet oriental, la jeune mariée doit éviter de rencontrer son beau-père. Elle ne doit revoir ses parents avant quelques mois ou même un an. Lorsque, après cet intervalle, elle revient à la maison paternelle, elle doit s'agenouiller à la porte, pendant que les parents la reçoivent de l'intérieur, et c'est à la porte que se font les embrassements.

Les cérémonies d'usage terminées, les parents sortent et peuvent s'entretenir avec leur fille.

« Le rapt de la fiancée n'est pas pratiqué comme règle générale ; mais il a lieu dans certaines circonstances ; ainsi quand les négociations avec les parents à propos du Kalym, durent trop longtemps, le jeune homme réunit ses amis et enlève nuitamment, par ruse ou par force, sa fiancée.

« Le divorce existe, mais il est rarement pratiqué ; si le mari est trop mécontent de sa femme, il la renvoie dans sa famille en rendant la dot si elle a eu des enfants ; dans le cas contraire il ne lui restitue rien (Deniker). »

En cas de mort du mari, c'est la femme qui hérite, si elle a eu au moins un fils.

Si elle n'a pas d'enfants ou si elle n'a que des filles, les parents du mari peuvent tout reprendre et renvoyer la femme dans sa famille, à la condition toutefois de se charger de l'entretien des filles. Malgré cette faculté, il est rare qu'on ne laisse pas la fortune à la veuve, à moins que sa conduite ne laisse à désirer.

Les prêtres sont voués au célibat, ce qui est loin de signifier qu'ils soient chastes ; on les accuse, au contraire, de toutes sortes de vices.

Lorsqu'un enfant naît, les hommes se retirent de la tente. Le nouveau-né est aussitôt lavé à l'eau salée puis emmailloté dans des chiffons et placé dans une boîte en bois qui sert de berceau. On le laisse souvent des semaines sans le sortir de cet appareil, mais on a pris la précaution de le poser à cheval sur une espèce de cuiller, terminée par un conduit en bois.

Au-dessus du berceau, on dispose un sorte de toit en feutre, auquel sont suspendus des arcs en métal et de petites flèches, en guise d'amulettes. Dans les voyages, on attache le tout sur le dos d'un chameau.

Quand l'enfant ne tient plus dans son appareil, on le retire et on le laisse ramper ou courir tout nu dans n'importe quelle saison. Dès l'âge de quatre ans, il commence à monter à cheval.

Les prêtres interviennent deux ou trois jours après la naissance pour « baptiser » l'enfant et lui donner un nom. Le baptême consiste en prières et immersions du nouveau-né dans un bain d'eau salée préparé pour la circonstance. A trois ou quatre ans, les bambins sont menés chez le prêtre qui les asperge d'eau bénite, leur coupe une mèche de cheveux et leur attache autour du cou le Sakoossoun, amulette composée de morceaux de papier portant des formules sacrées en thibétain.

Les enfants sont bien traités et rarement battus. La mère pousse fort loin l'amour pour sa progéniture.

Le prêtre intervient encore lorsqu'un Kalmouk est à l'article de la mort et lorsqu'il a rendu le dernier soupir. C'est lui qui lit les prières pendant l'agonie; c'est lui qui indique le mode de sépulture. Suivant que l'individu est né dans l'année du tigre, du cheval ou du dragon, et sous l'élément de l'eau, du feu, de la terre, du fer, etc., son corps sera exposé en plein air, enseveli dans la terre ou brûlé. Il est vrai que, s'il s'agit d'un mort de condition vulgaire, la cérémonie se borne à le laisser dans l'endroit où il est mort le campement se transportant à quelques kilomètres plus loin, ou bien à lui déposer sur la poitrine quelques poignées de terre, quelques branches ou quelques cailloux ; si c'est l'ensevelissement dans l'eau qui a été décrété on se contente de verser un peu sur le cadavre, car ce liquide est rare dans les steppes. La combustion de quelques poignées d'herbe sur la poitrine du mort remplace la crémation.

Mais quand il s'agit de personnages hautement placés, du chef du clergé par exemple, qui chez les Kalmouks volgaïques porte le nom de lama, on procède à une vraie crémation. On construit une tente spéciale au milieu de laquelle est installé un fourneau. Le corps du lama est porté en grande pompe dans cette hutte où tous les prêtres s'assemblent. Le lama successeur du défunt brûle des statuettes en beurre et jette le beurre dans le fourneau, tandis que les prêtres activent le feu en y mettant du bois vert. Quand la crémation est terminée on ramasse les cendres et on les mêle ensuite à la chaux qui servira dans la construction du monument funéraire, sorte de chapelle nommée en Kalmouk Tsa-Tsa. Ordinairement c'est une construction carrée, élevée sur un socle en terre battue. Une ouverture est pratiquée sur l'un des côtés du monument ; c'est par là que l'on fait des offrandes aux « bourkhans » dont les images se trouvent dans l'intérieur, et où une lanterne est entretenue allumée le plus longtemps possible. Cette ouverture ne rappelle-t-elle pas la petite lucarne des maisonnettes en bois que construisent les peuples chamanistes en l'honneur des morts et par lesquels on leur passe les aliments, etc. ? Et la chapelle elle-même n'a-t-elle pas de l'analogie avec celles que l'on rencontre dans les pays catholiques ? De longues perches ornées de banderolles et de rubans entourent le monument ; des morceaux de papier et des rubans avec des prières thibétaines écrites dessus sont suspendues le long de ses murs ; parfois un moulin à prière à vent (une Komdé) est placé au sommet de l'édifice. Tous ces rubans et ces moulins remués au moindre souffle du vent prient les « bourkhans » pour que l'âme du défunt soit heureuse dans ses transmigrations.

Même auprès des cadavres des simples Kalmouks abandonnés dans le désert on place au moins une perche garnie de rubans, portant les « saints » caractères thibétains. « Parfois on construit, au-dessus des corps des princes et des nobles, des huttes en feutre ou simplement des branchages. Si le mort a la bouche ouverte on ne la ferme pas, mais on y met l'image d'un Otchir (sceptre employé dans le service sacerdotal) ; si les yeux restent ouverts on les recouvre d'un morceau de soie noire ; si le cadavre a les mains en supination c'est un mauvais signe, il invite ainsi ses proches à venir le rejoindre dans l'autre monde (Deniker) ».

Chamanistes jusqu'au xvii° siècle les Kalmouks commencèrent à embrasser le bouddhisme vers 1625. Aujourd'hui, à part quelques habitants de l'Altaï, tous sont bouddhistes-lamaïstes de la secte vertueuse ou secte des bonnets jaunes. C'est ainsi que s'appellent les sectateurs du bouddhisme réformé et ils doivent leur nom à la couleur de la coiffure qu'ils ont adoptée pour se distinguer des adeptes de l'ancien lamaïsme qui portaient un bonnet rouge.

Nous avons vu que dans chaque campement Kalmouk se trouvait une tente destinée au culte. On y célèbre des cérémonies qui rappellent jusque dans leurs moindres détails les cérémonies catholiques. Le P. Huc, bon juge en la matière, ne pouvait manquer d'être frappé des analogies qui existent entre les deux religions, et il formule ainsi son opinion : « la crosse, la mitre, la dalmatique, la chape ou pluvial, que les grands lamas portent en voyage ou lorsqu'ils font quelques cérémonies hors du temple ; l'office à deux chœurs, la psalmodie, les exorcismes, l'encensoir soutenu par cinq chaînes et pouvant s'ouvrir et se fermer à volonté ; les bénédictions données par les lamas en étendant la main droite sur la tête des fidèles ; le chapelet, le célibat ecclésiastique, les retraites spirituelles, le culte des saints, les jeûnes, les processions, les litanies, l'eau bénite ; voilà autant de rapports que les bouddhistes ont avec nous ».

On pourrait pousser la comparaison beaucoup plus loin : « Le service consiste en récitation de prières, en musique et en cérémonies ; en sonneries de cloches, en transformation de l'eau en archan, en offrandes, etc. Les prêtres occupent leurs places respectives revêtus de costumes sacerdotaux ; les ghôpkous (sortes de bedeaux) se tiennent près des portes, etc. (Deniker).

Lors de certaines fêtes, l'image de la divinité est promenée en procession sous un baldaquin, précédé des ghôpkous, avec leurs bâtons de commandement, et escorté d'une foule de prêtres portant des bannières, des oriflammes, des cierges allumés, pendant que d'autres chantent ou jouent d'instruments divers ?

Les amulettes en cuir ou en métal que tout Kalmouk bien pensant doit porter au cou, ne sont pas sans rappeler les scapulaires catholiques. Enfin les analogies ne sont pas moins frappantes si on examine la composition du clergé.

A la tête du clergé se trouvent deux lamas ou papes. Au-dessous d'eux viennent quelques Khoutouktas (patriarches ou cardinaux), puis les geulings ou prêtres, qui habitent des tentes spéciales avec des ge-tsoul (diacres) et de nombreux manchi (séminaristes). La caste sacerdotale est extrêmement nombreuse, et pour compléter la liste des diverses catégories qu'elle comprend, il me faudrait nommer les lamas ou moines solitaires (dagantchi) et les milliers de moines (ombouchis) ou de nonnes (aboussoutsa), qui vivent dans les couvents du Thibet.

« Toute cette armée de prêtres, de moines, etc., est entretenue par les offrandes volontaires du peuple, par les impôts et surtout par le travail des chabi (chabinère au pluriel), sorte de serfs que possède en toute propriété chaque couvent ou lamaserie tant soit peu considérable...

Ainsi pourvus du nécessaire et du superflu, les prêtres forment une classe vraiment parasite et comme telle passent leur vie à ne rien faire. Les prêtres Kalmouks ne se donnent même pas la peine de prier, ils se servent de Kourdé ou moulins à prières. Ils emploient le plus souvent un moulin à main, composé d'une boîte traversée par un axe mobile. « Des morceaux de papiers, sur lesquels des prières sont inscrites, sont enroulés autour de cet axe et cousus dans un sac de soie jaune; le tout formant pelote. Le geulung imprime sans cesse des mouvements de rotation à l'essieu, la pelote contenant des prières tourne avec lui et, tant qu'elle tourne, la prière est efficace et produit, paraît-il, des effets salutaires, s'il faut en croire la naïve imprudence de ces entreteneurs de la bêtise humaine.

« Dans les steppes Kalmouks, j'ai vu souvent, auprès des

tentes, des machines analogues, mais en bois et plus grandes ; on les fait tourner au moyen d'une corde. Pour faciliter encore la besogne, on adapte parfois à ces Kourdé des moulins à vent, dans le genre de ceux que l'on construit pour les appareils météorologiques ; le vent fait tourner alors la machine à prier, ce qui évite à son propriétaire tout travail et lui procure quand même la bénédiction des dieux auxquels sont destinés les prières. Dans les Kouroules (monastères) il y a des machines analogues, en bois de très grandes dimensions et qu'on fait aller aussi à l'aide du vent ; dans le Thibet il y en a de plus colossales encore, comme les décrit Prjewalski ; elles sont mises en mouvement par de petites roues hydrauliques. Un peu plus, et l'on aura des machines à prières à vapeur (Deniker).

Les Kalmouks ont adopté le calendrier chinois, et y ont ajouté de prétendues corrélations entre les constellations, les planètes, le vol des oiseaux et les destinées de l'homme. En géographie ils admettent quatre grandes terres peuplées d'hommes dont la taille varie entre la leur et deux cents coudées, et qui vivraient, les uns cent cinquante ans, les autres seize cents ans et les derniers mille ans. Certaines légendes rattachent l'origine de l'homme à un arbre, à un oiseau, ou à un chien. La langue Kalmouke n'est qu'un dialecte de la langue mongole ; l'écriture diffère également fort peu des Mongols. Jadis on se servait pour écrire de petits bâtonnets pointus, mais aujourd'hui tous les lamas sont pourvus de plumes d'oie ou d'acier ou de pinceaux chinois. L'écriture se lit de haut en bas et de gauche à droite.

La littérature comprend outre les livres théologiques, un certain nombre d'ouvrages consacrés à l'histoire ou aux belles lettres. Ces derniers sont pour la plupart traduits du thibétain. Mais il existe aussi des poésies populaires, des chansons originales, composées par des bardes ou Djanghardji, qui deviennent de plus en plus rares.

Les Bouriates. — Les Bouriates ont fait partie jadis des

grands empires mongols. Après le démembrement de ces empires, la paix ne régna pas chez ce peuple; des luttes intestines éclatèrent dans le XVe siècle et eurent pour résultat d'affaiblir de plus en plus les Bouriates. A la longue, ils ont été absorbés par la Russie, ou se sont soumis volontairement à elle. Cette nouvelle condition a entraîné des changements dans leur genre de vie. Jadis ils étaient tous pasteurs et nomades; aujourd'hui un certain nombre sont devenus agriculteurs et sédentaires.

Les Bouriates habitent la Sibérie méridionale, sur les bords du lac Baïkal qu'ils entourent, sauf au nord. Ils ont pour voisins au nord, les Tonngouses, et au sud, les Mongols proprement dits, ou Kalkhas. A l'est ils occupent toute la Transbaïkalie, et à l'ouest Cisbaïkalie.

Le nom de Bouriates n'est pas celui qui leur convient; leur véritable appellation est Oïrad. Ils sont divisés en une foule de tribus, qui paient toutes une redevance à la Russie pour les terres qu'elles occupent.

Les Bouriates, comme les Mongols, sont d'une taille un peu au-dessous de la moyenne. Ils ont la peau jaunâtre, les cheveux noirs et raides, la barbe rare. Leur tête est arrondie, volumineuse; leur face est large avec des pommettes fort saillantes, des yeux peu ouverts et un nez camus. Ils considèrent d'ailleurs ces caractères comme des traits d'une grande beauté, et ils trouvent fort laides nos physionomies européennes qu'ils regardent comme trop allongées, ce qui fait, disent-ils, ressembler nos figures à des têtes de chien ou de cheval.

Les Oïrad s'habillent à la mode chinoise; il n'y a donc pas lieu de décrire ici leur costume. A peine convient-il de signaler leur bonnet en fourrure ou en peau de mouton. Leurs maisons sont des iourtes ou petites cabanes rectangulaires en bois, avec un toit, de même nature, percé au sommet d'un trou pour le passage de la fumée. Un bon nombre habitent aussi des tentes en feutre, analogues à celles des Mongols et des Kalmouks.

L'alimentation de ces peuplades est la même que celle des autres races de la famille mongole. Le thé est leur boisson habituelle, mais d'après Pallas, ils le préparent d'une façon spéciale. « Pour le rendre plus épais », ils y font bouillir un sel blanc, amer, qu'ils rencontrent en abondance sur les rives sablonneuses du lac Baïkal. « Ceux qui ne peuvent s'en procurer font usage de fortes cendres de bois de bouleau, qu'ils nomment schoulta. » Dans quelques endroits, ils n'ont d'autre combustible, pour faire bouillir leur eau ou préparer leurs aliments, que les excréments séchés de leurs bestiaux.

On attribue aux Bouriates un caractère brutal et grossier. Ce ne sont pas toutefois des individus d'humeur farouche : ils servent volontiers les Russes et leurs fournissent de bons soldats. Ce sont eux qui gardent pendant l'été le bétail des Européens, et ils sont arrivés, par la sélection, à avoir des troupeaux de chèvres sans cornes. Ils choisissent des reproducteurs qui ne portent pas de cornes, afin, disent-ils, qu'ils ne blessent pas les autres animaux. Les Bouriates fournissent aussi aux Russes les chevaux de poste et les chameaux qui doivent transporter les personnes voyageant par ordre du gouvernement ainsi que leurs bagages.

Pour le service de la poste ils n'ont que quelques chevaux dressés.

Ils attellent des chevaux sauvages à côté des autres, et, pour les mettre dans l'impossibilité de faire des fredaines, ils les sanglent fortement à l'aide d'une double corde, qui passe par dessus la selle, de deux autres cordes qui viennent s'attacher à la voiture. Ainsi attelés, ces animaux se fatiguent vite ; mais plusieurs hommes suivent les voitures en conduisant des chevaux de relai. Parfois les Bouriates attellent même des chameaux ; le collier est alors remplacé par une sorte de selle en feutre roulé, qui passe entre les deux bosses.

Le Chamaïsme était naguère la religion de toutes les

populations qui nous occupent ; mais le bouddhisme a pénétré dans la Transbaïkalie et le Christianisme y fait des progrès depuis quelques années. Les Bouriates sont très indifférents en matière de religion. « Ils se convertissent assez facilement, et les convertis ne sont pas pour cela vus d'un mauvais œil par leurs anciens coreligionnaires. Aussi les missionnaires russes travaillent avec fruit pour la vigne du Seigneur et les annales des missions orthodoxes ont des statistiques superbes. Il est vrai qu'on promet aux néophytes non seulement le salut, mais encore trois roubles, ainsi qu'une robe de chambre en coutil bleu. L'appât du ciel, ainsi que des autres biens plus terrestres que je viens de citer, est tellement grand qu'il y a des néophytes assez fervents pour faire leur conversion deux ou trois fois dans différentes missions. Il est probable que ces conversions industrielles grossissent considérablement les statistiques (Landowski). »

Les idoles sont très vénérées par les peuplades de la Transbaïkali ; mais en même temps elles sont traitées quelquefois d'une manière sévère, quoique juste. Si les prières qu'on leur adresse sont promptement exaucées, les dieux sont sûrs d'avoir leur récompense qui consiste généralement dans une offrande de lait, de beurre et d'autres victuailles. Si en entrant dans une iourta bouriate vous voyez les divinités barbouillées avec du beurre ou du lait autour de la bouche, vous pouvez être certain qu'elles se sont bien comportées et que la famille bouriate est en allégresse. La scène change si, au lieu d'accorder ce qu'on leur a demandé, les petits dieux en cuivre se sont montrés récalcitrants. Alors on les fustige et souvent on les met à la porte, où ils attendent dans la neige, tant qu'ils n'ont pas fait ce qu'on leur a demandé (Landowski). On trouve la même coutume dans les campagnes de Quimper. (*Voir le commencement de cet ouvrage*).

Les chamanistes trouvent qu'il faut « être bien bête » pour adorer de petites idoles de cuivre qu'on a fabriquées soi-même, au lieu d'adorer les choses grandioses sorties des mains du Créateur. De leur côté les bouddhistes traitent avec le même dédain ceux qui vénèrent une pierre ou un arbre quelconque, et dont les prêtres se livrent aux bizarres pratiques de sorcellerie.

Les prêtres ou chamans, bouriates, sont des devins fort renommés.

Les magiciens n'appartiennent pas toujours au sexe fort, les femmes exercent avec distinction l'art de la sorcellerie. Il n'est peut-être pas sans intérêt de reproduire la description d'une séance que donna à Pallas une magicienne que le voyageur avait fait venir. « Elle était, dit notre auteur, accompagnée de son mari et de deux autres Bouriates. Ils avaient chacun un tambour magique. Elle me dit que le nombre de ses conducteurs n'était pas complet et qu'il lui fallait neuf tambours pour exercer son art avec solennité. Elle tenait deux sorbi ou crosses garnies comme un fourreau de sabre de cavalier, ornées dans le haut d'une tête de cheval, d'une clochette et de beaucoup de petits oiseaux évasés dans leur longueur. La robe de cuir était garnie de ces petits oiseaux. Il lui pendait sur le derrière depuis les épaules jusqu'à terre une trentaine de serprents entrelacés (Noutschal); ils sont faits de morceaux de fourrure blanche et noire et de bandelettes de peaux de fouine et de belette rouge. L'un de ces serpents était fendu en trois à son extrémité; elle l'appelait Mogoï et m'assurait que l'habit d'une magicienne Bratskire serait incomplet sans ce serpent. Son bonnet était couvert d'un casque de fer, armé de cornes à trois pointes, semblables au bois d'un chevreuil.

Elle ne fit aucune difficulté d'exercer son art en plein jour, et me parut très habile. Elle fit d'abord des mouvements et des sauts qui s'animaient de plus en plus. Elle chantait en même temps et récitait diverses imprécations en poussant des cris. Les tambours magiques l'accompagnaient. Ces imprécations étaient entonnées par les Bouriats qui formaient un cercle autour de la devineresse ; celle-ci reprenait et achevait le récitatif, presque toujours en entrant dans des transports convulsifs, en tombant en syncope, et en passant ses mains sur son visage. Après les premiers chants, elle se mit à courir comme si elle avait voulu se sauver de la tente ; deux Bouriates se placèrent aussitôt devant la porte pour la retenir. Elle fit plusieurs autres grimaces ; elle courut en chantant sur les trois bouriates qui jouaient du tambour et étaient assis sur la gauche de l'Iourten (de la tente), en leur présentant la tête comme un taureau dans le combat. Elle prit ses deux crosses d'une main, et sauta à plusieurs reprises dans la cheminée, comme si elle avait voulu s'en servir pour accrocher les esprits aériens, et les faire entrer dans la tente.

Elle prit ensuite un air gai, et demanda qu'on lui fît des questions ; elle y répondit en chantant et en se dandinant. Elle me demanda de l'eau-de-vie en m'assurant que je serais heureux et que je ferais encore de grands voyages sur mer. C'est ainsi que se termina la farce. »

Lorsqu'un personnage de qualité vient à mourir, ses funérailles sont suivies de jeux et de festins interminables.

Les Tibétains. — La grande masse de la population tibétaine, à part les Hor et les Sok, c'est-à-dire les Turcs et les Mongols du Khatchi et les diverses peuplades indépendantes de la province de Kham, appartient à un même groupe de la race dite mongole (Cosma de Koros, Klaproth, Hodgson). Ce sont des hommes de petite taille, mais larges d'épaules et de poitrine, contrastant singulièrement avec les Hindous par la grosseur de leurs bras et de leurs mollets, mais ayant comme eux des mains et des pieds de forme élégante et fine. La plupart ont les pommettes saillantes, la racine du nez profondément creusée entre deux yeux noirs un peu bridés par les paupières, une grande bouche à lèvres minces, un large front ombragé par des cheveux bruns. Comme en Europe, on voit au Tibet toutes les nuances de la peau, depuis le blanc le plus délicat, chez les riches, jusqu'au jaune cuivré, chez les bergers exposés aux intempéries de l'air ; mais elle se ride de très bonne heure ; déjà les jeunes gens ont la figure rayée de plis et dans beaucoup de hautes vallées comme en Suisse et en Savoie les crétins sont nombreux. La lèpre et l'hydrophobie sont des maladies assez communes sur le plateau.

Les Tibétains sont certainement un des peuples les mieux doués de la terre ; presque tous les voyageurs qui ont pénétré dans leur pays s'accordent à louer leur douceur, leur humanité, la franchise de leur parole et de leur conduite, leur dignité, sans ostentation chez les puissants, sans effort chez les hommes du peuple. Forts, courageux, naturellement gais, aimant la musique, la danse et le chant, les Tibétains seraient un peuple modèle s'ils avaient l'esprit d'initiative. Mais ils se laissent discipliner sans peine et changer en troupeau. Ce que disent les lamas est loi pour eux. Même la volonté des résidents chinois, tout étrangers qu'ils sont, est obéie scrupuleusement et c'est ainsi que la nation pourtant si prévenante et si gracieuse d'accueil, en est arrivée à veiller sur ses frontières pour arrêter les voyageurs. Les populations plus ou moins mélangées du Tibet oriental sur les frontières de la Chine et sur le passage de troupes qui les dépouillent, de mandarins qui les oppriment, ne paraissent pas avoir un caractère aussi heureux que les autres Tibétains ; on les dit fourbes et lâches. Parmi les populations tibétaines du plateau, il faut distinguer avec soin les Khampas et les Khambas. Les Khampas de la haute vallée de l'Indus ressemblent aux Tibétains de Ladak ; ce sont des hommes toujours gais, joyeux, supportant avec une étonnante égalité d'humeur ce qui paraîtrait être à d'autres d'indicibles misères ; très différents en cela des autres Tibétains, ils sont peu religieux et aucun de leurs enfants n'entre dans les ordres monastiques (Drew).

Quant aux Khambas, ce sont des immigrants de la province de Kham, à l'est de Lassa. Mendiants religieux, ils voyagent de campements en campements jusque dans le Kachmir. Çà et là quelques groupes ont abandonné la vie errante pour se livrer à l'agriculture.

Les habitants du Bod-Youl sont un peuple civilisé depuis longtemps, il est vrai que l'âge de la pierre s'est maintenu pour certaines cérémonies religieuses, puisque les prélats emploient une « pierre de tonnerre » pour tonsurer les têtes des lamas (Bogle). Mission to Tibet.

Cet âge de l'histoire humaine continue aussi sur les hauts plateaux du Thibet où les bergers de nombreux campements se servent de marmites en pierre: mais cela tient à leur extrême isolement; ils n'ignorent point l'existence du cuivre et du fer, et ceux d'entre eux qui peuvent se procurer des instruments de métal le font volontiers. Par ses industries et par ses connaissances, le peuple thibétain appartient au groupe des populations asiatiques les plus avancées en culture. A certains égards la masse de la nation tibétaine est même plus civilisée que les habitants de mainte contrée d'Europe, car la connaissance de la lecture et de l'écriture est générale dans quelques parties du Bod-Youl, et les livres s'y vendent à si bas prix qu'on en trouve dans les plus humbles cabanes (Hogdson). Il est vrai que plusieurs de ces ouvrages sont gardés simplement à cause de leurs vertus magiques (Desgodins). Missions du Thibet.

Par le libre développement de leur langue, qu'ont étudiée surtout Czoma de Koros, Foucaux, etc., les Thibétains ont dépassé la période dans laquelle se trouvent encore les Chinois. Le caractère monosyllabique de leurs idiomes, très différents de toutes les autres langues de l'Asie, s'est presque perdu: tandis que le langage officiel, fixé depuis douze siècles par les prêtres, a été maintenu par les écrits, la langue parlée, entraînée par le courant de la vie, s'est peu à peu transformée en idiome polysyllabique, et déjà l'usage de diversifier les intonations pour les monosyllables de sens différent commence à disparaître. D'anciens mots distincts dont le sens s'est perdu ont été ajoutés aux racines pour former les cas des substantifs, les modes et les temps des verbes, et l'article est employé pour distinguer les noms homophones.

Les diverses écritures bod sont dérivées des lettres devanagarie employées dans les ouvrages sanscrits, que les premiers missionnaires bouddhistes, apportèrent au Bodyoul. Il est peu de langues dont la prononciation actuelle diffère davantage de l'orthographe fixée depuis des siècles et rigoureusement maintenue ; un grand nombre de lettres sont écrites, mais non prononcées ou bien prononcées tout autrement que ne l'indiquent les signes ; c'est ainsi que *objous* devient *ou*.

Les dialectes thibétains sont nombreux et forts différents les uns des autres. Bien que les populations de souche bod dépassent de beaucoup les frontières actuelles du Thibet, à l'ouest vers le Kachmir au sud dans le Boutan, à l'est dans la province de Setchouen cependant plusieurs des peuplades sauvages ou à demi civilisées qui habitent ou parcourent les régions orientales et les hautes terres au nord du Thibet, appartiennent à des races différentes plus ou moins mélangées. Au sud les Michmi, les Abor et d'autres populations se rattachent par l'origine aux habitants de l'Assam. D'autres tribus de la région sud-orientale du Thibet, les Arrou, les Pavi ou Ghion, les Telou, les Ramepou parlent le mélam, dialecte thibétain mêlé de beaucoup de mots étrangers.

Les Amdoans qui vivent au nord-est dans le voisinage du Kansou, connaissent presque tous les deux langues, leur idiome maternel est le thibétain ; peuple de voyageurs et d'émigrants, ils se distinguent par leur intelligence rapide et leur aptitude à tous les travaux ; presque tous les lecteurs et les lamas des hautes écoles, de même que les employés supérieurs du Thibet, appartiennent à leur race. (Hodgson).

A l'ouest de la province de Kham, des deux côtés de la frontière du Setchouen, des populations à demi sauvages, connues pour la plupart sous les nom de Lolo ou Holo, de Mantzé, de Lissou, de Si-fan, de Gyaroung, appellations dépourvues de toute signification précise, les uns parlent un dialecte évidemment thibétain, les autres emploient des idiomes d'origine différente.

La plupart des noms par lesquels les Chinois et les Thibétains désignent les divers tribus de cette contrée ne peuvent être acceptés que provisoirement. L'influence chinoise se fait sentir de plus en plus dans le voisinage du Setchouen et dans les grandes villes du Thibet. L'entrée du pays étant complétement interdite aux femmes chinoises, tous les émigrants chinois prennent des femmes indigènes d'où proviennent les nombreux métis.

On peut dire, en somme, que les Thibétains ont été plus ou moins altérés par suite de l'intervention d'un élément étranger, mais que leur type primitif appartenait incontestablement au type mongolique. C'est dans le Sikkim et parmi les tribus montagnardes de l'Assam et de l'Yunnan que les caractères anciens de la race paraissent conservés avec le plus de pureté.

Les hommes portent les cheveux longs; ils ne les peignent jamais, mais parfois ils les tressent à la manière des Chinois. Leur coiffure ordinaire est une toque bleue, avec un large rebord, en velours noir, surmontée d'un pompon rouge; aux jours de fêtes, ils portent un grand chapeau rouge, assez semblable pour la forme au béret basque; il est seulement plus large, et orné sur les bords de franges longues et touffues. Une large robe, agrafée au côté droit par quatre crochets, et serrée aux reins par une ceinture rouge ou violette, complètent le costume simple et pourtant assez gracieux des Thibétains. Ils suspendent ordinairement à la ceinture un sac en taffetas jaune, renfermant leur inséparable écuelle de bois, et deux petites bourses de forme ovale et richement brodées, qui ne contiennent rien du tout et servent uniquement de parure.

« Les femmes thibétaines ont un habillement à peu près semblable à celui des hommes ; par-dessus leur robe, elles ajoutent une tunique courte et bigarrée de diverses couleurs ; elles divisent leurs cheveux en deux tresses, qu'elles laissent pendre sur leurs épaules. Les femmes de classe inférieure sont coiffées d'un petit bonnet jaune, assez semblable au bonnet de la liberté qu'on portait sous la république. Les grandes dames ont, pour tout ornement de tête, une élégante et gracieuse couronne fabriquée avec des perles fines, comme chez les Bouthaniennes et les Bourlates.

Dans les villes, à Lassa notamment, on rencontre des maisons à plusieurs étages, terminées en terrasses. Elles sont généralement construites en pierres ou en briques ; quelques-unes sont en terre. Toutes sont entièrement blanchies à la chaux, à l'exception des encadrements des portes et des fenêtres qui sont peints en rouge ou en jaune. Dans les faubourgs de la capitale, il existe un quartier dont les maisons sont entièrement bâties avec des cornes de bœufs et de moutons, soigneusement cimentées.

Les temples de Lhassa et surtout le palais du Dalaï-Lama, ou souverain pontife, sont des édifices remarquables. Ce palais s'élève au sommet d'une montagne qui a surgi comme un îlot au milieu d'une plaine ; il se compose de plusieurs temples réunis. Celui du milieu est élevé de quatre étages, et domine tous les autres ; il est terminé par un dôme entièrement recouvert de lames d'or, et entouré d'un grand péristyle dont les colonnes sont également dorées.

Le Thibet est une contrée presque entièrement couverte de montagnes, qui ne permet guère à ses habitants de se livrer à l'agriculture sur une vaste échelle. Cependant ils récoltent de l'orge noire, qui forme la base de l'alimentation de toute la population, riche ou pauvre ; ils cultivent un peu de blé et une très faible quantité de riz. Mais, si l'agriculture ne leur fournit que des ressources des plus restreintes, il n'en est pas de même de leurs troupeaux. Ils élèvent des chevaux, des yacks et des moutons en quantité considérable. Néanmoins les Thibétains vivent très mal.

« D'ordinaire leurs repas se composent uniquement de thé beurré et de tsamba (farine d'orge), qu'on pétrit grossièrement avec les doigts. Les plus riches suivent le même régime; et c'est vraiment pitié de les voir façonner une nourriture si misérable, dans une écuelle qui a coûté quelquefois cent onces d'argent. La viande, quand on en a, se mange hors des repas; c'est une affaire de pure fantaisie. Cela se pratique à peu près comme ailleurs; on mange par gourmandise, des fruits ou quelque légère pâtisserie. On sert ordinairement deux plats, l'un de viande bouillie et l'autre de viande crue; les Thibétains dévorent l'une et l'autre avec un égal appétit sans qu'il soit besoin qu'aucun genre d'assaisonnement leur vienne en aide. Ils ont pourtant le bon esprit de ne pas manger sans boire. Ils remplissent, de temps en temps, leur écuelle chérie d'une liqueur aigrelette faite avec de l'orge fermentée et dont le goût est assez agréable (P. Huc). »

Le Thibet est riche en métaux; l'or et l'argent y abondent et tout le monde connaît les moyens de les purifier. Il existe à Lhassa d'habiles ouvriers métallurgistes, notamment des forgerons, des chaudronniers, des plombiers, des étameurs, des mécaniciens et des orfèvres.

Ils appartiennent presque tous à la population des Péboun, qui viennent du Boutan et qui a mieux conservé les caractères de la race que la plupart des Thibétains indigènes. Ils fabriquent des vases en or et en argent, pour l'usage des lamaseries ou monastères, et des bijoux fort remarquables; c'est à eux que sont dues les belles toitures en lames dorées des temples, et ils sont encore les grands teinturiers du Thibet.

Parmi les produits les plus importants, il faut mentionner le Pou-lou, les bâtons odorants, ou Tsanhiang, et les écuelles de bois.

Le pou-lou est une étoffe de laine fabriquée par les hommes, qui en filent eux-mêmes la laine. On en fait de toutes les qualités et on le teint de diverses couleurs. Celui qui sert aux prêtres ou lamas est toujours rouge.

Les bâtons d'odeur se fabriquent avec de la poudre de bois aromatiques, du musc et de la poussière d'or. On leur donne la forme de petits bâtonnets longs de trois ou quatre pieds, et on les brûle devant les idoles, soit dans les temples, soit dans les monastères, soit dans les maisons privées.

Le pou-lou, les bâtons odorants et les écuelles en bois font l'objet d'un important commerce d'exportation. Les chevaux, les yacks, les queues de vaches, la laine, le musc et l'or sont aussi l'objet d'un grand négoce.

Beaucoup de commerçants de Lhassa sont des hommes venus du Kachmir, mais le Thibétain proprement dit, a lui-même un goût marqué pour le commerce.

Les femmes jouissent d'une grande liberté dans le Thibet. « Au lieu de végéter emprisonnées au fond de leurs maisons, elles mènent une vie laborieuse et pleine d'activité. Outre qu'elles sont chargées des soins du ménage, elles concentrent entre leurs mains tout le petit commerce. Ce sont elles qui colportent les marchandises de côté et d'autre, elles étalent dans les rues, et tiennent presque toutes les boutiques de détail. Dans la campagne elles ont aussi une grande part aux travaux de la vie agricole (P. Huc). »

Dans le ménage, elles possèdent une grande influence et elles ont souvent « plusieurs maris »; les frères ont une seule femme en commun et vivent en bonne harmonie. Quelques hommes riches, par contre, sont polygames.

Les mœurs sont fort relâchées, surtout parmi les prêtres qui mènent tout naturellement une vie désordonnée (Hovelacque et Hervé).

Le gouvernement est essentiellement théocratique. A sa tête se trouve le Dalaï-Lama, à la fois souverain religieux et souverain politique du Thibet; il est même, aux yeux de ses sujets, l'incarnation de la divinité, le bouddha vivant.

La vénération que les Thibétains et les Mongols ont pour lui, le prestige qu'il exerce sur les populations bouddhistes, sont vraiment étonnants. Il est vrai qu'on a raconté à ce propos des histoires absolument extraordinaires ; une foule de contes avaient cours en Europe au commencement du siècle.

Etant donné son caractère religieux, divin même, le Dalaï-Lama ou Talé-Lama ne saurait s'occuper à tout propos des choses humaines. « Il s'est donc réservé les affaires de majeure importance, se contentant de régner beaucoup, et de gouverner très peu. Au reste, l'exercice de son autorité dépend uniquement de son goût et de son bon plaisir. Il n'y a ni charte ni constitution pour contrôler sa manière de faire.

« Après le Talé-Lama, que les Thibétains nomment aussi Kian-Ngan-Rembouchi (souverain trésor), vient le Nomekhan ou empereur spirituel. Les Chinois lui donnent le nom de Tsang-Wang, roi du Thibet. Ce personnage est nommé par le Télé-Lama, et doit être toujours choisi parmi la classe des Lamas-Chaberons. Il conserve son poste pendant toute sa vie, et ne peut être renversé que par un coup d'État. Toutes les affaires du gouvernement dépendent du Nomekhan et de quatre ministres nommés Kalons. Les Kalons sont choisis par le Talé-Lama sur une liste de candidats formée par le Nomekhan : ils n'appartiennent pas à la tribu sacerdotale, et peuvent être mariés ; la durée de leur pouvoir est illimitée. Quand ils se rendent indignes de leurs fonctions, le Nomekhan adresse un rapport au Talé-Lama, qui les casse, s'il juge opportun. Les fonctionnaires subalternes sont choisis par les Kalons, et appartiennent le plus souvent à la classe des Lamas.

Les provinces sont divisées en plusieurs principautés, qui sont gouvernées par les Lamas Houtouktou. Ces espèces de petits souverains ecclésiastiques reçoivent leur investiture du Talé-Lama, et reconnaissent son autorité suzeraine. En général, ils ont l'humeur guerroyante, et

se livrent souvent, entre voisins, des combats à outrance et toujours accompagnés de pillage et d'incendie (P. Hue). »
Ce sont ces espèces de cardinaux qui nomment le successeur du Talé-Lama, quand le pontife vient à mourir. Le choix doit toujours se porter sur un enfant, et il ne peut être procédé au vote que lorsqu'on a trouvé trois candidats réunissant les conditions voulues.

« Ainsi du haut en bas de la hiérarchie, on ne trouve que des prêtres ; aussi ne saurait-on s'étonner de rencontrer à chaque pas des lamaseries, monastères ou séminaires, qui abritent une foule de parasites. Façonné par les lamas, le peuple est d'une crédulité et d'une religiosité qui se traduit par les pèlerinages et des cérémonies bruyantes dans les lamaseries, par des prostrations sur les plates-formes des maisons et par d'incessantes prières. Continuellement les Thibétains ont à la main le chapelet bouddhique, et leur zèle religieux est tel qu'il a rendu jaloux les missionnaires catholiques. On entend partout murmurer la phrase sacrée : « Om, mani padmé hom ! » (Oh ! le joyau dans le lotus, Amen !), et cette phrase est écrite dans les rues, sur les places publiques, à l'intérieur des maisons, sur les banderoles qui flottent sur les édifices, etc. On voit même des lamas parcourir les campagnes un ciseau et un marteau à la main, et graver la formule mystique sur les rochers des montagnes et jusque sur les pierres des déserts.

« Il existe au Thibet quatre modes différents de sépultures : la première est l'incinération ; la deuxième l'immersion dans les fleuves ou dans les lacs ; la troisième l'exposition des morts sur le sommet des montagnes ; la quatrième enfin consiste à couper les cadavres en morceaux et à les faire dévorer par des chiens.

« Cette dernière méthode est la plus recherchée. Les pauvres sont simplement mangés par les chiens des faubourgs, mais les riches sont dévorés par des chiens sacrés, qu'on élève dans ce but dans des couvents spéciaux. Tous les ans on célèbre, en l'honneur des morts, une fête qui rappelle celle des catholiques » (P. Huc).

Populations de l'Himalaya. — Toute la région occidentale, qui appartient encore géographiquement au Thibet par la hauteur de ses plateaux et de ses vallées, lui appartient aussi par l'origine de ses habitants, par la langue qu'ils parlent et la religion qu'ils professent. Une de ces peuplades, trop peu importante pour qu'on la citât même en d'autres pays, n'est connue que par son isolement sur un territoire immense. C'est la tribu des Kampa ou Tchampa vivant sur le plateau de Roupchou. Toute la population de la région, qui s'étend sur un espace d'environ 10.000 kilomètres carrés, se compose d'au plus 500 individus nomades qui changent de pâturages quatre fois par an suivant les saisons, et qui vont passer l'hiver dans la vallée du haut Indus : le village de Dora, près de la frontière du Thibet à 4200 mètres d'altitude, est leur principal campement. Ces nomades, dont l'industrie est le transport des marchandises entre le Thibet et le pays de Ladak, se distinguent, comme leurs frères, du plateau thibétain, par leur gaîté, leur bonne humeur, leur égalité d'âme dans les fatigues, la misère et la faim ; au-dessous de 3.300 mètres d'altitude, ils ne se sentent plus dans leur élément natal: l'atmosphère basse les étouffe. Quelques moines bouddhistes vivent aussi dans le couvent de Hanlé, bâti sur une crête escarpée qui domine la plaine marécageuse de ce nom à 4585 mètres d'altitude, après la laverie d'or de Thok-Yaboung dans le Thibet, c'est probablement le point de l'Asie le plus élevé qui soit habité d'une manière permanente.

Les Ladaki du pays de Leh, sur le Chayok, le haut Indus et le Zanskar, les riverains du Satledj, dans le Kounawar, les habitants du Stipi et la plupart de ceux du Lahoul, sont comme les Kampa de purs Bodou Thibétains, comme leurs frères du Bod-Youl, les Ladaki sont presque tous de petits hommes trapus à larges faces, à pommettes saillantes, à paupières obliques, ils se distinguent aussi par leur bienveillance, leur gaieté, leur amour du travail, le bon accueil qu'ils font aux étrangers. Ils se laissent également opprimer par les lames et bâtissent pour eux des monastères, des temples, des mani, portant l'inscription sacrée ; toutefois il paraît que dans ces dernières années le recrutement des prêtres est plus difficile et que plusieurs couvents sont déserts.

La faible étendue de terres arrête dans le pays de Ladak, comme dans le haut Thibet, l'accroissement de la population et les mariages polyandriques sont la règle ; une seule femme est la ménagère et la compagne de travail de plusieurs frères à la fois, devenus héritiers du vivant même de leurs parents. Dans la partie la plus basse du pays, les métis thibétains et d'autres races sont nombreux. Les individus que l'opinion maintienne à l'état de parias et avec lesquels les mariages soient défendus, sont les musiciens et les forgerons ; ceux-ci sont tout particulièrement méprisés, alors qu'en tant d'autres pays ils forment au contraire une carte supérieure. Sans doute c'est à d'anciennes inimitiés de race qu'est dû le mépris des Ladaki pour ceux qui travaillent le fer.

D'ailleurs l'influence des Hindous s'est fait sentir de diverses manières sur les Thibétains du Ladak ; ceux-ci ne laissent plus leurs morts exposés sur des rochers à la dent des animaux sauvages, mais ils les brûlent après les avoir gardés pendant plusieurs jours à côté d'eux (Drew). Quant à la langue, elle a reçu quelques termes d'origine sanscrite, mais elle ne diffère point assez de l'idiome du Bod-Youl pour que les indigènes des deux pays aient la moindre difficulté à converser les uns avec les autres. Les gens du Spiti parlent aussi le pur thibétain, mais dans la province de Lakoul divers idiomes luttent pour la prééminence avec ce langage : dans quelques vallées, le dialecte usuel est le bounan, rapproché du thibétain que l'on parle dans la haute vallée du Satledp, mais ayant sa grammaire propre ; ailleurs on parle le mantchat, thibétain mêlé de hindi et de mots d'origine inconnue ; enfin le tinan, formé comme la « langue franque » d'un mélange d'éléments divers. Dans le Lahoul le lamaïsme est déjà très menacé par les cultes brahmaniques ; la plupart des lamas ne le sont que nominalement ; en 1878, sept d'entre eux sur plus d'un millier seulement s'occupaient des choses religieuses. Pour se rendre les divinités favorables, les indigènes s'adressent aux brahmes aussi bien qu'aux lamas ; de même ils invoquent les arbres et les serpents et pratiquent des cérémonies spéciales pour appeler les démons.

Le christianisme est aussi l'un des cultes du Lahoul. L'instruction est plus répandue chez les Thibétains du Kachmir que chez les autres habitants du royaume, la plupart savent lire; ils dressent facilement des cartes grossières et sont d'excellents guides pour les topographes anglais.

Les Balti ou Baltipa, qui vivent à l'ouest de Bod sur le Chayok, l'Indus et son affluent le Souron, sont considérés par la plupart des voyageurs qui les ont visités comme de même origine que les Lakadi (Drew, Biddulph); ils parlent également un dialecte thibétain peu différent des autres, et ce qui est plus important au point de vue de la race, ils ont en général la même forme de corps et de visage que les gens du Ladak, notamment les pommettes saillantes et les paupières bridées. Les principales différences que l'on observe entre les Balti et leurs voisins les Bod de Ladak, proviennent de la douceur plus grande du climat sous lequel ils habitent et de leur conversion au mahométisme, cause de changements profonds dans le genre de vie. Ils aiment beaucoup les exercices violents, et dans leur contrée, de même que dans le Dardistan, et le Manipour en Birmanie, on se livre avec passion à ce jeu de Polo, introduit récemment en Angleterre, dans lequel des cavaliers, armés de crosses, luttent pour se renvoyer la balle.

Des inscriptions non encore déchiffrées, gravées sur les rocs de chaque côté de la vallée, témoignent de l'antique civilisation du pays de Gilgit, et plus haut, dans le Yasin se voient des cercles de pierres pareils à ceux de la Bretagne. Il est peu de contrées himalayennes qui aient un plus heureux climat et soient naturellement plus fertiles que la basse vallée du Gilgit. Les campagnes riveraines, dont l'altitude moyenne est de 1.500 mètres seulement, donnent tous les produits de la zone tempérée et l'on y cultive aussi le maïs, le cotonnier, le figuier, le grenadier, le mûrier. Les soieries de Gilgit, pures ou mélangées avec la laine ou le coton, sont d'une grande solidité.

Au nord-ouest du Pounial, tributaire de Kachmir, le Yasin, défendu par ses défilés presque infranchissables et l'âpreté de ses montagnes, a presque de tout temps maintenu son existence politique distincte, mais sous le lourd despotisme d'un Radjah. C'est en cette région de l'Himalaya que les deux empires qui se disputent l'Asie musulmane, l'Inde anglaise et de la Russie sont le plus rapprochés l'un de l'autre par leurs États feudataires. Une chaîne de montagnes et quelques étroites vallées forment en cet endroit la zone de séparation.

Le Sikkim. — (*Himalaya oriental*). — La population du Sikkim est presque entièrement thibétaine. Les Leptcha, qui sont les plus nombreux dans le pays, mais qui se perdent peu à peu comme race pure, ne diffèrent point de leurs frères les Bod des hauts plateaux, si ce n'est que, sous l'influence du climat pluvieux, les habitants du Sikkim ont une peau singulièrement unie et lustrée; leurs muscles, quoique très vigoureux, font à peine une saillie sous l'épiderme (Hooker). Comparés aux Hindous, toujours réservés, méfiants et polis, les joyeux Leptcha, pleins de confiance et d'abandon, paraissent aux Anglais les plus aimables compagnons de voyage; la flûte est leur instrument favori, et ils en jouent avec beaucoup de douceur et un charme singulier ; ils n'ont dans leurs idiomes, bien différents à cet égard de toutes les langues de l'Inde, aucune expression injurieuse (Sherwill). Les dialectes des diverses tribus du Sikkim diffèrent entre eux, mais se rattachent également à la souche thibétaine ; de même les mœurs et la religion sont celles des Bod de la vallée du Tsangbo. La formule sacrée, Ommani padmihoum, résonne dans tous les villages du Sikkim, comme sur l'autre versant de l'Himalaya, et se grave sur les pierres, au bord des sentiers. Une vingtaine de lamaseries s'élèvent aussi dans les plus beaux sites de la contrée, et les jeunes gens, fuyant l'oppression des radjahs, entrent dans les ordres pour jouir tranquillement de l'existence, sans avoir à payer d'impôt ni à fournir de corvées : environ 800 individus habitent les couvents. L'un des monastères les plus célèbres du Sikkim, est celui de Pemiongtchi, situé à 2100 mètres environ, au sommet d'une terrasse d'où l'on voit au-dessus de sa tête la masse puissante du Kintchindjinga, et à ses pieds la vallée du Grand Randjit, affluent de la Tista ; là s'élevait autrefois un chef-lieu du Sikkim. La résidence actuelle du radjah, Tamloung, est située dans la partie orientale de la contrée, sur un escarpement de 1636 mètres d'altitude, que contourne un tributaire de la Tista. Cette capitale est partiellement abandonnée pendant la saison des pluies, le radjah se réfugiant alors avec les principaux dignitaires sur le territoire chinois, dans la vallée thibétaine de Tchoumbi, qui s'ouvre à l'est, abritée des averses par une chaîne de montagnes. Dardjiling le chef-lieu du district que les Anglais ont détaché de l'ancien état de Sikkim, moyennant une rente de 7500, a pris une importance exceptionnelle comme capitale temporaire de la province de Ca'cutta. Fondé en 1835, lors de la cession du territoire à la Compagnie des Indes, la ville, dont le nom thibétain signifie « Saint lieu », est située sur l'étroite crête d'une montagne en croissant, de 2000 à 2250 mètres d'altitude, d'où l'on aperçoit, à 1800 mètres plus bas, au-dessous de pentes boisées, la gorge par laquelle s'enfuient les eaux du Grand-Randjit. Dardjeling, comme toutes les autres « villes de santé » de l'Himalaya, est flanquée de casernes et de batteries de canon, mais son aspect général est celui d'un groupe de palais et de villas. Comparée à Simla et aux autres villes anglaises de l'Himalaya occidental, elle a de grands désavantages à cause de son climat trop humide ; mais aux heures matinales, avant que les nuages n'aient caché le ciel pour déverser les pluies journalières, on jouit souvent à Dardjeling du panorama merveilleux de l'Himalaya, depuis la pointe vaguement entrevue du Gaourisankar jusqu'aux massifs puissants du Donkial et du Tchamalari ; au centre, le Kintchindjinga, dressant deux cimes égales en apparence, semble être le point de convergence de toutes les arêtes ; quand le temps est clair, il est surmonté comme un volcan d'une aigrette de nuées qui se replie vers l'est au souffle du contre-alizé. Au sud, se profilant sur les plaines vaporeuses du Gange, se montre la croupe boisée du Sentchal.

Le climat de Dardjeling reste fort tempéré pour son altitude. — La moyenne annuelle du thermomètre y est de 35 degrés centigrades. On n'y compte que trois saisons, comme sous tous les climats voisins des tropiques ; l'hiver d'octobre à février ; les chaleurs de mars à mai ; les pluies de juin à septembre. Octobre, novembre et avril sont les mois les plus délicieux de l'année ; la dernière moitié de février, comme je devais en faire l'expérience, est quelquefois favorisée d'un beau temps exceptionnel, surtout quand elle est précédée d'une abondante chute de neige sur les montagnes.

Excursion de Calcutta à Dardjeling. — Je me fis éveiller avant le jour et je me dirigeai vers la colline de la Cutchevy, aussi ne pus-je retenir un cri d'enthousiasme lorsque je débouchai sur la plate-forme. De l'observatoire naturel que j'occupais à 7,000 pieds d'altitude, dominant le cours de la Rungit, qui dépasse de 600 à 700 pieds seulement le niveau de la mer, je voyais tout le Sikkim se dérouler en un labyrinthe de vallées sinueuses et de contreforts abrupts, nettement tranchés par les intervalles brumeux de leurs plans successifs. Un bourrelet de chaînes saillantes enferme sur les quatre côtés cette vraie carte en relief de cent lieues carrées. Placé moi-même au milieu de la bordure méridionale, je pouvais suivre à ma gauche la longue ligne des monts Singalelahs, qui, frappés par les premiers reflets de l'aube, se détachaient lumineusement sur l'azur encore sombre de l'ouest, tandis que, du côté opposé, la chaîne parallèle du Boutan se profilait en noir violacé sur le fond opale de l'ouest. Vers le nord enfin, le regard se heurtait aux précipices neigeux et aux pics abrupts de la chaîne mère, dominée vers son centre, par les 28,177 pieds du mont Kinchinchinga, si beau, qu'en prenant pour base les vallées de l'avant plan, je pouvais mesurer dans un même coup d'œil unique au monde, une élévation, absolue d'au moins 27,500 pieds. On embrasse d'ici un arc d'environ 80 degrés, ou douze pics dépassant 20,000 pieds d'altitude et sept 22,000 pieds. Quelques-uns de ces sommets se dressent isolément, en sentinelles avancées, à l'entrée des vallées qui rayonnent du massif central ; d'autres flanquent comme des bastions les glaciers du Kinchinchinga ; plusieurs enfin qui se montrent à travers les échancrures de la crête, marquent les domaines du Nepaul, du Boutan et du Thibet. C'est un tableau qui, à raison de sa grandeur même, ne semble pas fait pour des hommes. On y perd du même coup le sentiment de la hauteur et de la distance, jamais je n'avais rien vu qui approchât d'un panorama aussi stupéfiant par son immensité. A peine avais-je pu me rendre compte de mes premières sensations qu'un rayon de soleil, teignant d'un rose vif l'éclat marmoréen des neiges éternelles, vint inonder de vie et d'éclat ce paysage glacé jusque-là par les reflets blafards du crépuscule matinal. Je ne me serais pas lassé de suivre les nuages délicats et variés qui marquèrent les progrès de l'aurore dans la coloration mobile des aiguilles et des glaciers, des criques et des vallons, des forêts et des rivières. Mais des flots de brouillards, poussés par la brise du sud, ne tardèrent pas à envahir les vallées ; la cime du Kinchinchinga se mit à planer dans les airs et agrandie encore par cette interposition de vapeurs, elle me fit presque douter qu'elle possédait une base sur le sol jusqu'à ce que sa dernière pointe disparût dans la brume.

Je fis une excursion au mont Senchal qui s'élève à 8,606 pieds de hauteur dans la direction du sud-est. Il était quatre heures du matin quand je partis à cheval avec un guide, par un froid piquant et un beau clair de lune. Lorsque je quittai la grande route à Jella Puhar, les premières lueurs du jour me montrèrent une épaisse bande de nuages qui voilait tout l'horizon du nord ; mais cette fois encore ils se dissipèrent au lever du soleil, et, parvenu sur la cime, je retrouvai dans toute sa gloire mon panorama de la veille. De cette élévation je pouvais, en outre, découvrir, par-dessus la crête des Singalelahs, sous la forme d'un pic couvert de neige, la plus haute sommité du globe, ce Gaurisankar ou mont Everest, qui dépasse le Kinchinchinga de 823 pieds. Une autre modification qui donne ici plus de variété au tableau, mais en lui enlevant un peu de son imposante austérité, c'est la présence de Dardjiling, qui constellé de taches blanches, l'arrête du premier plan. Vers le sud, j'ai entendu soutenir que, par les temps clairs, on peut entrevoir les plaines de l'Hindoustan, mais seulement après les pluies de l'automne.

De Tassiding qui s'élève au centre de la région sanctifiée par les premières prédictions du bouddhisme dans les vallées du Sikkim l'œil ne découvre pas moins de dix monastères perchés à des altitudes qui varient entre 3,000 à 7,000 pieds jusque sur les premières assises du Kinchinchinga. Tassiding lui-même occupe une position des plus pittoresques. De sa base rayonnent cinq vallées séparées par autant de massifs abrupts. Vers le sud, la vue plane, par-dessus les méandres de la grande Rungit jusqu'à Darjiling, invisible de cette distance. A l'est, une verte clairière, taille dans le flanc du mont Tingley, marque l'emplacement de Tcheysing, tandis que vers l'ouest, le temple de Pemionchi couronne isolément une lourde montagne de 7,000 pieds. Enfin dans la direction du nord, deux énormes pics tout couverts de neige se haussent pareils à des fantômes comme pour défier l'observateur par-dessus l'autre plan d'une arête sombre qui lui sert de repoussoir.

Entre Tassidung et Pemionchi la distance n'est que de 4 milles à vol d'oiseau; mais comme on doit descendre de 4,900 à 2,450 pieds, dans la vallée du Ratong, pour ensuite remonter à plus de 7,000, c'est un trajet qui réclame la plus grande partie de la journée. La route est assez bien entretenue et entre les deux monastères, c'est même une sorte de voie sacrée où l'on rencontre des chaîts et des mendongs.

Nous fûmes bientôt sur les bords du Ratong, large torrent qui, par sa transparence verdâtre, indique suffisamment l'origine glacière de ses eaux. Il court en écumant à travers la forêt tropicale la plus splendide que j'ai contemplée dans l'Inde. Les coulées sur l'autre rive me paraissaient des pygmées sous l'embrasse des figuiers et des palmiers qui y atteignent les plus gigantesques proportions. Je franchis la rivière à la suite de mes hommes sur un pont de bambou fort branlant, tandis que les chevaux étaient attirés vers l'autre bord au moyen d'une longue corde jetée en travers du torrent. Je restai deux jours à Pemionchi. Ce n'est pas impunément qu'à chaque étape on se voit contraint de franchir en double sens des hauteurs de cinq à six mille pieds, tout en traversant le climat tropical des vallées aux heures les plus chaudes du jour. Pemionchi se trouve d'ailleurs dans une position ravissante, car on y embrasse du même regard la végétation des tropiques et des pôles; jusqu'à 8000 pieds d'altitude, les palmiers, les figuiers et les bananiers qui tapissent les flancs des vallées basses ; plus haut, sur les premiers versants des montagnes, des forêts de lauriers, de chênes et de châtaigniers qui rappellent le midi de l'Europe, plus haut encore dans la direction de la grande chaîne, des pins, des rhododendrons et des graminées qui s'avancent jusqu'au seuil des neiges éternelles. C'est d'ici que j'arrivai à saisir des dimensions du Kinchinchinga qui semblait prêt à m'écraser de sa hauteur vertigineuse. C'est encore d'ici que je commençai à distinguer la structure des glaciers qui forment une collerette de cristal autour des pics.

C'est dès le crépuscule surtout que cette zône de l'Himalaya m'a paru avoir le plus de charmes. La rosée perle encore dans l'herbe ; les lointains sont estompés par une brume assez épaisse pour tamiser les premiers rayons du soleil, assez légers pour ne pas voiler les contours adoucis des hautes montagnes. Les oiseaux gazouillent dans les buissons ; des papillons blancs butinent parmi les fleurs naissantes, et l'absinthe exhale ses pénétrantes senteurs. J'arrivais le surlendemain soir à Darjeling après une excursion de cinq jours. La nuit arrive vite aux environs des tropiques, et bientôt les ténèbres envahissent la jungle. La route qui descendait les flancs de la montagne restait à peine visible. Des milliers de lucioles voltigent à travers les arbres rendant l'obscurité plus profonde encore par le contraste de leur phosphorescence sans reflet ; des parfums analogues aux senteurs du seringat imprègnent l'atmosphère qui de fraîche et vivifiante devient de plus en plus tiède et lourde.

Le chant des cigales et le coassement des grenouilles se succèdent avec des intervalles de silence qui interrompent parfois des frôlements étranges dans les profondeurs de la forêt. Peu après, à un détour de la route, je vis briller à mes pieds, les feux de Dargeling et Punkabari, en même temps que résonnaient à mes oreilles le son des tambours et le chant des bayadères.

Toutes les vallées que nous avons parcourues dans le Sikkim sont habitées, par une population qui passe pour avoir le mieux conservé l'ancien type thibétain. Nous devons signaler que de tous les types de l'Hindoustan, en y comprenant l'île de Ceylan, le Lepcha du Sikkim nous a paru le mieux réunir les caractères de la physionomie des Européens, et en particulier des Français ; après cela je ne m'étonne pas que tant d'Européens se croyaient parmi les habitants de leur pays, surtout dans l'Yunnan.

C'est parmi les jeunes filles Lepcha du Sikkim que nous avons rencontré cette grâce et cette beauté parfaite qui distinguent les Françaises, et qui distinguait jadis les Gauloises.

Pour se former un jugement nous recommandons le lecteur d'examiner attentivement les portraits des Lepcha, qui se trouvent dans l'ouvrage intitulé : « *Ethnology of Bengal* » par Dalton.

Nous considérons ces peuples de l'Asie Orientale assimilables à la race blanche au même degré que les « Bigouden » de Pont-l'Abbé et les Gallois; si ce n'est que ceux-ci ont l'avantage d'habiter l'Europe depuis des milliers d'années, et ce qu'il y a de plus surprenant, c'est qu'ils ont conservé les caractères physiques de la race Mongole au même degré que les Bouriates et les Thibétains ce qui dénotent leur origine commune.

Déjà Dardjiling, la première parmi toutes les stations himalayennes, a l'avantage de communiquer avec le réseau des chemins de fer hindous. Une voie ferrée ordinaire amène les voyageurs à Pounkabarri, au pied des montagnes, et de là, une ligne de rails, à fortes rampes de 4 et même 5 centimètres par mètre, et à brusques détours de 21 à 22 mètres, s'élève de crête en crête jusqu'à la hauteur de 2225 mètres, au sommet que couronne la cité nouvelle.

Au delà des routes nombreuses, parcourant les plantations d'arbres à thé et de cinchonas, serpentent sur les flancs des monts et vont aboutir aux villages du Sikkim. Le voyageur hongrois Csoma de Koros, qui a tant fait pour la connaissance de la langue thibétaine, fut enseveli à Dardjiling.

Populatoins du Bhoutan. — Privé maintenant de ses dix-huit tour s'ouvrant sur les plaines du Bengale et de l'Assam, le Boutan, ou plutôt le Boutant, c'est-à-dire l'extrémité du pays de Bhout ou Both (Latham), ne comprend plus que d'étroites vallées de montagnes, séparées les unes des autres par des arêtes élevées, que franchissent des sentiers difficiles. La vallée la plus occidentale, celle de la Ter..., limitée au nord par le territoire thibétain du Tchoumbi, est même presque complètement isolée du reste du Bhoutan, et ne lui appartient politiquement que par la complaisance des Anglais. La première vallée entièrement Bhoutanaise est celle du Tchintchou, qui prend son origine sur les flancs du Tchamalari; c'est dans cette vallée que se trouve la capitale. Mais à l'est le rempart de l'Himalaya est percé, comme en tant d'autres endroits, par une vallée d'érosion, qu'emprunte la rivière Manas, née dans la large dépression qui sépare les deux rangées principales du système himalayen. Les Bouthia appartiennent à la même race que les Thibétains, et le nom qu'ils portent provient de la même racine que celui des Bod du plateau et des Bothia du versant méridional, dans le Népal et le Koumaon; on leur donne aussi l'appellation générale de Lo. Ils sont petits, mais robustes, et pourraient être considérés comme l'une des belles races de l'Inde, si la proportion des goîtreux n'était pas très forte parmi eux. Les Bhoutia se ...ent être aussi parmi les plus opprimés; rien ne leur appartient, et leur sort dépend du caprice des seigneurs ou des moines qui les gouvernent. Afin de jouir du produit de leur travail, des milliers de Boutia émigrent chaque année dans les provinces de l'Inde et surtout dans le Sikkim britannique, où on les considère en général comme très inférieurs aux Lepcha pour la gaieté, la franchise, l'amour du travail. Le Boutan a de grandes richesses naturelles et possède une excellente race de chevaux, poneys charmants et d'une singulière force de résistance. Quand ils n'ont point à craindre d'être dépouillés du fruit de leur travail, les Boutanais sont industrieux, ils cultivent avec soin les terrasses étagées sur les flancs des collines, tissent de solides étoffes, fabriquent d'élégants objets en fer et en cuivre, transforment l'écorce du diah en papier et même en une espèce de satin, sculptent le bois avec goût, construisent des châlets spacieux et commodes qui ressemblent assez à ceux des Alpes suisses. Dans plusieurs villes s'élèvent de riches pagodes d'architecture chinoise.

Un pont de chaînes que Turner vit à Tchouka, sur le Tchintchou, lui parut une œuvre admirable, et de longues années se passèrent avant que l'Europe pût en offrir de pareilles; les Bhoutanais attribuent eux-mêmes ce monument à la main d'un dieu.

La capitale du Bhoutan est la ville de Tasisoudon, située dans un cirque de montagnes, au bord du Tchintchou. La résidence d'hiver du radjah temporel, Panakha ou Pounakha, se trouve à l'est dans une autre vallée, déjà très basse (530 mètres), quoique dans le cœur des montagnes. Le palais est entouré de manguiers et d'orangers; on pourrait se croire dans les plaines du Bengale, si l'on ne voyait au nord se dresser les escarpements des monts neigeux.

Le pouvoir du « roi de la Loi » ne s'étend pas à l'est au delà du bassin du Manas, et même quelques affluents orientaux de cette rivière n'appartiennent pas à sa juridiction. Entre l'État qui reconnaît officiellement son pouvoir et les tribus indépendantes de l'Himalaya oriental, s'interposent les domaines de lamas radjahs (Bot abbatiaux) ou « prêtres rois » qui se disent les vassaux du dalaï lama, mais qui sont en réalité souverains, grâce à leur éloignement de Lassa.

A l'est des petits États que gouvernent les abbés bouddhistes, le territoire se partage entre diverses tribus qui n'ont encore laissé pénétrer chez elles ni le Chinois, ni l'Hindou, ni l'Anglais, mais qui, retenues par la crainte de perdre les subsides que leur paye les anglais, ne font plus d'incursions de pillage dans les campagnes riveraines du Brahmapoutra.

Les Akha, qui occupent, au nombre d'un million d'individus, la partie occidentale de ce territoire, se désignent eux-mêmes par l'appellation de Hrousso ; ils ne méritent plus les noms que l'on avait donnés à leurs tribus : Hazarikhoa ou « Mangeurs de Mille-Foyers » et Kappatchor ou « voleurs de cotton ».

Un des clans a même accepté du gouvernement de l'Assam la concession de terrains situés dans la plaine et des rites hindous remplacent peu à peu ses anciennes pratiques du fétichisme. Naguère les Akha ne savaient même pas cultiver le sol et n'avaient d'autre industrie que l'élève des troupeaux : pourtant, comme la plupart des sauvages de l'Inde, ils s'abstiennent de boire du lait, boisson qui les dégoûte (Dalton). D'après Hesselmeyer, leur idiome ressemble à celui des Chan et des habitants du Manipour : cette dernière contrée serait leur lieu d'origine. A l'est vivent les diverses tribus que les gens de la plaine appellent Dapla ou Daffla, mais qui donnent à eux-mêmes le nom de Banghni, c'est-à-dire « Hommes ».

C'étaient autrefois les plus redoutés des pillards, mais ils sont divisés en une multitude de peuplades qui n'ont pas su offrir de résistance collective aux planteurs, soutenus par les soldats anglais. En 1872, le nombre des chefs, indépendants les uns des autres, auxquels le gouvernement servait une rançon en dédommagement de leur droit de pillage, n'étaient pas moindre de 258 ; il est vrai que chacun d'eux ne touchait guère plus d'une livre sterling par an. De même que les Akha, les Dapla fournissent maintenant aux planteurs de l'Assam un nombre croissant de travailleurs et se laissent pénétrer peu à peu par les idées de leurs voisins d'origine hindou.

Comme leurs voisins du Thibet, ils admettent toutes les formes de mariages, aussi bien la polyandrie, usuelle chez les pauvres, que la polygamie chez les riches.

Les Padam désignés par les Assamais sous le nom général d'Abor, c'est-à-dire « sauvages », peuplent avec les Miri, les vallées que parcourent le Dihong et le Dibong, dans l'Himalaya oriental. Appartenant au même groupe ethnique, d'origine tibétaine, que les Dapla et les Akha, et parlant des dialectes analogues, ils ont mieux conservé leur indépendance, mais ils acceptent aussi de leurs puissants voisins des cadeaux annuels, gages de leur soumission. En 1859, lorsque le missionnaire Krick pénétra dans leur contrée, ils ne l'admirent qu'après l'avoir couvert de feuillage, comme pour le transformer en homme des forêts, et après l'avoir fait passer sous une arcade hérissée d'arcs et de flèches. Dans leur voisinage vivent les Miri, c'est-à-dire les « Intermédiaires », car ils s'emploient en effet aux échanges entre les gens de la plaine et ceux de la montagne. Les Padam se disent les frères aînés des Miri et se croient spécialement privilégiés parmi les tribus. Ils sont en effet plus heureux, grâce à leur indépendance. Ils ne reconnaissent point de maîtres politiques. Tous les hommes font de droit partie de l'assemblée communale, qui se réunit chaque soir et traite de toutes les questions intéressant la grande famille ; le conseil des élus n'a qu'à promulguer les décisions prises par l'ensemble des citoyens. Mais la discipline volontaire est complète. Après le conseil, des jeunes gens parcourent le village en criant l'ordre du jour pour le lendemain et tous s'y conforment, qu'il s'agisse d'aller à la chasse ou à la pêche, de travailler aux champs ou de célébrer quelque fête. Dans les grandes circonstances, on nomme des délégués, qui se réunissent dans le village du Bor-Abor, d'après lequel on désigne quelquefois l'ensemble de la tribu, mais le résultat de la délibération n'est valable qu'après avoir été ratifié par les communes. Les villages sont d'une grande propreté, la maison de ville, où couchent les jeunes gens, et qui sert d'ouvroir pendant les jours de pluie, est parfaitement tenue, les chemins sont bordés d'arbres fruitiers, les ponts de rotin sont élégants et bien amarrés, les cultures pourraient servir de modèles à celles des planteurs de l'Assam. Les Abor ont des prêtres, mais ceux-ci ne sont point héréditaires ; on les choisit parmi les vieillards dont les prédictions ont été justifiées et qui ont su guérir des maladies, « forcé les démons à rendre aux malades l'âme qu'ils enlevaient déjà ».

Les Padam se tatouent et la croix est l'ornement principal dont ils marquent leur front et leur nez. Les femmes ont le même signe sur les lèvres et les mollets ; elles ont aussi des colliers, des bracelets et de lourds pendants en fer, qui après avoir allongé le lobe de l'oreille, reposent sur leurs épaules. C'est du Thibet que viennent ces objets, de même que les cuirasses des hommes et leurs casques de métal, ornés d'un bec d'oiseau ou des défenses croisées de sanglier.

Les Michmi. — La région la plus inexplorée des montagnes où naissent les eaux du Dibong et du Brakmakound est habité par les Michmi, que Dalton croit les frères de race des Miaotze chinois, et dont une tribu ressemble d'une manière étonnante, par les traits, la forme du corps, le développement des mollets, aux Japonais de basse classe dans tout le centre de la grande île. Ceux avec lesquels les Anglais de l'Assam sont en relations sont de très habiles commerçants et portent aux marchés de la plaine du musc, de l'aconit, diverses drogues médicinales et même des étoffes solides qu'ils tissent des fibres de l'ortie. La plupart des Michmi ont le teint jaunâtre et la figure plate ; cependant on remarque chez plusieurs d'entre eux des traits presque aryens, ce qu'ils expliquent eux-mêmes par les croisements avec les pèlerins hindous qui viennent annuellement au Brahmkound; ils sont vêtus d'une espèce de sac qui leur tombe jusqu'aux genoux. La religion des Michmi n'est autre que l'art de la sorcellerie et des conjurations; leurs prêtres, comme les chamans des Toungouses, savent chasser les diables et guérir les maladies par leurs contorsions, leurs danses, leurs roulements de tambour.

Les Michmi sont polygames et l'orgueil des chefs consiste à se procurer beaucoup de femmes, dont le prix varie singulièrement d'un porc à vingt bœufs. Après les épouses, la principale richesse du Michmi est le bétail; ils apprécient surtout l'espèce de bœuf appelée mithoun (bos frontalis), qui vit presque sauvage, mais qui ne manque jamais d'accourir à la voix du maître quand celui-ci lui offre à lécher un peu de sel. Les énormes maisons, dont chacune renferme une population de cent Michmi ou davantage, sont ornées à l'intérieur des cornes du mithoun et de trophées d'animaux tués à la chasse. Le mot (tête), s'emploie chez les Michmi pour tous les objets d'échange. La cause en est-elle aux chasses à l'homme qu'ils faisaient autrefois (E. Reclus) (Dalton).

Les Garro. — Dans les montagnes qui séparent l'Assam en deux régions bien distinctes, celle du haut Brahmapoutra et le bassin du Barak, une grande partie de la population est restée à l'état sauvage. Il est probable que les Garro habitaient autrefois les plaines et qu'ils ont été graduellement refoulés dans l'intérieur des montagnes par les Bengali, pour lesquels ils éprouvent une haine violente; cependant quelques clans, sur le pourtour des montagnes, sont plus ou moins indianisés; la transition de race à race se fait graduellement des campagnes du Brahmapoutra aux forêts des monts. Les Garro d'origine pure sont ordinairement de taille moyenne, adroits et forts; presque noirs de peau, ils ont la figure large, le nez plat et retroussé, les yeux légèrement obliques, le front droit, les pommettes saillantes, les lèvres fortes ; ils rappellent le type dit mongol. Ils n'ont que peu de barbe et s'épilent afin d'avoir le menton glabre, mais ils ne coupent jamais leurs cheveux. La plupart sont presque nus ; quelques-uns portent des vêtements importés de la plaine, consistant simplement en pagnes et en couvertures, auxquels s'ajoute parfois une sorte de manteau, pan d'écorce que l'on a fait macérer dans l'eau pour n'en laisser que la fibre. Hommes et femmes sont, comme la plupart des sauvages, amateurs d'ornements, colliers, pendants d'oreilles, bracelets, mais le diadème, composé de plaques de cuivre, n'appartient qu'aux hommes ayant tué un ennemi. Quoiqu'ils aient eu à les combattre longtemps, les Anglais dépeignent les Garro comme prévenants, bons, hospitaliers, véridiques, d'une droiture parfaite : leur caractère contraste de la manière la plus heureuse avec celui des Bengali, caressants et perfides. Ils sont bons agriculteurs, bien que leur unique instrument soit un simple couteau, avec lequel ils coupent les herbes et les branches et font des trous dans le sol. Le premier objet que remarque l'étranger quand il approche d'un village est la maison de guet, bâtie au sommet d'un échafaudage dominant les autres cabanes : de cette guérite aérienne, le Garro surveille les champs de cotonnier, de céréales, de patates douces. Après deux ou trois années, la terre est laissée en jachère et se repose pendant plusieurs années. Un rien décide les habitants à changer de place. Pendant la durée d'une génération, il leur arrive de fonder jusqu'à dix hameaux.

La langue qu'elles parlent les rattachent aux Metch du teraï et à d'autres peuplades de souche tibétaine. Eux-mêmes se disent les frères de race des Anglais, pour leur donner une leçon d'humanité. Par les mœurs et les coutumes, les Garro, quoique presque isolés, représentent de nombreuses peuplades appartenant à la même période de culture dans la Chine méridionale, dans l'Indo-Chine et le

Dekkan ; ils peuvent même être considérés comme offrant un type de société antique se maintenant contre toutes les influences extérieures qui l'assiègent ; chez aucune nation les institutions du matriarcat ne se sont mieux conservées. Les clans ont gardé leur nom de mahari ou « maternité », et la femme est tenue pour le chef de famille. La jeune fille fait les premières avances au jeune homme, toujours choisi dans une mahari différente de la sienne, et le demande en mariage à la mère ; lorsque le garçon se permet de parler le premier, sa mahari est condamnée à une forte amende. Chez la plupart des tribus encore à demi sauvages, la cérémonie des épousailles est précédée d'un simulacre d'enlèvement de la jeune fille ; mais chez les Garro les amis de la fiancée procèdent au rapt du futur époux et l'emmènent de force dans la « maternité » dont il fera désormais partie. Toutefois, quand il s'agit du mariage d'héritières, on ne leur laisse pas libre choix, et ce sont les deux « maternités » intéressées qui cherchent le mari et dressent le contrat. Le fils n'hérite pas de la propriété paternelle : celle-ci passe au fils de la sœur ; mais ce neveu hérite en même temps que la veuve et doit la prendre pour épouse, fut-elle la mère de sa propre femme ; chez d'autres tribus de l'Inde se retrouvent des traces de cette coutume primitive.

Les femmes sont toujours consultées dans les assemblées des mahari, cependant elles ne gouvernent plus. Le chef ou laskar, qui d'ailleurs ne doit son pouvoir qu'à la confiance de la maternité ou du groupe de maternités qu'il représente, est toujours un homme et réside dans le « palais » du village, la grande maison réservée, suivant la mode indo-chinoise, à tous les célibataires de la communauté. C'est en général le plus riche des habitants qui est choisi pour chef ; parmi ces laskars, il en est qui possèdent plus de cinquante esclaves, descendants d'une race asservie, qui comprend peut-être les deux tiers de la population totale et qui du reste s'est à peu près assimilée aux autres Garro ; seulement ils n'ont point le droit d'entrer par mariage dans les familles de classe noble quoiqu'ils soient plus forts et plus beaux que leurs maîtres (Dalton). Les Garro ne croient point commettre de crime en mangeant la chair de vache ; sauf le lait qui les dégoûte, ils ne repoussent aucune nourriture ; ils mangent même des rats, des grenouilles, des serpents ; les chiens engraissés sont un de leurs mets favoris. Leurs cérémonies religieuses, dirigées par ceux qui se rappellent les anciennes prières, se rapprochent des pratiques du sivaïsme hindou, mais ils n'ont point d'images dans leurs sanctuaires ; ils vénèrent comme les représentants des esprits des floches de coton ou de soie qu'ils attachent à des bambous et que balance le vent. Ils brûlent les morts et remplissent de leurs cendres des espèces de cages en bambou ornées de figures grotesques. Jadis, quand ils voulaient honorer la mémoire d'un mort, ils envoyaient des guerriers dans la plaine pour y capturer des Bengali, que l'on sacrifiait solennellement devant le bûcher funéraire en barbouillant des poteaux du sang des victimes. Encore en 1866 une de ces cérémonies sanglantes *fut célébrée dans les montagnes.*

Les Khasia. — Les Khasia, voisins orientaux des Garro et de la tribu peu considérable des Migam, se donnent le nom de Khyi. Soumis à la domination anglaise depuis plus d'un demi siècle et se trouvant en relations constantes de commerce avec les gens des plaines, au nord et au sud de leurs montagnes, les Khasia sont plus policés que les Garro et plusieurs de leurs clans sont partiellement indianisés. Avant d'avoir été trahis par un de leurs princes, ils formaient une confédération de petites républiques, composée chacune d'un certain nombre de villages régis par une aristocratie locale. Ce régime politique s'est partiellement maintenu, malgré l'ingérence toujours plus effective des administrateurs anglais. Les Khasia et les Djaintia ou Saïnteng, qui vivent à l'orient dans le même massif montagneux, se distinguent de tous les autres habitants de l'Inde Cisgangétique par une langue monosyllabique, mais offrant déjà quelques indices de transition vers la forme agglutinante. De même que le Basque, le Khasia, qui d'ailleurs manque de tout littérature écrite, constitue une enclave glossologique ; on ne sait à quels frères de langue rattacher les cent mille montagnards qui parlent cet idiome. Quant à l'aspect physique, les Khasia et les Djaintia ne diffèrent que faiblement des Garro et des autres peuplades appartenant à la souche Tibétaine ; seulement ils sont plus forts et se distinguent par la puissance des mollets ; à cet égard, peu d'Européens pourraient leur être comparés ; les femmes Khasia portent gaillardement les voyageurs dans une hotte disposée en forme de chaise. D'après Hooker, quelques tribus des Khasia auraient conservé la pratique du tatouage, tous mâchent des feuilles qui rougissent les dents. « Les chiens et les Bengali ont les dents blanches », disent-ils souvent pour excuser leur habitude. Bons et honnêtes, ils apportent dans leurs travaux et leurs jeux une gaieté extraordinaire ; on les entend presque toujours chanter, et presque seuls parmi les Asiatiques (Yule), ils sifflent des airs avec une étonnante précision. Très braves, ils sont aussi très scrupuleux observateurs du droit des gens tels qu'ils le comprennent.

Quoique les Anglais les aient combattus avec des armes à feu, jamais ils ne leur ont répondu par des flèches empoisonnées, armes qu'ils emploient seulement contre les bêtes fauves (Rowney). Quant aux cérémonies du mariage, elles sont à peu près les mêmes que chez les Garro et témoignent aussi de la persistance des institutions matriarcales. Quelques restes de polyandrie se sont également maintenus dans les tribus Khasia.

Le divorce est très commun ; il suffit que la femme jette dans l'air cinq coquillages cauris pour que la séparation soit prononcée et que le mari s'en retourne dans son clan maternel ; mais les enfants restent avec la mère, généralement ; il ne connaissent qu'elle, ignorent même le nom du père. Dans le tombeau, l'homme est séparé de l'épouse ; ses cendres sont déposées dans le cimetière de sa tribu, tandis que celles des enfants sont placées à côté de l'urne maternelle. Tous les cadavres sont brûlés ; mais la combustion des corps se faisant très difficilement pendant la saison des pluies, on les conserve jusqu'à la saison sèche en le recouvrant de miel (Hooker) ; E. Reclus.

L'âge des dolmans se perpétue dans le pays Khasia ; les abords de tous les villages sont encombrés de pierres tombales, les unes posées à plat sur des piliers, les autres dressées comme les pierres levées de l'Occident, ou portant à leur cime un large disque. Des blocs de forme bizarre sont placés au bord des routes en souvenir d'évènements mémorables (Dalton ; Yule ; Georges Campbell, etc.).

A l'est des Khasia et des Djaintia, les tribus des Naga ou les « Nus » peuplent les vallées et les plateaux ; mais ce nom, qui se rattache peut-être à celui des anciens Naga ou « Serpenss » dont parle les traditions aryennes, est une appellation générale, appliquée à des peuplades très différentes par la langue, la parenté, les mœurs, les dessins du tatouage. Au nord-est, ils se confondent avec les Singpo de la Birmanie ; au sud, ils s'unissent aux Kuki par des peuplades intermédiaires. Une de leurs tribus, disent-ils, est née des roseaux ; une autre est sortie d'un œuf, une troisième a surgi des eaux ; enfin il en est une qui s'engendrait du néant, par sa propre vertu (Bastian). Les Naga par excellence sont ceux qui se donnent le nom d'Angami ou « Invaincus ». Ils sont en effet restés indépendants jusqu'à nos jours et souvent les Anglais ont eu à les combattre. Ils n'ont point de chefs : « Voilà notre maître ! » disent-ils en fichant leur javelot en terre. Ils ne changent point facilement de résidence comme les Garro ; au contraire, ils habitent, au sommet des collines, des villages permanents, sortes de forteresses défendues par des fossés, des chevaux de frises, des arbres épineux ; les chemins d'accès sont tellement étroits, que deux hommes ne peuvent y marcher de front, et en temps de guerre on les parsème d'obstacles de toute sorte. Naguère les Naga ne se tatouaient le visage qu'après avoir abattu une tête, soit par ruse, soit en combat, et en avoir fait présent à leur fiancée ; comme les pirates de Bornéo, ils allaient chasser l'homme. Ces hommes sanguinaires ont néanmoins de grandes qualités ; ils respectent la parole donnée, se dévouent volontiers pour le salut de la commune, entretiennent les cendres où reposent leurs morts. Ils cultivent la terre et sont appréciés comme travailleurs dans les plantations d'arbustes à thé, qui remontent peu à peu les pentes et qui finiront par conquérir le territoire des Naga, plus sûrement que les expéditions des cipayes anglais (E. Réclus).

Les régions montagneuses de la frontière de l'Assam sont habitées par d'autres peuplades, de race indo-chinoise, telle que les Khamti, les Singp'o, mais ces tribus ne sont représentées sur le versant du Brahmapoutra que par des clans peu nombreux ; c'est dans le bassin de l'Irraouaddy que s'étend la plus grande partie de leur territoire. Toutefois les montagnes ne sont pas les seules contrées de l'Assam où vivent des tribus se tenant à l'écart des Hindous. Les régions forestières et marécageuses appartiennent encore aux populations primitives.

La nation des Kotch, encore plus nombreuse que celle des Bodo, serait représentée dans l'Inde nord-orientale par un million d'individus. Elle est répandue dans toute l'étendue du territoire compris entre le Gange, l'Himalaya et les monts de la frontière Birmane ; mais la région de Bengale où elle se présente en force est celle qui est désignée sous le nom de Kotch-Behar, c'est-à-dire « Moutier » des Kotch, et qui a gardé son rang parmi les Etats de l'Inde dits indépendants. Les Pani-Kotch, qui vivent à la base des montagnes des Garro ressemblent à ces indigènes, ont les mêmes pratiques matriarcales (Dalton) et sont probablement de la même souche ethnique.

La population civilisée des plaines de l'Assam, à laquelle s'entremêlent les groupes errants des Dhimal et des Bodo, ainsi que les tribus des Kotch et des Metch immigrés de l'ouest, appartient pour une forte part aux races de la péninsule indo-chinoise. Le bassin septentrional du Brahmapoutra communique par des seuils si peu élevés avec la vallée de l'Irraouaddy, que des envahisseurs de l'est purent fréquemment pénétrer dans l'Assam et se mêler aux populations arborigènes.

Les Tchoutiya, qui dominaient dans l'Assam oriental au commencement du xiv° siècle, étaient peut-être les descendants des tribus siamoises, quoique le dialecte d'une de leurs tribus du haut Assam semble plutôt se rattacher à la langue des Bodo (Dalton). Presque complètement indianisés depuis des siècles et vivant sous la tutelle de prêtres brahmanes, ils se distinguent des autres castes dites hindoues par la forme arrondie et les traits aplatis du visage. Quant aux Ahom, qui succédèrent aux Tchoutiya comme maîtres de l'Assam, ils sont incontestablement d'origine orientale ; ce sont les frères des Chan de la frontière du Yunnan ; mais depuis les premiers temps de leur immigration, qui date du xiii° siècle, ils se sont bien modifiés par leurs alliances avec les femmes indigènes et hindoues. Ils sont groupés sur les bords du haut Brahmapoutra au nombre de 150.000 environ autour de leurs anciennes capitales du royaume de Kamroup. Tandis que les Indo-Chinois pénétraient dans l'Assam par les seuils des collines, les Aryens hindous, de race plus ou moins pure, remontaient les bords du Brahmapoutra en asservissant les indigènes. Les traditions les plus anciennes de la contrée nous montrent déjà les Hindous établis dans le royaume de Kamroup, entre le Menas et le Brahmapoutra. Leur empire fut renversé au xv° siècle par les Mahométans, et la nation indigène des Kotch reprit même le pouvoir pendant quelque temps, mais la civilisation resta bien celle des Aryens ; en se policant, mainte tribu se classa parmi les castes hindoues et le dialecte qui l'emporta dans la région des plaines n'est autre que le Bengali. Recouvertes de broussailles, les ruines de Garhgaon, à l'est de Sibsagan et de Rangpour, au sud, s'étendent sur un espace de plusieurs dizaines de kilomètres carrés. En pleine forêt, se voient les restes des temples sivaïtes de Dinandjpour avec leurs pierres sculptées représentant la force créatrice. Ces amas de décombres, ces forts, ces restes de palais et de temples témoignent de la richesse et de la civilisation des anciens Assamais et contrastent singulièrement avec les quelques groupes de cabanes auxquelles on donne actuellement le nom de villes.

La cité la plus active de toute la région est Gaohati; c'est l'ancienne capitale du royaume hindou de Kamroup; de tous les côtés des ruines l'entourent, cachées par les broussailles ou les plantes aquatiques. A Gaohati, on entre déjà dans la région des grands pèlerinages; à l'ouest de la ville, un sommet qui s'élève à plus de 200 mètres au-dessus du fleuve, porte un temple fréquenté, au service duquel 5,000 jeunes filles étaient jadis attachées et qui en contient encore plusieurs centaines. Un sanctuaire placé sur une île rocheuse au milieu du courant est aussi visité par des milliers de pèlerins, et sur la rive droite du Brahmapoutra le temple de Hadjou, consacré à Bouddha ou Maha Mouni, attire à la fois les bouddhistes du Boutan et les fidèles hindous de cultes divers : dans ce temple se confondent les deux grandes religions des Indes. Le sanctuaire de Hadjou indique l'emplacement de la cité d'Azou, qui renfermait les tombeaux des rois d'Assam avec leurs idoles d'or et d'argent, la foule de leurs femmes et de leurs officiers qui s'étaient empoisonnés pour les suivre, et des animaux de toute espèce tués sur leur cercueil (Tavernier).

Les Khampti; les Kakyen, les Karen de la Birmanie. — Les populations, sauvages ou civilisées, qui se partagent le territoire birman, appartiennent pour la plupart à la même couche ethnique, à en juger pour la ressemblance des traits physiques, des idiomes et des traditions. Les différences proviennent surtout du genre de vie, et naturellement ce sont les montagnards qui ont le mieux gardé le type originaire.

Parmi les tribus du nord-ouest, l'une des plus civilisées, celle des Khamti, vit dans les vallées des monts Patkoï, sur les deux versants du Brahmapoutra et de l'Irraouaddy. Généralement grands, forts et bien faits, ils ont la figure plate, du chinois, mais le teint plus foncé, les traits moins réguliers ; la plupart ont l'habitude de ramener leurs cheveux au sommet de la tête pour les attacher en un chignon bouffant. Ils sont décemment vêtus comme leurs voisins birmans et graduellement en adoptent les coutumes. Ils sont très pacifiques, et négligent la chasse pour les travaux de l'agriculture, de l'industrie et du commerce ; ce sont des trafiquants nés (Cooper).

Les nombreux gaoum ou clans, désignés dans l'Assam sous le nom de Singp'o, c'est-à-dire « Hommes », et qui sont connus en Birmanie et dans l'Yunnam par l'appellation de Kakyen, constituent le groupe ethnique le plus important dans la région nord du territoire birman ; mais aucun lien politique ne les unit en nation. Près de la frontière de l'Assam, ils sont partiellement civilisés par les Khampti, auxquels ils ressemblent par les habitudes, le costume et les armes ; mais du côté de la Chine ils sont plus sauvages et les voyageurs se méfient de leur dao (dah) ou grand couteau, qu'ils manient avec une singulière dextérité. Presque tous sont tatoués : les femmes surtout sont couvertes de dessins fort élégamment tracés, servant à la fois de parure et d'écriture magique pour écarter les maladies et les sortilèges (Bastian). Leurs vêtements sont tissés par les femmes et teints dans une préparation d'indigo ; les indigènes, très habiles forgerons, fabriquent des armes exportées chez toutes les peuplades des alentours. La plupart des clans s'occupent peu d'agriculture, si ce n'est pour la production de l'opium et des céréales. Les tribus les plus voisines des Birmans et des Chinois payent l'impôt, mais dans les vallées éloignées des routes elles ne reconnaissent d'autres maîtres que leurs chefs ou tsoboua, dont le titre héréditaire passe toujours au plus jeune fils, ou, à défaut de descendance directe, au plus jeune frère (Bigandet) ; le fils aîné quitte le pays pour aller chercher fortune. Dans quelques gaoun, il reçoit une part d'héritage. Sur le haut Irraouaddy, la monnaie courante des Kakyen consiste en boulettes d'opium.

Les Kakyen n'ont en réalité d'autre religion que celle des esprits ou nat, et leurs cérémonies n'ont d'autres but que de conjurer le pouvoir de ces êtres surnaturels. Lorsqu'une maladie infectieuse fait périr un des leurs, ils ne lui rendent point les honneurs funèbres et ne lui mettent point dans la bouche la pièce de monnaie qui paierait son passage à travers le torrent de la mort ; ils n'ont d'autre souci que de chasser les mauvais génies ou de s'enfuir eux-mêmes. Les vengeances héréditaires se poursuivent de village à village, et même le fils percera l'eau de son épée pour se venger de la rivière où le père s'est noyé. Les Kakyen disent n'avoir pas besoin d'apprendre à lire, car tout est déjà écrit dans leur cœur. Leur idiome est, dans le bassin de l'Irraouaddy, un de ceux qui se distinguent le plus de la langue birmane ; c'est un parler monosyllabique assez doux et harmonieux, ressemblant beaucoup à celui des Abor et des Micmi, mais terminant chaque phrase par une sorte de glapissement (Bigandet).

Le nom des Karen, qui rappelle celui des Khyeng, de l'ouest et des Kakyen du nord de la Birmanie, aurait le sens « d'Aborigènes » d'après Cross, Mason et Gordon, tandis que les Birmans le dérivent d'un mot pali signifiant « mangeurs sales », synonyme de « gens de peu. »

Quoiqu'il en soit, les Karen ne sont une race inférieure

que par l'état de sauvagerie dans lequel vivent plusieurs de leurs tribus; par l'intelligence, le courage, la droiture, l'amour du travail, ils sont au contraire un des peuples remarquables de l'Indo-Chine, un de ceux sur lesquels on peut compter pour la civilisation future de la péninsule ; leur angle facial est plus ouvert que celui des autres sauvages (O' Riley). On évalue tous les Karens à un million répandus sur un espace de 1800 kilomètres.

Les Karen Rouges ou Karen Ni, sont les mieux connus et pris généralement comme type de tous les Karen ; différant par les usages, ils professent le même culte, démonolatrie mêlée de cérémonies bouddhiques, et parlent des dialectes dérivés d'une même souche. La langue des Karen Rouges, écrite pour la première fois par Wade en 1832, est un idiome monosyllabique comme le Chinois, et l'accent tonique, changeant le sens des syllabes, y joue également un rôle capital ; un grand nombre de mots birmans sont entrés dans le vocabulaire Karen (Logan).

Les traditions nationales rattachent les Karen aux Chinois ; elles parlent aussi d'une migration qui se serait faite à une époque lointaine des régions situées par delà le « Grand courant de sable ». Des ethnologistes en ont conclu que les Karen sont des Mongols venus des steppes septentrionales du Gobi ou du Takla Makan (Gordon). Les Karen ressemblent aux autres peuplades des montagnes birmanes. Les plus beaux et les plus forts sont les Gaïkho qui vivent à l'ouest du Sittang; leurs femmes ont une grande réputation de beauté et il en est qui n'ont pas le teint plus foncé que les Chinoises.

Unis par groupes de cinq ou six familles, les Karen d'un même hameau sont toujours parents, les mariages ne se faisant point en dehors du clan. Une ou deux grandes cabanes, où s'abrite la communauté, constituent le village ; après quelques années de séjour, le groupe familial abandonne ses champs pour aller fonder un autre village sur un terrain vierge de la forêt (Helfer); ils s'enfuient disent-ils, parce que les nat sont devenus trop nombreux autour de leur demeure ; ils vont chercher un endroit dont l'atmosphère soit moins peuplé d'ennemis. Quand le Karen bénit son enfant nouveau-né, il s'arme d'un bambou pour chasser vers tous les points de l'espace, pauvreté, souffrance, infortune, débilité, paresse, souillure, « Maux de toutes sortes, allez-vous-en! » s'écrie-t-il. Puis il appelle les bons génies, mais ceux de la vertu avant ceux du bonheur : viens, droiture ; viens, honnêteté ; viens, richesse ; viens, influence ; biens de toutes sortes, venez! Quand ils veulent se venger par des influences secrètes, les Karen invoquent les esprits de l'air : après avoir maudit leur ennemi trois jours de suite au coucher du soleil, ils prennent une branche allumée qui va s'éteindre, un œuf pourri, les débris d'un repas : « Puisse ta vie expirer comme celle de cette branche! Sois privé de postérité comme cet œuf pourri (Masson). Que ta fin ressemble à ces débris. »

Parmi leurs divinités, les pierres fétiches sont les plus vénérées, mais elles demandent du sang, et les prêtres leur sacrifient des poules et des cochons ; ces pierres sont pour la plupart des cristaux de roche, des jaspes et des calcédoines. Jadis des sacrifices humains avaient lieu et des esclaves étaient enterrés sur la tombe de leurs chefs : actuellement on se borne à les attacher pendant quelque temps à côté de la fosse. Parmi les tribus indigènes de l'Indo-Chine, il n'en est pas qui aient plus facilement accepté le christianisme du moins dans ses pratiques extérieures.

Il est vrai que, tout en professant l'une des religions de l'Occident, les Karens convertis n'abandonnent pas leurs croyances antiques. C'est ainsi que des indigènes, ayant cessé de se tatouer pour complaire aux missionnaires, se peignent toujours sur les habits les figures de magie qu'ils avaient autrefois sur la peau (Dalton).

Les Chan représentés en Birmanie par quelques centaines de milliers d'individus, appartiennent à la même souche que les Thaï ou Siamois et qui sont d'ailleurs beaucoup plus nombreux dans les limites du royaume de Siam, sur la haute Menam et dans le bassin du Mekong; on les rencontre par tribus éparses jusqu'aux frontières du Tonkin. Les Toungthou (Laou Pnou), qui vivent dans la plaine du Sittang et que l'on considère généralement comme des Karen, paraissent être des Chan (Bastian).

Les habitants de Siam appartiennent presque tous à la même race : Chan, Laos et Siamois sont également des Thaï, plus ou moins civilisés; nombre de tribus de l'Assam du Munipour et de la Chine sont de même origine et se rapprochent des Siamois par les dialectes et les traits physiques. Les Chan proprement dits sont forts nombreux dans la région du haut Irraouaddy birman et de ses affluents chinois, sur les bords de la Salonen, et dans le bassin du Sittang. Dans la Haute Birmanie, les Chan se donnent le même nom que leurs frères du Yunnan méridional ; ce sont des Peï ou Paï (Payi, Payn). Mais le gros de la population a gardé ses traits distinctifs. Jadis assez nombreux pour constituer un empire considérable, celui de Pong, ils se sont divisés en plusieurs petits états, gouvernés patriarcalement par des chefs ou tsoboua, qui payent l'impôt à l'un des royaumes voisins. Les Peï ou Chan du nord sont presque tous de petite taille, d'un teint à peine plus foncé que celui des Européens ; l'obliquité de leurs paupières n'est guère sensible, mais ils ont la face large, à fortes mâchoires et à pommettes saillantes, entourée de cheveux noirs et plats. L'expression de la physionomie est en général douce et pensive, presque mélancolique ; cependant ils sont sociables, de bonne humeur dans la conversation et se plaisent à faire de la musique en jouant d'instruments à corde ou à vent, guitares, tambours, flûtes et trompettes. La couleur ordinaire des vêtements est un bleu presque noir, tiré de l'indigotier sauvage ; le turban d'une quinzaine de mètres de long, s'enroule autour de la tête, laissant retomber sur la nuque ses franges d'or et de soie. Les femmes s'ornent de bijoux, diadèmes, pendants d'oreilles et boutons, d'un fort beau travail qui se fabriquent dans le pays. En certaines vallées, ce sont des laïques, ailleurs des prêtres, qui se livrent à ce travail délicat ; les ménagères s'occupent presque toutes du tissage des étoffes, de la teinture ou de la broderie et tressent la paille avec le même art que les Toscanes (E. Reclus).

On voit combien peu les Chan méritent le nom dédaigneux de « Barbares blancs » que leur donnent les Chinois : excellents agriculteurs, ils savent arroser leurs champs par des canaux ingénieusement pourvus d'écluses et de déversoirs. Les Chan sont aussi de très habiles commerçants et s'aventurent très loin de leurs pays, colportant diverses marchandises. Ils possèdent un alphabet, et parmi leurs prêtres bouddhistes le nombre des lettrés est assez considérable (Anderson ; Kreitner; Fr. Garnier).

Les Chan ou Taï, comme ils se nomment eux-mêmes, sont, de toutes les races indo-chinoises, la plus répandue et probablement la plus nombreuse. Entourant les Birmans du nord-ouest au sud-est, ils forment un chaînon continu depuis les confins du Munipour (si tant est que les habitants de cette vallée ne soient pas de la même race) jusqu'au cœur du Yunnan, et depuis la vallée d'Assam jusqu'à Bankok et à Cambodge. Partout ils professent le bouddhisme, partout ils ont atteint à un degré de civilisation assez élevé, et partout ils parlent une même langue sans grandes variantes, circonstance remarquable au milieu de cette diversité d'idiomes que l'on trouve parmi tant d'autres tribus, en dépit du voisinage et de la parenté. Cette identité caractéristique dans la langue des Chan, tendrait à prouver qu'il y a longtemps qu'ils ont atteint le degré de civilisation où ils sont arrivés, et que jadis ils ont dû constituer un peuple homogène, avant leur dispersion (Yule).

Les traditions siamoises, aussi bien que celles des Chan septentrionaux, ont gardé le souvenir d'un ancien royaume considérable fondé par leur race, au nord du présent empire birman et le nom de « Grands Taïs » appliqué au peuple de ces pays vient corroborer la tradition. Des germes de désunion ont dû briser l'unité de cette race, la fractionner en petites principautés, et le royaume de Siam renferme peut-être, à cette heure, le seul État indépendant de cette famille, tous les autres sont tributaires de la Birmanie, de la Chine, de la Cochinchine ou de Siam.

Les États dont nous parlons sommairement occupent une étendue de terrain que l'on peut comprendre en masse entre le quatre-vingt-dix-septième et le cent unième méridien, le vingt-quatrième et le vingtième degré de latitude. Ce territoire se termine à l'ouest par la chaîne qui forme la frontière orientale de la Birmanie pure. A l'est, il est borné par le Mékhong ou grande rivière de Cambodje; au nord, par la vice-royauté du Yunnan : il comprend les Kochanpris ou neuf États Chan qui, successivement, ont passé sous la domination des Chinois et des Birmans, et qui maintenant appartiennent aux premiers. Au sud, il joint, pendant quelque distance, le territoire des Karens rouges, et, à partir de là, le Mékhong forme la frontière des principautés tributaires de Siam.

La suzeraineté des Birmans est plus ou moins reconnue dans ces pays; dans les États contigus à la Birmanie propre, c'est une réalité active ; vers l'est elle tend à se relâcher, et vers l'extrême-orient et le nord-est, bien que ces États payent hommage à la Birmanie, l'influence chinoise prédomine.

Les montagnes sont habitées par des tribus plus ou moins sauvages et connues sous plusieurs dénominations. La plus considérable est peut-être celle des Laouos, que les Chan considèrent comme les restes sauvages des anciens aborigènes. On prétend que leur langue ne ressemble aucunement à celle des Chan. Quelque barbares qu'on les dise, ils paraissent adonnés à l'agriculture, soignent fort bien l'indigo, la canne à sucre et le coton, que leur achètent les marchands chinois du Kianghung, du Kiang-tung et des États limitrophes. Ils travaillent le fer, sont de bons forgerons, et fabriquent des dhas ou sabres et des fusils à mèches. Ils sont de taille médiocre et laids; ils ont le nez plat et la face large. Ces caractères feraient penser que les Laouos ne sont que le type dégénéré de la race des Chan, telle qu'elle existait avant d'avoir été modifiée par l'action de la civilisation bouddhiste. Les tribus les plus considérables, les plus sauvages et les plus indépendantes de ces Laouos, se trouvent dans la partie nord et ouest de Muang-Lem. Ils ne permettent à personne de pénétrer chez eux ; et on dit qu'ils guettent, saisissent et décapitent les voyageurs, pour emporter leurs têtes en manière de trophées, comme font les Garro, les Koukis et autres sauvages, voisins de la frontière du Sylhet.

La contrée habitée par les Karen-ni, ou Karens-rouges, qui se sont maintenus indépendants des Birmans et des Chan comprend cette masse montagneuse qui sépare le Sittang du Salouen et s'étend entre la latitude de Touengou et le vingtième degré trente minutes. On les croit de race Chan ; cependant il ne nous a guère été possible de trouver d'autres preuves de sa parenté, que l'usage qu'ils font de la braie pour vêtement. On attribue leur dénomination de rouge à leur teint, qui étant naturellement clair, rougit plus qu'il ne brunit à l'action du hâle ; mais nous croyons que la couleur de leurs pantalons rouges est pour beaucoup dans ce surnom, les Chan portent le pantalon bleu.

Le nom que se donnent les Karens est Koyas, et les Chan les appellent Niangs. Leur tradition veut qu'ils soient les descendants d'un corps d'armée chinois qui s'endormit et que l'armée laissa derrière elle dans une retraite. Il est singulier que les Kyens de Yoma-doung aient la même tradition sur leur origine, à la différence, toutefois, que l'armée était birmane.

Les Karens-rouges sont de petite taille avec des jambes grêles et de gros ventres ; leur malpropreté est notoire. Ils vivent dans un état de société qui n'est pas la sauvagerie, et bien des Chan se sont établis sur leur territoire, trouvant leur régime social plus doux que celui des Birmans.

Leurs seuls actes religieux consistent à apaiser les esprits malins qui frappent de maladie, et les sacrifices qu'ils leur font sont considérables.

Ils se servent, dans leurs transactions commerciales, d'une monnaie d'argent assez grossière et des poids en usage en Birmanie; leur agriculture est remarquable sous plus d'un rapport.

Tout leur pays est montagneux, et dans la partie sud de leur district il y a des pics de deux mille cinq cents mètres d'élévation. Leurs villages sont généralement situés sur des collines arrondies ou planes.

La population est considérable. Dans une partie de leur pays, entre le Salouen et le Mépon, on voit les cultures s'étendre jusqu'au sommet des coteaux, les vallées se dérouler en terrasse à la mode, les routes sillonner le pays et les villages si nombreux à ce point que d'un coup d'œil on peut en embrasser huit ou dix. Leur plus fort village est Ngouédoung, dont les habitants sont en majeure partie des Chan (Yule).

Ces Karens-rouges sont la terreur des districts avoisinants de la Birmanie, où ils font des razzias et enlèvent les habitants qu'ils échangent comme esclaves contre des buffles et des bœufs chez les Chan siamois. Ce sont aussi les receleurs des esclaves que font entre elles les petites communautés Karennes sur les frontières du côté de Toungou. Les villes voisines leur payent redevance pour se garantir de leurs incursions, qui s'étendent assez loin pour forcer les habitants de Nyoung-Ynoué, à trente-deux kilomètres de leurs frontières, à se tenir constamment en garde contre eux.

Les principautés Chan peuvent être divisées en cissalouennes et trans-salouennes. Le premier des États cissalouens, en quittant le pays des Karen-ni, qui forme sa frontière sud, est celui de Mobyé.

Ce petit, dans le voisinage des Karens rouges, a été tellement dévasté par eux, qu'il ne reste plus au tsauboua ou prince, que l'espace compris dans les murs de sa ville. A la fin, n'ayant pu obtenir de secours de son suzerain d'Ava, il cessa de lui payer tribut et transféra son allégeance à ses redoutables voisins.

Puis vient l'Etat de Mokiné ou Moungmé, à cinq jours de marche de Moyé et à trois jours de la frontière des Karens-ni ; il est tellement harassé par les razzias des Karens-rouges, que tous les chefs de villages leur paient redevance.

La ville de Mokiné peut contenir trois cent cinquante maisons.

A deux jours de marche nord de Mokné se trouve la capitale de l'Etat de Moné, qui était le centre du gouvernement des Birmans jusqu'en 1886, sur les principautés Chan ; aussi les Birmans y sont nombreux. Le territoire est assez étendu au delà du Salouen. La ville, qui est située à cinq cents mètres au-dessus du niveau de la mer, est la plus grande de toutes les cités Chan ; elle peut contenir huit mille âmes. Elle est bâtie au pied des collines qui bordent la fertile vallée de Nam-toueen, tributaire du Mepon.

A cinquante-six kilomètres nord-ouest de Moné se trouve le Nyoung-Ynoué. C'est le plus occidental de tous ces Etats et ce fut jadis un des plus grands et des plus importants. Mais les déprédations des Karens-rouges, la tyrannie des Birmans, les dissensions intérieurs ont tellement réduit la puissance de son tsauboua, qu'elle ne s'étend guère que sur une centaine de familles. La ville ne contient pas plus de cent cinquante maisons. Elle est située dans un bassin d'alluvion assez étendu et se trouve à cinq cent cinquante mètres au-dessus de la mer. L'ensemble de ce bassin paraît avoir été le lit d'un lac assez semblable à la vallée de Munipour ; il en reste des traces dans le centre de ce terrain, où se trouve un petit lac de vingt-deux kilomètres d'étendue, peu profond, et qui tend à se dessécher graduellement.

Bien que le nombre des habitants soit fort réduit sur le territoire du Scanboua, cependant la population de la vallée est considérable. On y cultive principalement le riz, la canne à sucre, le maïs, etc.

C'est dans ce district que se trouve le lac Nyoung-Ynoué, à la surface duquel flottent d'innombrables îles naturelles, formées de racines de roseaux et d'herbes entremêlées et recouvertes d'un peu de terre. Elles servent de bateaux de pêche ; on y construit même des chaumières ; elles tremblent sous les pieds, et, par un temps d'orage, tournent à tout vent ; il y en a d'assez grandes pour qu'on y voie trois à quatre chaumières.

Les tsaubouas de toutes ces petites principautés, tranchent de la royauté ; ils épousent leurs demi-sœurs, ils ont comme le Phra de Mandalay, leur Einshé-men, leurs Ativen-naous, Thandant-ens, Naklangyis, etc. Leurs palais ont le triple toit, le htec sacré (éléphant blanc) et le parasol blanc, en un mot tous les insignes de la royauté (Colonel Yule).

Les Lova, plus connus sous le nom de Laos ou Laotiens sont apparentés aux Chan et vivent dans les régions septentrionales du pays de Siam, surtout entre le Salouen et le Mekong. Plus ou moins mélangés avec les populations sauvages, ils présentent de grandes diversités de types, et en maints endroits le voyageur ne peut reconnaître que difficilement au milieu de quelle race il se trouve en réalité. De tous temps les généraux vainqueurs avaient coutume d'emmener en masse tous les habitants d'une province et de les déporter au loin, repeuplant le pays avec les captifs d'autres régions dévastées : ainsi les peuples se distribuaient dans le plus grand désordre (Harmand, *Les races indo-chinoises*).

Indigènes du Yunnan. — La population du Yunnan est encore loin d'avoir fondu ses divers éléments, quoique la domination chinoise se soit établie pour la première fois dans le pays déjà depuis deux mille années. Des tribus insoumises habitent encore les régions montagneuses : Miaotze, Mantze, Loutze, Lisou, Lolo, Chan, Kakyen ; mais plusieurs de ces noms sont des termes génériques s'appliquant comme celui d'Ijen ou « Autre gens », à des peuplades de provenance et de langue différentes. Les Miaotze appartiennent aux mêmes tribus que celles du Koeïtcheou ; de même les Mantze et les Lolo ressemblent à ceux du Setchouan. D'ordinaire les Lolo sont divisés en deux classes, les « Lolo noirs » et les « blancs, » plutôt à cause du contraste de leurs mœurs que par suite de la différence du teint, plus bronzés en effet chez les Lolo noirs que chez les Lolo blancs. Les premiers, appelés aussi « Lolo crus », vivent pour la plupart dans les hautes vallées des montagnes du nord et ne descendent que rarement dans la plaine si ce n'est pour vendre leurs denrées ; ils habitent la même contrée que ces hommes de « Zardandan » dont parle Marco Polo, qui avaient l'habitude de se recouvrir les dents d'une feuille d'or ; mais nulle part on ne retrouve dans le Yunnan trace de cette ancienne coutume (Yule). Les Lolo blancs désignés aussi par le sobriquet de « cuits » ou « mûrs », sont épars en groupes dans toute la province du Yunnan et soumis au gouvernement chinois ; un grand nombre se font raser la tête à la chinoise et portent la queue symbolique de civilisation dans le Royaume central, mais ils se distinguent bien des Chinois par la vigueur de leurs muscles et par leur énergie au travail. S'ils n'avaient le nez un peu aplati et la barbe rare, ils rappelleraient le type européen par la régularité des traits, la souplesse du corps, le bel équilibre des proportions (Thorel) ; plusieurs ont des cheveux châtains et le teint blanc. Les femmes coquettes et joviales sont beaucoup plus fortes que les Chinoises ; elles ne sont pas encore soumises à la mode pour se comprimer les pieds et travaillent dans les champs à côté des hommes, toujours gaies et prêtes à se reposer du travail par la danse et le chant ; à cet égard elles forment un contraste frappant avec la timide et sérieuse Chinoise, qui se croirait compromise si un étranger lui adressait la parole. Les femmes Lolo sont considérées comme les plus belles de la province et souvent des Chinois choisissent leurs épouses légitimes parmi ces indigènes. Chez toutes les tribus des Lolo, la mariée quitte la demeure conjugale dès le lendemain des noces et n'y rentre qu'après avoir éprouvé les premiers symptômes de la maternité : qu'elle reste stérile et par cela même le mariage est rompu. A la vue d'une femme on peut toujours savoir par sa coiffure si elle est jeune fille, épouse sans enfants ou déjà mère. Non mariée, elle porte une petite marotte bleue, brodée de couleurs éclatantes et se terminant en cinq points ayant chacun un grelot d'argent. Mariée, elle quitte le bonnet à pointes pour le chapeau de paille, également orné de boutons de métal ; mère, elle indique sa dignité par un cordon rouge autour de sa chevelure ; un autre cordon annonce la naissance d'un deuxième enfant, celui qui, d'après la coutume, prend toujours fils ou fille le rang d'aîné (E. Rocher).

Le Loutze Kiang, on le sait, doit son nom aux Loutze ou Anong qui vivent sur ses bords, dans une région du Yunnan occidental confinant au nord avec le territoire que peuplent les Lolo. Des tribus de Lisou sont éparses également dans la vallée de ce fleuve tibétain et birman et dans celle du Lantze Kiang ou Mekong, qui dans cette partie de son cours traverse le Yunnan.

Sur la droite, vis-à-vis de Weïsifou, les montagnes sont presque exclusivement occupées par les Lisou. Ceux d'entre eux qui se sont rapprochés des villes chinoises et des Moso, leurs frères de race civilisés, payent régulièrement le tribut ; mais ceux des montagnes écartées sont restés indépendants et il est de tradition chez eux qu'ils fassent tous les vingt ou trente ans une expédition de guerre et de pillage chez leurs voisins policés des plaines. Comme certains Peaux-Rouges de l'Amérique du Nord, et des Malais, ils ne manquent jamais de prévenir leurs ennemis de l'expédition qu'ils vont faire en leur envoyant une baguette symbolique marquée de coches, ornée de plumes et d'autres objets dont le messager explique le sens redoutable. Au jour dit, ils se présentent à l'endroit indiqué, et telle est la terreur des colons chinois qu'ils sont presque toujours vaincus par ces sauvages, armés d'arcs et de flèches trempées dans l'aconit. Les Lisou s'emparent des femmes et des enfants pour en faire des esclaves et pour les vendre en Birmanie; ils prennent aussi les soieries et les bijoux, puis ils livrent aux flammes les maisons de leurs ennemis. Et pourtant les mandarins nient l'existence de ces dangereux voisins et défendent même d'en prononcer le nom: ayant jadis annoncé au gouvernement la destruction complète de ces tribus, il leur serait pénible de se contredire dans leurs dépêches officielles (Dubernard, Desgodins). En temps de paix, les Lisou sont très hospitaliers et se distinguent toujours des populations voisines par leur bonne harmonie et leur esprit de solidarité. Le sol appartient à tous et chaque famille s'installe où il lui plaît pour semer son grain dans les clairières naturelles ou obtenues par le feu. Ils commencent avec les tribus des alentours, et c'est ainsi que de proche en proche ils obtiennent les cauris (coquillages) qui recouvrent les bonnets de leurs femmes : les pépites d'or, qu'ils recueillent dans les sables du Loutze-Kiang, leur servent de monnaie courante. Ils ne vénèrent point Bouddha et n'ont point laissé pénétrer chez eux les prêtres tibétains, mais ils ont gardé les pratiques chamanistes qui prévalaient autrefois dans tout l'Extrême-Orient; leurs sorciers jettent des sorts pour attirer les bons génies et battent le tambour pour effrayer les mauvais esprits des *fontaines, des rochers et des bois.*

Les Chan de l'Yunnan, les « Barbares Blancs » des Chinois, sont de même que leurs voisins les Kakyen, plus nombreux en Birmanie que sur le territoire chinois ; leurs tribus ne résident que dans la partie sud-occidentale du Yunnan à l'ouest du Salouen ou Lou-Kiang ; elles sont d'ailleurs soumises aux mandarins, qui désignent les chefs des villages, avec ordre de percevoir les impôts. Les Kakyen (Katchin) ou Singpo, ainsi qu'ils s'appellent eux-mêmes, sont un des groupes de population les plus énergiques de la contrée et considèrent les Chan comme une race inférieure, bonne tout au plus à leur fournir des muletiers et des portefaix (Ney Elias). Petits, mais trapus et vigoureux, les Kakyen passent leur temps à manger et à boire, à soigner l'élégance de leur personne ; ils se tatouent les bras et les jambes, couvrent leurs habits de coquillages et d'ornements de toute espèce. Ce sont les femmes qui font tout le travail, même celui de la culture et qui portent les fardeaux. Le mari choisit son épouse non pour sa beauté, mais pour sa force physique, et le père réputé le plus heureux est celui qui possède le plus de filles, autant d'esclaves surchargées de travail.

Les Kakyen ont gardé leur culte animiste, et c'est aux nat ou génies protecteurs que s'adressent leurs prières. Suivant une pratique encore usuelle dans certaines régions de l'Europe occidentale, ils mettent une pièce d'argent dans la bouche de leurs morts, afin qu'ils puissent payer leur passage en franchissant le fleuve qui coule entre les deux vies (Kreitner).

Les Peï ou Paï, aborigènes qui vivent dans les parties méridionale et sud-occidentale du Yunnan, surtout dans le bassin du Salouen, se divisent suivant la région qu'ils habitent, en Peï des montagnes et en Peï des rivières ; d'après la tradition, ils auraient habité autrefois les bords du Yantze Kiang, d'où les a graduellement refoulés l'immigration chinoise. Voisins des Lolo et parents des Chan ; ils se mêlent rarement à eux et demeurent en des villages séparés, dont les maisons ne sont pas couvertes de toits à la chinoise, mais de terrasses semblables à celles des Thibétains et des Miaotzé. Les Peï ont la peau beaucoup plus blanche que les Chinois, et, comme les Lolo, se distinguent des immigrants du nord par leur force physique. Tous se percent le lobe des oreilles pour y placer, soit un cylindre d'argent, soit un tube de bambou, ornement que les femmes remplacent par des cigares ou des bouchons de paille; elles fument presque toutes le tabac, tandis que les hommes ont pris l'usage de l'opium (Kreitner). Les femmes des tribus peï sont actives, sans la brusquerie de mouvements que l'on remarque chez la plupart des femmes Lolo, et sont d'excellentes ouvrières pour le tissage et même pour le travail d'orfèvrerie. Par le langage et probablement par la race, les Peï, de même que les Khamti, se rapprochent des Laos de l'Indo-Chine, tandis que les Lolo parlent divers dialectes plus ou moins mélangés de birman, de chinois, de thibétain et se rattachent probablement à ce dernier idiome. Une tribu, parente des Peï, les Papé, est le reste d'une nation, jadis puissante, que les annales nous disent avoir été condamnée par le Fils du Ciel à lui envoyer en tribut des objets d'or et d'argent, des cornes de rhinocéros et des défenses d'éléphants. Ni les Peï, ni les Papé n'ont d'idoles; mais quand ils viennent chez les civilisés, ils entrent volontiers dans les temples, font des offrandes et brûlent des parfums comme les autres fidèles; ceux d'entre eux qui savent écrire n'emploient que les caractères chinois. D'ailleurs la civilisation du royaume central l'emporte peu à peu et les types originaires s'effacent graduellement par les mélanges. Mais en mainte occasion les métis se sont rangés du côté des rebelles mahométans ou indigènes pour se débarrasser des mandarins. « Nous ne sommes pas Chinois, disent-ils fièrement; nous sommes du Yunnan. » Ils diffèrent aussi des « enfants de Han » par leur esprit jovial et leur amour de la musique: presque tous les muletiers ou conducteurs de charrettes portent des mandolines en bandoulière, et dès que leurs chevaux sont en marche, ils accompagnent le bruit des grelots des sons de leur instrument et de leurs chants, ainsi que leurs frères de race les muletiers Khampas du petit Thibet. On peut encore se représenter les muletiers de Guérande en Bretagne comme eux, ceux des plateaux du Yunnan portent un veston court garni de nombreux boutons en métal ; mais un large turban s'enroule autour de la tête.

Populations du Setchouen. — Les Thibétains encore à demi sauvages qui vivent en tribus dans les régions septentrionales des Alpes du Setchouen, sont en général désignés sous le nom de Si-fan ou « Fan occidentaux. » Vêtus de peau ou de grosse laine laissant tomber sur leurs épaules leur épaisse chevelure en désordre, les Si-fans paraissent affreux aux Chinois policés de la plaine, mais ils sont moins redoutables qu'ils ne le paraissent et l'étranger qui leur demande l'hospitalité est toujours bien accueilli.

Le lamaïsme s'est introduit chez eux, quoi qu'à un moindre degré que chez les autres Thibétains, et leurs prêtres ont des livres écrits en caractères Tangoutes. Les Si-Fans du haut Hoang-ho, de même que beaucoup d'autres sauvages de la Chine intérieure et les Chinois eux-mêmes, s'imaginent que les Européens peuvent de leur regard transpercer le sol et l'eau jusqu'à d'énormes profondeurs, et qu'ils volent par dessus les montagnes: s'ils cheminent dans la plaine, c'est qu'ils seraient embarrassés de transporter dans leur vol les bêtes de somme dont ils ont besoin. L'amban de Sining demandait à l'interprète de Prjevalsky s'il était vrai que son maître pût voir briller les pierres précieuses jusqu'à 80 mètres dans la terre.

Au nord les Si-Fan se rattachent aux Andoams, tandis qu'au sud et au sud-ouest ils touchent à d'autres tribus, d'origine également thibétaine connue sous le nom de Mantze ou « vermine indomptable ».

Aussi quelques tribus, connaissant le sens de ce mot, le

repoussent et demandent qu'on leur donne le nom d'Ijen, signifiant simplement « gens différents » ou « étrangers ». Une des tribus, celle des « Sommou ou des Mantze Blancs », qui vit sur les bords du Louhoa-ho, affluent occidental du Min, comprendrait d'après Gill, trois millions et demi d'individus vivant de l'agriculture et de l'élève des bestiaux. Si improbable que soit l'exactitude de cette évaluation il n'en est pas moins certain que les Mantze représentent un élément considérable dans la population de la Chine occidentale.

Politiquement distincts des autres tribus, les Mantze du Setchouen sont groupés en dix-huit royaumes dans lesquels le pouvoir monarchique est absolu. Le souverain prélève un impôt sur les terres cultivées, de même que sur les troupeaux, et chaque famille lui doit le travail personnel d'un de ses membres pendant six mois de chaque année.

A son gré il distribue les terres et les reprend pour les donner à d'autres.

Dans le plus puissant des dix-huit royaumes, celui des Mantze Blancs, le trône est toujours occupé par une reine en mémoire d'actions d'éclat accomplies par une aïeule de la famille régnante. Le nom de « Sauvages » que l'on donne aux Mantze n'est pas mérité, puisqu'ils cultivent soigneusement le sol, tissent des étoffes, se bâtissent des maisons et des tours dans le style thibétain, possèdent même des livres bod et chinois et tiennent des écoles pour leurs enfants. A l'ouest, l'influence thibétaine est prépondérante, et les lamas ne sont pas moins puissants chez eux que chez les Si-Fan ; à l'est, c'est l'influence chinoise qui l'emporte, et nombreux sont les Mantze qui abattent leur chevelure touffue et prennent le costume des habitants de la plaine pour ressembler aux « Enfants d'Han ». Mais les monarchies Mantze ne peuvent résister à la pression continue des colons chinois qui les assiègent pour ainsi dire et ne cessent d'empiéter sur leur domaine.

Au sud des Mantze dans la grande courbe que forme le Kincha-Kiang, entre le Setchouen et le Yunnan, vivent d'autres populations également menacées par les colons ; ce sont les Lolo, dont le nom n'a pas de sens en langue chinoise à moins que cette syllabe redoublée n'indique, comme la désignation grecque des « barbares », des bredouilleurs « qui ne savent pas s'exprimer en langue policée ».

D'ailleurs les Chinois confondent sous cette dénomination de Lolo un grand nombre de tribus de Setchouen et du Yunnan toutes fort distinctes des populations de souche thibétaine comme les Si-Fan et Mantze ; Edkins y voit des branches de la famille birmane ; leur écriture rappellerait celle des talapoins de Pegu et d'Ava. Thorel les divise en Lolo « blancs » parents des Laotiens et en Lolo « noirs » qu'il croit être autochthones. Ils sont en général plus grands et plus maigres que les Chinois proprement dits, leurs traits sont plus accusés et plus agréables, du moins au goût européen, mais en quelques vallées, les goîtres et les crétins sont proportionnellement très nombreux. Dans la ville de Ningyen, plusieurs Lolo sont devenus tout à fait chinois par les mœurs et ont passé leurs examens pour devenir fonctionnaires ; mais dans les montagnes environnantes les tribus ont gardé leur indépendance première et les chinois prennent grand soin de les éviter en contournant leur pays soit au nord soit au sud. Depuis des siècles de luttes, les colons n'ont pas réussi à refouler ces barbares, et seulement un petit nombre de chefs ont consenti à recevoir leur investiture de l'Empereur ; des stations militaires, établies de distance en distance le long de leur frontière, n'empêche pas les Lolo de descendre fréquemment de leurs montagnes pour s'emparer par force des objets dont ils ont besoin et renouveler leurs provisions de sel. Tandis que dans le nord de la province, une race de métis s'est formée entre les Chinois et leurs voisins Si-Fan et Mantze, il n'y a pas de croisement dans la partie méridionale de Setchouen, entre les barbares Lolo et leurs voisins civilisés (E. Reclus).

Keutcheou. — Les Miaotze, c'est-à-dire d'Aprés Morrison et Lochart, les « hommes » qui ont germé du sol, habitaient autrefois les régions de la plaine, notamment les bords des lacs Toungting et Poyang. Graduellement refoulés par les colons chinois dans la région des montagnes c'est Nam-nam ou « Barbares du Sud, » ainsi qu'on les nommait jadis, se sont cantonnés pour la plupart dans le massif du Nanling et dans les vallées environnantes ; forcément divisés par les plaines intermédiaires, ils ont dû se répartir en tribus nombreuses dont les différences se sont accrues de siècle en siècle, et sous lesquelles il est difficile de reconnaître la parenté d'origine. Le Chouking de Confucius partage les Miao en trois groupes principaux, Blancs, Bleus et Rouges. Des peuplades subsistent encore sous le même nom dans les montagnes du Koeïtcheou méridional, mais ces épithètes, maintenant motivées par la couleur des habits, ne s'appliquent probablement plus aux mêmes tribus que celles dont parlait Confucius.

Les Tchoung-Miao, les Ngntchoung-Miao, les Kilao, les Kituo, et les Touman du Koeïtcheou, les Toung du Kouangsi, les 82 tribus que décrit un ouvrage chinois traduit par Bridgmann, appartiennent aussi à la nation des Miaotze, réduit maintenant en fragments épars ; on donne à quelques peuplades le nom de « 600 » familles, peut-être pour dépeindre l'état de dispersion dans lequel il se trouve maintenant. Diverses tribus soumises se mêlent graduellement à la race conquérante des Chinois, on a vu des Miao passer les examens universitaires et s'élever au rang de mandarins. D'autres, quoique de descendance chinoise par leurs pères, vivent à l'écart des civilisés. Les Miao-Seng, restés indépendants des employés chinois et des maires bouddhistes, ont dû se réfugier dans les régions d'accès difficile. La plupart ont bâti leurs villages fortifiés sur les sommets d'où ils peuvent surveiller la contrée, mais à l'exception d'une ou deux tribus qui vivent de brigandage, ils se bornent à la défense.

Ils cultivent le maïs, le sarrazin, ainsi qu'un peu de riz, dans les rares endroits favorables ; ils élèvent aussi des bestiaux et sont d'habiles chasseurs, mais ils ne descendent point dans la plaine pour vendre la peau des animaux qu'ils ont tués, les bois de cerfs et les poches à musc des chevrotins ; ils attendent la visite des colporteurs qui viennent trafiquer dans leurs villages.

Très fiers, très sensibles à l'injustice, les Miao ne peuvent subir l'oppression des mandarins, et restent en état continuel de révolte. Mais ils n'ont pas comme les Mantze du Setchoun, l'avantage de s'appuyer sur de vastes plateaux inhabités, leurs montagnes sont entourées de tous les côtés par des colons chinois, et le cercle d'investissement se resserre ; des tribus entières ont été exterminées. Non seulement on les considère comme des sauvages, mais on leur refuse presque jusqu'au nom d'hommes ; ainsi les Yao, du district de Lipo, au sud du Nanling, passent chez leurs voisins pour avoir de courtes queues, comme les singes. Il est certain que des tribus de Miaotze ont perdu leur civilisation et sont même partiellement retombées dans la barbarie depuis qu'on les traque comme des bêtes fauves ; en certains endroits ils n'habitent que des grottes ou des huttes de branchages et doivent abandonner les pratiques de l'agriculture ; il en est qui vivent dans les fissures de parois abruptes et qui ne peuvent atteindre leur gîte qu'au moyen d'échelles de bambou appliquées sur le roc jusqu'à la hauteur de 150 mètres. Cependant les annales chinoises et même des récits modernes nous montrent des Miao connaissant l'écriture et rédigeant des ouvrages en leur langue sur des tablettes de bois ou sur des feuilles de palmier. Les Miao ont aussi la réputation d'être d'habiles tisserands, leurs femmes savent fabriquer de belles étoffes de soie, de lin, de coton et de laine, très recherchées des négociants de Canton. Bons musiciens, ils jouent d'une espèce de flûte plus agréable que celle des Chinois et dansent en mesure aux sons du tambour et de la guitare, en représentant avec beaucoup d'expression des scènes tristes ou joyeuses ; quelques-unes de leurs danses ont aussi un caractère religieux. Leur grand vice, l'ivrognerie, contribue à augmenter le mépris qu'ont pour eux les habitants de la plaine. Il est à craindre que les restes de l'ancienne nation ne disparaissent avant qu'on ait même pu les classer parmi les races de l'Asie. Sont-ils de la même souche que les Thibétains, ainsi que la plupart des écrivains chinois l'admettent, en comprenant les Miaotze dans les Pa-Fan ou les « Huit Fan » dont les Si-Fan, ou Fan occidentaux du Thibet ne sont qu'une branche ?

De même que d'autres populations du Yunnan méridional, telles que les Paï et les Papé, les Miaotze, se rattachent-ils à la souche siamoise, ainsi que leur vocabulaire porte à le penser ?

En général plus petits que les Chinois, les Miaotze ont les traits plus accusés et leurs yeux sont ouverts comme ceux de l'Européen.

Les hommes et les femmes coiffés à peu près de la même manière, ramènent leur longue chevelure sur la nuque et la tordent en forme de chignon ; les femmes de quelques tribus se mettent une planche au-dessus de la tête et réunissent leurs cheveux par dessus, de manière à s'abriter du soleil et de la pluie ; la plupart des hommes se roulent autour de la tête un turban aux couleurs voyantes, et les femmes portent des pendants d'oreilles. Les uns et les autres sont vêtus de blouses en toile ou en laine et se chaussent de sandales en paille. Ils n'ont point de gouvernement, mais en cas de dispute, ils prennent volontiers des arbitres parmi les vieillards, et la force leur reste si l'affaire ne s'arrange pas à l'amiable. Les haines héréditaires se perpétuent chez eux jusqu'à la neuvième génération, et l'on dit que, devenus maîtres de l'ennemi, ils en mangent la chair. Ils mêlent à leur culte bouddhique le culte des démons et des ancêtres, chez quelques-unes des tribus, les ossements des morts sont retirés du cercueil tous les trois ans et lavés avec soin ; de la propreté de ces os, pensent les Miao, dépend la santé publique. D'autres clans ne pleurent point les morts au moment de la séparation ; ils attendent le printemps, et c'est quand ils voient se renouveler la nature et revenir les oiseaux, qu'ils se mettent à gémir, disant que leurs parents les ont abandonnés pour toujours. On dit que la curieuse coutume de la « couvade » existerait dans une des tribus des Miaotze ; après la naissance d'un enfant, dès que la mère est assez forte pour quitter sa couche, le père prend sa place et reçoit les félicitations des amis (E. Réclus).

Les Tangoutes d'après de Prjwalski (chang-Mao « longs cheveux »). — En continuant notre route nous aperçûmes pour la première fois des tentes de Tangoutes et de grands troupeaux de yaks, à travers les rochers. Sur un point où les montagnes s'écartent à une certaine distance de la rive la Tétoung-gol forme une vallée pittoresque, et c'est là sous la protection d'un massif rocheux que s'élève le couvent de Tchertinton. Le guigen, supérieur du couvent, nous accueillit avec bienveillance et nous engagea à prendre le thé avec lui ; de notre côté nous gagnâmes complètement ses bonnes grâces en lui faisant cadeau d'un stéréoscope. Ce guigen était un peu artiste, il traça devant nous un dessin représentant notre première entrevue.

Le 1er juillet nous nous mettions en route en suivant un des affluents de la Tétung. Un sentier étroit serpentait dans une gorge ou étaient disséminées les tentes noires et les isbas en bois des habitants. Les versants des montagnes étaient couverts de forêts, d'arbustes et de gigantesques rochers qui hérissaient et fermaient les étroits défilés. Le sentier suit en zig-zag la montagne et les bêtes de somme n'avancent que difficilement. A mesure que l'on s'élève, le coup d'œil devient de plus en plus admirable, et la plaine ondulée se déploie dans toute sa richesse.

Parmi les races habitant cette partie de la province de Kansou, il faut citer celle des Daldis (Si-fan du sud ou Tangouste-Daldis), qui est répandue en petit nombre dans les environs des villes de Nom-bi, d'Onlambon et de Sining. A Tchelbsen elle compose la moitié de la population.

Les Daldis ressemblent beaucoup plus aux mahométans qu'aux Chinois; ils vivent sédentairement et sont agriculteurs. Ils ont le visage plat et à pommettes saillantes; leurs yeux et leurs cheveux sont noirs, leur taille est moyenne et leur constitution assez robuste. Les hommes se rasent la barbe et la tête, mais portent la queue comme les Chinois. Les jeunes femmes réunissent leurs cheveux sur la nuque et portent une sorte de parure en cotonnade de forme carrée; les femmes âgées ne font pas usage de cette coiffure, elles disposent leurs cheveux en tresses tombant sur les épaules. Leur religion est le bouddhisme. N'ayant vu cette race qu'en passant, nous n'avons pu nous procurer sur elle aucun renseignement particulier. Ce sont de mauvaises gens et de petits esprits nous disent les Mongols. Leur dialecte paraît être un composé de mongol, de chinois et de mots inconnus.

C'est au nord de la zone de collines dont nous venons de parler qu'est situé le temple de Tchelbsen, qui fut le point de départ de toutes nos explorations dans le Kansou... »

« La population du Koukou-Nor se compose de Mongols et de Kara-Tangoutes ou Tangoutes noirs. Les Mongols de cette région, soumis au joug pesant des Tangoutes, sont les plus tristes représentants de leur race. Les Kara-Tangoutes, beaucoup plus nombreux que les Mongols, sont répandus sur toute cette région jusqu'au Tsaïdam; mais leur agglomération principale est massée le long du cours supérieur du fleuve Jaune. Ils ne sont soumis que nominalement au gouvernement de Pékin: ils reconnaissent pour souverain légitime le Dalaï-Lama de Lhassa, et n'obéissent qu'à des chefs de leur race qu'ils élisent eux-mêmes.

La principale occupation des Tangoutes est le brigandage, dont les Mongols sont les victimes habituelles. Les brigands tangoutes ne se contentent pas d'enlever le bétail ; ils massacrent les Mongols ou les emmènent pour en tirer rançon. Quand même les Mongols oseraient se défendre, ils s'exposeraient à de cruelles représailles, car les Tangoutes ont édicté des lois par lesquelles le meurtre de l'un des leurs, doit être racheté ; or, ce prix du sang est très considérable, et si le meurtrier ne peut pas payer, toute la population du district est responsable ; le nombre des Mongols diminue rapidement.

Les Tangoutes poussent leurs expéditions fort loin, jusque dans le Tsaïdam occidental. Ils opèrent par bandes de dix hommes qui amènent chacune deux chevaux de réserve, ainsi que des chameaux pour porter les vivres et les munitions, car ils restent en maraude pendant deux ou trois mois.

De retour au pays, les pieux brigands ne manquent pas de se mettre en règle avec leur conscience, et se procurent l'absolution de leurs crimes en achetant ou en volant du poisson qu'ils vont jeter dans le lac sacré, le Koukou-Nor. D'après les récits des Mongols, les brigandages des Tangoutes auraient commencé au siècle dernier, et depuis ce temps les fonctionnaires chinois qui reçoivent d'eux des pots de vin, ferment les yeux sur leurs méfaits. »

Les races de l'Indo-Chine suivant le Dr Thorel, extrait de l'*Exploration de l'Indo-Chine* de F. Garnier, vol. 2, page 307 (Race jaune).

« Le crâne des Indo-Chinois présente des différences sur lesquelles nous croyons devoir revenir. Quoique les Laotiens soient un rameau de la race jaune, comme les

Annamites et les Cambodgiens, il est curieux de voir qu'à l'inverse de ces derniers peuples leur crâne soit brachicéphale. Ce fait, qui existe déjà dans la race blanche où les teutons font exception par la dolichocéphalie avec les slaves et les peuples gréco-latins, montre une fois de plus que ce caractère ne suffit pas pour caractériser une race et qu'il est également insuffisant pour apprécier le degré d'intelligence puisque les Laotiens sont loin d'être les moins intelligents parmi les rameaux mongoliques.

« Faisons remarquer que la brachycéphalie des Laotiens les rapproche des Kalmouks qui occupent le nord de l'Asie et qui sont considérés comme le type le plus pur de la race mongolique ; sans prétendre tirer aucune conclusion de ce rapprochement nous devrons cependant signaler cette affinité de race :

Il semble résulter de l'examen de ces changements progressifs de la couleur du teint, de l'obliquité des yeux et de plusieurs autres caractères que les populations noires ou sauvages habitaient primitivement le sud de l'Indo-Chine que les Jaunes étaient fixés au nord et que c'est de leur mélange et non des influences climatériques que sont résultées les modifications que nous avons constatées sur les types des différents rameaux Indo-Chinois. Si l'on peut soutenir que la noirceur du teint, qui augmente en marchant vers l'équateur, provient de l'effet du soleil, on ne peut appliquer le même raisonnement au changement dans la conformation de l'œil, qui ne peut évidemment provenir que du mélange des races. D'après les nombreux caractères connus qu'offrent les rameaux Indo-chinois, précédemment décrits, on ne peut douter de leur communauté d'origine. Tous ne sont que des branches de la race jaune qui se sont séparées du tronc à des époques difficiles à préciser, mais dans tous les cas fort anciennes. Les modifications qu'elles présentent nous paraissent être le résultat d'une sélection naturelle ou plutôt de relations avec des populations primitives de races différentes.

Quel est le lieu de leur origine ? Viennent-ils du centre de l'Asie Centrale, qu'on considère comme ayant été le berceau de tout le genre humain ? Sans prétendre trancher cette question qui fournira longtemps matière à controverse, cette origine nous paraît cependant assez probable quant aux Indo-Chinois de race mongolique. Nés au centre de l'Asie comme les fleuves qui baignent la région qu'ils habitent, Brahmapoutra Irraouaddy, Salouen, Cambodge et fleuve Bleu, repoussés à l'est par l'immense barrière de l'Himalaya, comme les eaux de ce fleuve, puis comme elles, réunis un instant dans la région montagneuse qui s'étend au nord-ouest du Yunnan, ils ont suivi les vallées de ces fleuves pour se répandre dans l'Indo-Chine, repoussant les sauvages noirs, qui sont les aborigènes proprement dits, ou se mêlant avec eux. »

Race brune ou rameau noir de la race blanche. — Sauvages à type caucasique du sud de la Chine (D' Thorel), suite.

« Leur teint est bistré, moins noir que chez les Hindous et que chez les sauvages Océaniens de type pur ; néanmoins si on s'en tenait au teint, il serait souvent impossible de les distinguer les uns des autres.

Leur physionomie est assez énergique, sans férocité, ni dureté, pourtant elle est beaucoup plus expressive que celle des Mongoliques. Les traits de leur visage sont accentués, leur profil est droit, leur visage est ovale et surmonté d'un front assez haut, droit, peu fuyant, supérieurement avec les bosses frontales assez accusées. Ils ont souvent une barbe noire bien fournie ; elle est toujours frisée ou au moins ondulée, elle est moins tardive que chez les Chinois, et lorsqu'elle existe, on en observe sur les côtés du visage, ce qui est tout à fait exceptionnel dans la race mongolique. Leurs yeux sont horizontaux, bien ouverts ; il s'en faut pourtant qu'ils soient entièrement comparables à ceux des Européens ; ordinairement même ils sont un peu bridés dans l'angle interne. Au lieu d'affleu-

JEUNE FILLE MONGOLE D'OURGA (Mongolie)

rer comme chez les Mongols, ils sont plus enfoncés et mieux protégés par les bosses sus-orbitaires qui proéminent davantage et qui portent des sourcils mieux fournis.

Leur nez n'est ni large, ni plat à la racine. Cet organe est presque toujours droit, parfois même il est busqué; rarement pourtant, il devient entièrement comparable à celui des Européens pour son développement, sa minceur et la petitesse du lobule terminal. Les pommettes sont très peu proéminentes et peu élevées. La bouche est de grandeur moyenne, parfois même elle est petite, avec des lèvres peu épaisses; jamais cependant elle n'atteint un degré de minceur très grand. Les mâchoires ne sont jamais prognathes et portent de belles dents, bien rangées, verticales et d'une grandeur ordinaire. Le menton paraît le plus souvent assez large et proémine, contrairement à celui des chinois. L'angle formé par la branche montante du maxilaire inférieur avec le corps de l'os, paraît sur l'avant se rapprocher beaucoup de l'angle droit, caractère qui permet de les distinguer très facilement de tous les rameaux mongoliques chez lesquels cet angle paraît ordinairement très ouvert.

Les femmes de ces sauvages sont les mieux proportionnées de tout l'Indo-Chine; elles sont en parfaite relation de grandeur de forme et de vigueur avec les hommes de la même famille. Elles sont par conséquent grandes et fortes, avec la taille parfaitement indiquée, ce qui fait différer très notablement leur démarche de celles des femmes appartenant aux races qui les entourent.

A l'imitation des Chinois qui emploient comme on sait l'épithète de sauvages ou d'étrangers à l'égard de tous les peuples, nous avons appelés sauvages ces indigènes à type caucasique; mais ils ont atteint un certain degré de civilisation qui rend cette application complètement inexacte.

L'énergie de ces robustes montagnards, qui n'habitent presque exclusivement que les sommets des hautes montagnes, à une altitude comprise entre 2,200 et 3,500 mètres les a rendus très redoutables pour les Chinois. Quoique formant un assez grand nombre de tribus distinctes, ayant peu de relations les uns avec les autres à cause de la difficulté des communications d'un groupe de montagnes à l'autre, ils forment pourtant une famille unique, composée de nombreux faisceaux plus ou moins ressemblants. En réunissant toutes les tribus qui en font partie, on peut les considérer comme assez nombreux. On en trouve à peu près sur toutes les hautes montagnes de l'ouest et du sud de la Chine, depuis l'Yunnan, jusqu'en Mongolie, où il en existe également (d'Omallius d'Halloy). C'est sans doute à ces sauvages qu'il faut attribuer ce fait admis depuis longtemps par tous les écrivains et tous les naturalistes, que les Chinois sont une race mélangée de sang blanc et de sang jaune. Cette opinion devient une certitude après la constatation de l'existence de cette race. Pour l'appuyer nous dirons dans le voisinage des montagnes qu'elle habite, on constate sans peine que le type chinois se modifie sensiblement et présente quelques-uns des caractères de ces Lolo noirs.

Les tribus qui offrent le moins de mélange et qui ont gardé les traits les plus purs de la race, habitent le nord du Yunnan et le sud-ouest du Setchouen, près de Honey-ly-tcheou, où se trouvent en même temps les montagnes les plus hautes et les plus inaccessibles que nous ayons vues. Partout ailleurs leurs caractères nous ont paru plus ou moins mitigés.

Ces Lolos noirs à type Indo-Européen, sont-ils véritablement indigènes dans le sens le plus absolu du mot?

Sont-ils venus de l'Asie centrale, qu'on assigne comme ayant été le berceau des aryennes? Viennent-ils de l'Inde comme les bohémiens avec lesquels nous les avons comparés? Il nous est complètement impossible de répondre à ces questions. L'histoire chinoise et la philologie de ces peuples permettront peut-être de les résoudre et de constater qu'ils sont d'origine Aryenne. »

Les Lolo noirs à type Européen ne sont-ils pas venus de la Mongolie, ainsi que les signale d'Omallius d'Halloy, depuis l'Yunnan, jusqu'en Mongolie?

L'histoire chinoise et la philologie de ces peuples ne les rattachent-ils pas au Si-fan de l'Ouest (Tibétains)?

Les Samoyèdes. — Les Samoyèdes sont représentés, au nord par un ensemble de tribus qui vivent le long de l'Océan Glacial, depuis les bords de la mer Blanche, jusqu'à l'est de l'embouchure de l'Iénissei ; au sud par quelques peuples disséminés. Parmi ces tribus méridionales, il convient de citer les Soyotes, qui habitent sur la frontière des Mongols, au nord-ouest de la Chine, et qui sont presque tous nomades; les Matares, peuple de chasseurs; les Karagasses, peuplade peu nombreuse, fétichiste, qui ne vit que de la chasse des animaux à fourrure.

Les tribus méridionales occuperaient l'ancien pays où la race vivait autrefois. Celles du nord auraient été refoulées par les envahisseurs, dans le nord-est de la Russie d'Europe et le nord-ouest de la Sibérie. Les Ostiaks les repoussent de plus en plus vers l'Océan Glacial. Aujourd'hui les Samoyèdes du nord ne forment plus l'élément dominant de la population qu'au-delà d'Obdorsk ; au sud de Mougi (65°,10') on n'en trouve plus aucun représentant.

Que leur patrie première soit située vers le centre de l'Asie ou que les Samoyèdes du nord aient habité primitivement sur les bords de la mer Glaciale, il est incontestable que les tribus du sud sont trop mêlées pour qu'on puisse retrouver chez elles les caractères du type originel. Aussi, ne nous occupons-nous que des Samoyèdes du nord, qui perdus dans les solitudes des régions boréales, ont dû à leur isolement de conserver leur liberté, leurs caractères physiques et leurs mœurs spéciales.

Les Samoyèdes sont gros, trapus, et d'une taille en moyenne 1 m. 59 chez les hommes et 1 m. 48 chez les femmes. Leur peau semble d'un jaune brun assez foncé ;

mais, si on la débarrasse de la crasse qui la couvre, on voit qu'elle est d'un jaune pâle sale. Ils ont les cheveux noirs et droits, la barbe rare, le tronc et les membres glabres. Le crâne quoique court chez la plupart, s'allonge chez quelques-uns. La face présente les caractères assez accusés du type jaune en général : visage large et plat ; œil noir, petit, peu ouvert ; nez court, enfoncé entre les pommettes, qui forment une forte saillie. On a encore noté chez ces indigènes la brièveté du cou et des jambes.

Leur costume est fait entièrement de peau de renne. Il se compose d'une ou deux tuniques de fourrures, suivant la saison et d'une paire de bottes en peau ; ces tuniques sont presque toujours ornées d'une frange en peau de chien.

Ils se rasent la tête à l'exception du sommet, sur lequel ils laissent une touffe de cheveux.

Pallas dit « on remarque dans le costume des femmes beaucoup de détails qui leur sont propres et qu'elles n'ont empruntés d'aucune autre nation. Elles ne connaissent pas le voile ni le Yrop de femmes Ostiakes. Elles ont la tête et le visage découverts, excepté dans les voyages d'hiver ; elles manquent de pudeur. Leurs cheveux forment des tresses qui pendent par derrière, et qu'elles ne défont jamais.

Elles portent des pendants d'oreilles de grains de coraux. Leur robe est un assemblage de morceaux de drap, dont le devant de la poitrine et le dos sont communément formés de peaux de jeunes rennes. Le bas de la robe de dessus est garnie de trois bandes de belle fourrure qui forment le tour. Cette robe est ouverte par devant ; elles rabattent un des côtés sur l'autre, et les fixent au moyen d'une ceinture, qui a, au lieu de boucle, un gros anneau de fer, auquel elles attachent ses deux extrémités. Les femmes Samoyèdes portent des culottes de peaux de rennes préparées comme nos peaux de daim. Elles ne quittent point leurs habits, même pour se coucher. Les hommes ôtent les leurs ; mais ils gardent leurs culottes. »

Essentiellement pasteurs, les Samoyèdes errent dans les toundras ou steppes, qui longent l'Océan Glacial. Aussi ne doit-on pas s'attendre à rencontrer chez eux des maisons. L'hiver ils habitent des iourtes, sortes de cabanes rectangulaires, avec un toit en bois et en écorce de bouleau. L'été, ils vivent sous la tchoum, qui n'est autre chose qu'une tente conique en écorce de bouleau, dont la charpente se compose de quelques perches réunies au sommet. Les deux genres d'habitations se transportent facilement d'un endroit à un autre.

La principale occupation du Samoyède est le soin et l'élevage du renne.

Les indigènes qui perdent souvent leurs rennes par de cruelles épidémies se livrent à la pêche ou s'engagent au service des Russes établis dans le pays. Ils reprennent la vie nomade dès qu'ils peuvent remplacer les animaux qu'ils ont perdu.

Les Samoyèdes sont d'humeur paisible et foncièrement honnêtes. Le vol est extrêmement rare chez eux, et jamais ils ne se livrent au pillage pour subvenir à leurs besoins. Dans leurs migrations, ils n'emportent que le mobilier le plus indispensable ; le reste de leur avoir est abandonné sur quelques traîneaux, et ils ont la certitude de le retrouver à leur retour. Il leur suffit, pour protéger leur propriété, de planter dans les environs un emblème sacré, qui consiste en un pieu surmonté d'une tête de renne. Bien souvent la disette se fait sentir, car, tout en possédant des troupeaux de rennes, ils n'aiment pas à sacrifier leurs animaux domestiques. Ils ne s'en servent guère que pour les atteler à leurs traîneaux ; ils cherchent à pourvoir à leur alimentation au moyen de la chasse et de la pêche. Sur les bords de la mer, ils se nourrissent d'ours marins, de baleines mortes, qui viennent échouer sur le rivage. Sur les fleuves, ils font un trou dans la glace, et ils introduisent des poissons en bois qui servent à attirer la proie. Avec un harpon, le Samoyède, placé sur la glace, s'empare du poisson. A l'automne, hommes, femmes et enfants chassent le renard blanc.

En dehors de leurs tentes, de leurs vêtements, de leurs ustensiles de ménage, de chasse et de pêche, ils savent travailler assez artistement l'os et l'écorce de bouleau. Ce sont ces substances qu'ils emploient pour faire leurs tabatières, leurs jouets, etc., comme ils les emploient pour leurs tentes, leurs berceaux, leurs vases, leurs tasses et tous leurs objets usuels.

La femme est considérée comme un être inférieur ; elle ne mange pas avec son mari, et elle est obligée de se contenter de ses restes. Voici ce que Pallas écrivait à la fin du siècle dernier, et les choses n'ont guère changé depuis. Malgré la vie errante de ce peuple, les femmes outre les soins du ménage, sont obligées de monter et démonter les tentes, de charger et décharger les traineaux.

Le mariage consiste en un simple achat. Lorsqu'un jeune homme a trouvé une fille à sa convenance, il délègue un de ses amis au père de la fille, pour traiter le marché. Les négociations sont généralement longues, le père émettant presque toujours des prétentions élevées. Finalement l'accord se fait, et le fiancé paye sa femme au moyen de vêtements, de meubles, d'ustensiles de ménage, de peaux de rennes et de bibelots qu'il achète aux Russes. La moitié du Kalim (c'est ainsi qu'on appelle les objets qui représentent le prix de la fille) va au beau-père ; le reste est distribué entre les parents de la mariée. Le marché conclu, le beau-père doit inviter son gendre à dîner et le régaler de chair de renne. Le lendemain du mariage, il lui faut donner à son tour des vêtements à sa fille et à son gendre. Quelque temps après, lorsque la jeune femme vient rendre visite à son père celui-ci est obligé d'héberger les époux et de leur faire des présents à leur départ.

« Le prétendu, dit Pallas » au sujet du mariage, accompagné de plusieurs femmes étrangères, vient chercher sa femme le jour convenu. On visite alors tous les parents qui ont eu part au Kalim ; ceux-ci font un petit présent aux jeunes époux. Les femmes amenées par le mari saisissent ensuite la nouvelle mariée, la mettent de force dans un traineau, l'y attachent, et partent. On charge les traineaux de tous les présents reçus, et de celui du lendemain de noces ; on les attache en file après celui de la jeune mariée. Le père de la fille est obligé de couvrir les trois ou quatre premiers avec d'excellents draps, et les autres avec des peaux de rennes neuves. Le nouveau marié ferme la marche dans un traineau séparé. » Peu de temps après sa délivrance, la mère reprend ses travaux avec son enfant sur le dos, dans un berceau en écorce de bouleau, rempli de poudre, de bois et de mousse.

Lorsqu'un Samoyède meurt, on le revêt d'habits et on lui renverse sur la tête un chaudron où l'âme résidera après la destruction du corps. Le tout est ensuite soigneusement emballé et ficelé dans une couverture en peau de renne. Ainsi préparé, le mort est tiré, la tête la première hors de la tente à travers une ouverture pratiquée pour cela. Les indigènes sont convaincus que s'ils faisaient passer un cadavre par la porte, il entrainerait après lui quelque membre de la famille. Le mort est transporté sur une hauteur, où l'on se met en devoir de creuser une fosse peu profonde. Une fois qu'on y a placé le cadavre on la recouvre de neige en hiver, de branchages, de mousses et d'un peu de terre en été. Parfois la fosse est remplacée par une légère cabane faite de bois et de branchages. Dans un cas comme dans l'autre, on a soin de déposer quelques offrandes à côté du mort ; elles consistent en une hache, un couteau, un arc, des flèches, une pipe, du tabac, une cuillère et une tasse. Un devin engage le défunt à ne pas inquiéter ceux qu'il laisse sur la terre et à abandonner à ses parents les endroits où il avait coutume de faire des chasses fructueuses. La cérémonie se termine par le sacrifice des rennes qui ont trainé le cadavre au lieu de la sépulture ; on les laisse sur la tombe avec leurs harnais. Un autre renne est tué pour le repas des funérailles, auquel ne peut prendre part le mari ou la femme du défunt avant de s'être lavé et parfumé avec du musc.

Quand un Samoyède passe près de la tombe d'un de ses parents, il doit sacrifier un renne et le manger avec ses compagnons de voyage, en souvenir du mort; on place la tête de l'animal au sommet d'un pieu qu'on enfonce en terre, à côté de la tombe. Pour porter le deuil, les hommes n'attachent point leurs bottes fourrées et ne mettent pas de ceinture; les femmes délient leurs tresses de cheveux.

Quelques-uns sont bouddhistes ou chrétiens, mais la plupart sont païens. Comme les autres populations chamanistes des régions boréales, ils semblent adorer le soleil, la lune, l'eau, les arbres. Chaque famille a, dans sa tente, une idole, qui n'est souvent qu'une pierre brute, mais qui peut être une poupée en bois grossièrement sculptée. Des idoles de cette dernière catégorie, et de dimensions considérables se voient au sommet des capes élevés de la côte de l'Océan Glacial; c'est là que les Samoyèdes viennent offrir des sacrifices à leurs dieux. On trouve chez eux des sortes de prêtres ou chamans, qui seraient de fort habiles prestidigitateurs, si on en croyait ce que rapportent les pauvres nomades d'une crédulité difficile à surpasser.

Pallas affirme, sur la foi de MM. Souief et Gmelin, qu'il en est qui savent s'enfoncer un couteau dans le corps sans se blesser; il se revêt d'une tunique de peau à laquelle sont suspendus de nombreux ornements en fer: couteaux, oiseaux, clés, clous, etc. (D' Verneau).

Chant des Arzonnais (1). — Sainte Anne, que Dieu bénit, vos vertus, votre puissance ont éloigné de nos têtes la mort et tous les dangers!

1. Tel est le caractère guerrier des bretons, qu'ils le relèvent jusque dans les pardons, qui sont partout ailleurs des fêtes pleu-

« Nous courons à votre maison sainte pour offrir des actions de grâces; car vous nous avez préservés dans les dangers du combat !

« Sainte Anne, que Dieu bénit, etc.

« Une troupe d'Arzonnais était partie pour l'armée; ils étaient plus de quarante et soumis aux ordres du roi !

« Sainte Anne, que Dieu bénit, etc.

« Pleins de foi, pleins de confiance, nous tous, paroissiens d'Arzon, nous vînmes ici vous implorer le saint jour de la Pentecôte !

« Sainte Anne, que Dieu bénit, etc.

« Nous voilà voguant dans la Manche, avec celui qui nous commande, cherchant combat et vengeance contre les vaisseaux hollandais !

« Sainte Anne, etc.

« Coups de canon nous arrivent plus pressés que la grêle; oh! non, jamais, jamais nous ne fûmes en pareil danger !

« Sainte Anne, etc.

« De chaque flanc du vaisseau, des tonnerres de bordées fracassent et font tomber câbles, voiles, mâts et cordages !

« Sainte Anne, etc.

« O véritable miracle ! aucun des enfants d'Arzon ne reçut la moindre offense de boulet ni d'arquebuse !

« Sainte Anne, etc.

« Près d'eux, à droite et à gauche, tués ou blessés, tombent les hommes; mais, pour eux, votre secours, votre vertu les défendaient !

ses et tranquilles, sont chez eux entremêlés de souvenirs militaires. A la procession d'Auray les hommes d'Arzon se pressent comme un bataillon autour du modèle d'un vaisseau de 74, pavoisé de tous ses pavillons et porté par six matelots. Ce sont les descendants de ceux qui, avec la protection de sainte Anne, défirent les flottes de Ruyter. Ils marchent, fiers de ce souvenir en chantant en chœur l'hymne des Arzonnais.

« Sainte Anne, etc.

« Là près de nous, un boulet frappe un pauvre matelot et la moelle de sa tête jaillit sur un enfant d'Arzon !

« Sainte Anne, etc.

« Nous vous prions de bon cœur, sainte Anne, que Dieu bénit ; conservez-nous en grâce maintenant et toujours ! »

Chant de Tamerlan. — L'invocation à l'immortel Tamerlan est un chant fameux et chéri des Mongols ; le pâtre l'entonne dans les steppes de ses montagnes ainsi que le guerrier avant de livrer un combat. Nous avons pensé qu'il convenait de le présenter à la suite du chant des Arzonnais.

« Quand le divin Timour habitait sous nos tentes la nation Mongole était redoutable et guerrière ; ses mouvements faisaient pencher la terre ; d'un regard elle glaçait d'effroi les dix mille peuples que le soleil éclaire.

« O divin Timour, ta grande âme renaîtra-t-elle bientôt ?

Reviens, reviens, nous t'attendons, ô Timour !

« Nous vivons dans nos vastes prairies, tranquilles et doux comme des agneaux ; cependant notre cœur bouillonne, il est encore plein de feu. Le souvenir des glorieux temps de Timour nous poursuit sans cesse.

Où est le chef qui doit se mettre à notre tête, et nous rendre guerriers ?

« O divin Timour, etc.

« Le jeune Mongol a le bras assez vigoureux pour dompter l'étalon sauvage ; il sait découvrir au loin, sur les herbes, les vestiges du chameau errant...

Hélas ! il n'a plus de force pour bander l'arc des ancêtres ; ses yeux ne peuvent apercevoir les ruses de l'ennemi.

« O divin Timour, etc.

« Nous avons aperçu, sur la colline sainte, flotter la

L'EMPEREUR TAMERLAN

rouge écharpe du Lama, et l'espérance a fleuri dans nos tentes... Dis-le nous, ô Lama ! Quand la prière est sur tes lèvres, Hormoustha te dévoile-t-il quelque chose des vies futures?

« O divin Timour, etc.

« Nous avons brûlé le bois odorant aux pieds du divin Timour; le front courbé vers la terre, nous lui avons offert la verte feuille du thé et les laitages de nos troupeaux... Nous sommes prêts ; les Mongols sont debout, ô Timour !... Et toi, Lama, fais descendre le bonheur sur nos flèches et sur nos lances.

« O divin Timour, ta grande âme renaîtra-t-elle bientôt ?

Reviens, reviens, nous t'attendons, ô Timour !

APPENDICE

En 1739, lors du passage de Gmelin en Sibérie, les objets d'or, d'argent, de cuivre travaillé que l'on avait retirés des tombeaux étaient assez communs pour qu'on en trouvât dans toutes les maisons (Erman, *Voyage en Sibérie*). Dans la steppe d'Abakan, sur les deux bords de la rivière de ce nom et sur les rives du Yenisei jusqu'à 200 kilomètres en Aval d'Abakansk, les tombeaux se groupent par centaines et par milliers surtout dans les régions fertiles. Certaines parties de la steppe ressemblent à de vastes nécropoles : les buttes s'y dressent si nombreuses qu'on dirait des villes de tentes ou des troupeaux d'animaux gigantesques. La plupart des tertres sont des kourgans anciens, ayant jusqu'à 8 et 10 mètres de hauteur et recouvrant soit des chefs avec armes et chevaux, soit des familles entières, soit des amas d'ossements, jetés sans doute après quelque combat : ces buttes funéraires sont les kourgans « noirs ». Mais les tombeaux les plus remarquables sont des enclos de pierres levées, dont quelques-unes sont taillées de manière à représenter des hommes, des femmes, des enfants ; les Russes donnent à ces pierres sculptées le nom de baba, comme aux figures grossières qui se voient sur les kourgans de la Russie méridionale. Mais la plupart de ces effigies grossières ont disparu. Autant qu'on peut en juger par ce qui reste des sculptures, elles semblent représenter des Mongols, et quelques pierres taillées auront figuré des chameaux, leurs compagnons de route (Kostrov). Les populations dont les restes sont enfouis dans ces buttes étaient d'ailleurs plus civilisées que ne l'étaient les Européens de l'âge de bronze correspondant, car parmi leurs bijoux on a trouvé de véritables œuvres d'art en or battu, des porcelaines, des vases de bronze ornés de bas-reliefs représentant des formes animales parfaitement reconnaissables, comme celles de l'argali, du cerf, de l'aigle, du loup et figurant aussi des animaux ailés, griffons ou dragons volants (Castren, Spasskiy, Radlov, Popov, Stepanov, etc.). Les miroirs en métal, semblables à ceux qu'emploient de nos jours les Bouriates et les Mongols dans leurs cérémonies bouddhiques se rencontrent fréquemment dans ces tombeaux; mais les objets en fer ne se trouvent guère que dans les kourgans d'origine récente. Les représentants du canard, vénéré par les anciens Finnois, y sont communs. D'après la tradition générale les hommes enterrés dans ces tombes sont des « Tchoudes », qui se couchèrent vivants dans les fosses en voyant apparaître le bouleau dans les forêts (E. Reclus).

La population indigène dans le haut bassin du Yenisei, en Chine et en Sibérie, se compose de Mongols, de Finnois, de Teures, diversement mélangés et d'ailleurs confondus les uns avec les autres par presque tous les voyageurs. La plupart des peuples qui vivent dans le bassin de l'Ob, se rencontrent aussi en diverses parties de la région du Yenisei. Ainsi les Tartares s'avancent à l'est jusqu'aux portes de Minousinsk, de Kansk et de Krasnoyarsk; ils campent dans ces steppes en y menant le même genre de vie que les anciennes populations Kirghises (Semonor et Potanin). Les Ostiaks parcourent, des deux côtés du fleuve, les forêts, qui s'étendent au nord du confluent de l'Angara; les Samoyèdes dressent leurs tchoums dans les toundras de l'estuaire. Il existe même dans les vallées des hauts affluents du fleuve, sur le versant septentrional de l'Ergik-targak, quelques familles de Samoyèdes que l'on croit être restées dans leur pays d'origine, lors de l'émigration de leurs frères vers les régions du nord, en 1847, lors du voyage de Castren, ces représentants d'une race antique, connus dans le pays sous le nom de Motores, et se donnant l'appellation de Toubalares, semblaient bien près de disparaître. La petite vérole avait fait de grands ravages parmi eux et la plupart des survivants avaient émigré sur le territoire chinois (Semonov et Potanin).

D'autres se sont fondus avec les Tartares et les Soïotes des environs. L'ancien dialecte samoyède *s'est perdu avant la race elle-même.*

L'époque tertiaire n'a guère été étendue qu'en Europe et il n'est pas étonnant que géologues et paléontologues n'ont trouvé que de rares documents plus ou moins contestés de l'antiquité de la race humaine.

L'homme tertiaire exista, ce qui le prouve à l'entendement des philosophes, est ce point que l'homme quaternaire aurait dès son arrivée sur la terre fait des progrès relatifs qu'il n'a jamais accomplis depuis avec cette promptitude.

L'homme tertiaire a existé en Europe peut-être ? mais certainement en Asie où ses descendants se sont mélangés depuis, avec les hommes quaternaires. Que sont les négritos des Phillipines, Australie et Nouvelle Guinée.

Quand je dis quaternaires, je veux dire simplement, les hommes supérieurs physiquement à leurs congénères et devant cette supériorité au sol habité, à la nourriture meilleure, à l'air plus pur.

A l'époque tertiaire quand la plus grande partie de l'Europe était encore submergée ; les massifs de l'Asie centrale étaient entourés de mers intérieures, l'Asie était séparée de l'Europe (cours de l'Obi) et de l'Afrique (Isthme de Suez). Des hommes peuplèrent les vallées de Pamir, du Tian-chan, du Thibet plus fertiles et moins froides, peut-être moins élevées. D'autres hommes habitaient autour des mers intérieures, les Hanouhaï en Chine, la Caspienne et l'Aral agrandis dans le Turkestan.

Quand se produisit le bouleversement géologique qui souleva le Pamir et dessécha les mers environnantes, bien des hommes succombèrent, ceux des hauteurs boisées et humides restèrent amoindris dans leur pays, ceux au contraire des versants nord du Thian-Chan, les restes des anciens Tchoudes qui connaissaient et qui fondaient le cuivre, cherchèrent des pays plus humides, ou un climat plus égal, car il dut y avoir à cette époque où se souleva également la basse Sibérie et partie de la Russie, des courants atmosphériques violents, ceux qui ont formé la terre jaune en Chine aux dépens de la vase du Han-hoï, et les terres grasses de la vallée de l'Obi et de la Tchernagore en Russie aux dépens des Kisil-Koum et Kara-Koum du Turkestan. Ces vents rendaient le pays inhabitable dans les endroits non abrités. Les habitants du Pamir du Thian-Chan, les futurs Aryens et Touraniens, continuèrent de vivre en la région dans les vallées profondes où ils augmentèrent petit à petit leur nombre réduit par le cataclysme.

Les authoctones du versant sud du Han-Hoï allèrent peupler la Chine et le Japon, en y détruisant la race Aïno peu nombreuse.

Les Tchoudes descendirent partie au nord en suivant les grands fleuves et formèrent les Ostiaks, les Samoyèdes les Toungouses, partie allèrent à l'ouest et suivirent le bord de la mer par le cours de la Petchora, formèrent des établissements en Finlande où il y a deux races marquées en Laponie, puis descendue en Danemark où on retrouve leurs restes, et vinrent, les bords de la mer du Nord étant marécageux et mal définis, s'établir, Venètes, Bigouden, Galls, Gallois, dans les pays granitiques où ils retrouvèrent les métaux et les productions de leur pays d'origine; de là, ils peuplèrent également les pays basques, les Galices, le Portugal. Ils habitaient alors un terrain plus considérable que celui où les ont réduit depuis les invasions ultérieures de peuples plus robustes et armés du fer.

Quels que soient les temps écoulés depuis cette transmigration pacifique jusqu'à l'invasion aryenne, ces peuples avaient une civilisation propre, due à leur patience et leur ténacité, civilisation que vint accélérer l'esprit plus subtil de l'Aryen qui s'empara des meilleures terres et réduisit à l'état d'esclave ou de serviteur (serfs) les Tchoudes, race Mongolique et pure Khalka, dans les endroits où ils dominaient entièrement.

Les langues aryennes, plus euphoniques, se substituèrent à nombre égal aux langues monosyllabiques, qui constituaient le fond de la langue Tchoude, qui laissa cependant son empreinte dans la langue des peuplades aryennes les moins avancées.

Les autres peuplades, isolées et s'isolant encore volontairement, conservèrent au contraire plus de mots Tchoudes qui dans la suite des temps, par les contacts comme par les habitudes de vie, se modifièrent, au point de ne plus se ressembler que par quelques mots et quelques points de construction. Ce qui explique que deux villages voisins en Bretagne comme en Finlande, comme en pays Galls ou Basques ont des patois différents.

Les langues aryennes si bien constituées et plus résistantes n'échappent pas à cette anomalie.

Les crânes des primates qu'on observe encore dans tous les pays, proviennent certainement de cette première émigration des Tchoudes, qui se mélangèrent aux races incultes qui peuplaient alors l'Europe, et imposèrent à tant de races leurs crânes brachycéphales.

Lapons, Samoyèdes, Bretons, Gallois, Basques paraissent être les produits de la première invasion en Europe. *Type Khalka (Mongol).*

Indiens, Germains, Persans, Latins, Grecs, ceux de la première invasion Aryenne. *Type Galtchas (Tadjick).*

Arabes, Juifs, Sémites, ceux d'un croisement des races des alentours du lac de Van avec les Egyptiens. *Type Palestin.*

Turcs, Thérémisses, Tchouvaches, Votiacs, Hongrois, Usbecks, les restes en Europe de plusieurs invasions armées de Touraniens. *Type Usbeck.*

Pierre écrite des bords du Yenisei. — A 80 kilomètres en aval de Minousinsk, le village d'Alakansk, forteresse importante au dernier siècle, lorsque Minousink n'existait pas encore, a gardé quelque mouvement comme lieu de passage d'une rive à l'autre : le rocher de la rive gauche est couvert d'inscriptions fort bien conservées, presque toutes en Mongol; Pallas en vit aussi deux en Tartare. Dans le voisinage, des centaines de tombes en pierres disposées deux par deux, occupent un espace considérable : peut-être les inscriptions racontent-elles la bataille où périrent les guerriers couchés sous ces tombeaux. Plus bas près du village de Novoselovo, un autre rocher des bords du Yenisei porte aussi des inscriptions anciennes, et dans la vallée de la rivière Sizim, très fréquentée des laveurs d'or, un escarpement est revêtu de peintures hiéroglyphiques représentant des oiseaux, des bêtes fauves et des cavaliers. De même en face du confluent de la Birova près de Krasnoyarsk, des figures d'hommes sont peintes en rouge sur le rocher qui domine le Yenisei.

Le Baïkal, dont le nom est dérivé probablement des mots yakoutes Baï-Khaï, ayant sens de « mer Riche » ou « Fortune », est connu par les Mongols sous l'appellation de Dalaï-nor, *mor en Celtique* ou de « Mer Sainte »; les riverains russes eux-mêmes lui donnent surtout ce nom, « Sv'atoïe More », prétendant que « jamais chrétien n'y a péri », si ce n'est en état de péché mortel. Tous, Mongols, Ourianknes, Bouriates et Russes, s'indignent de l'entendre désigner comme un lac; pour eux, c'est une mer d'eau douce presque égale en dignité à la mer d'eau salée. Les pêcheurs racontaient jadis à Gmelin que la « mer » se fâche quand on l'appelle « lac », et ils prenaient soin de ne parler d'elle qu'en termes de vénération. C'est ainsi que, dans tous les pays du monde, les populations sauvages, à la merci des forces indomptées de la nature, ont appris à la craindre et à les implorer. Nombre d'écueils redoutables sont tenus pour sacrés et les riverains allaient souvent y faire leurs sacrifices, quand le vent leur permettait d'y aborder près de la sortie de l'Angara, un de ces rochers est le trône du « Dieu Blanc ».

Le promontoire sacré, par excellence, qui s'avance au large de la côte orientale, se termine par les rochers du « cap des Chamanes », d'une cinquantaine de mètres de hauteur, qui se dressent en forme de colonnes ou de statues grossièrement taillées. Pour les Toungouses, ces rochers sont des dieux, les maîtres des eaux qui viennent laver leurs pieds, les protecteurs des oiseaux qui tourbillonnent dans l'énorme cavité de leur bouche (Georgi ; Ritter).

Les *Finnois* appartiennent, comme l'indique leur langue, à la grande famille Touranienne ou Altaï-Ouralienne, qui domine encore dans l'Asie septentrionale et centrale, mais qui, à l'ouest de l'Oural, a été refoulée par les peuples indo-européens. Les restes de la race altaïque en Europe se divisent en quatre groupes : *l'Ougrien* (Ostiaks, Wogouls et Hongrois), *le Permien* (Syrjanes, Permiens et Wotiakes), *le Bulgare* (Bulgares, Mordvines et Tchérémisses) et le *Finnois* (Esthes et Lapons). De ces peuples, les Hongrois, les Finnois et les Esthes se sont avancés le plus à l'ouest, se sont assimilé la civilisation occidentale et peuvent seuls être rangés parmi les peuples policés.

Le reste ne se compose que de tribus peu nombreuses, à demi sauvages, habitant la Russie d'Europe et s'éteignant peu à peu, ainsi que de Lapons et de Samoyèdes nomades. Aussi n'est-ce que la langue qui décèle la parenté des Finnois avec ces tribus, dont ils se séparent du reste absolument par l'apparence physique, le costume, les habitations, les mœurs et les coutumes.

C'est à la fin du septième ou au commencement du huitième que les Finnnois paraissent avoir pris possession de leur patrie actuelle, après avoir, chassés probablement par les Bulgares, abandonné leurs établissements sur le cours moyen du Volga. Mais à leur arrivée en Finlande, ils y trouvèrent des habitants, dont les traditions populaires nous ont conservé le souvenir sous les noms de *Hiidet, Jaettilaciset, Jatuttt* et *Jotunit*; des récits fabuleux nous racontent les combats que les premiers immigrants finnois eurent à soutenir contre les magiciens liés avec les puissances infernales. Peut-être faut-il voir dans les Lapons actuels les descendants de ces époques reculées : des haches, des ciseaux, des coins, des masses, des pointes de flèches, etc., ont été trouvés sur presque toute l'étendue du pays. La superstition populaire voyait dans ces objets des carreaux de foudre tombés du ciel, et leur attribuait des vertus secrètes pour guérir les maladies des hommes et des animaux.

On fait remonter à la même époque une multitude innombrable de petits monticules de pierre.

A leur arrivée dans le pays les Finnois étaient divisés en trois tribus, les *Finnois proprement dits*, les *Tavastiens* et les *Caréliens*. A l'exception de quelques rares notices dans les chroniques russes et suédoises sur des expéditions dévastatrices que faisaient les uns chez les autres ces peuples et les Finnois, on manque absolument de documents historiques sur les premiers siècles, mais il nous ont légué une des plus belles épopées que le génie d'une nation ait jamais produites, le *Kalevala*. Cette épopée, *Elias Loennrot* l'a recueillie sur les lèvres du peuple et dans ses chaumières ; elle nous offre le tableau de la mythologie, de la vie domestique et des mœurs des anciens Finnois, et nous fait connaître le degré de civilisation auquel ils étaient parvenus avant l'introduction du christianisme. Nous y voyons qu'ils s'adonnaient déjà à l'agriculture, au commerce et à la navigation, qu'ils savaient extraire le fer du minerai que renferment leurs lacs et qu'ils étaient d'habiles forgerons. Les légendes des vikings (pirates) scandinaves célèbrent hautement les épées finnoises.

Kalmouks et Tartares de l'Altaï. — Les populations préhistoriques de l'Altaï ont laissé des traces de leur civilisation. Les mines de la contrée étaient exploitées déjà de toute antiquité, par un de ces peuples mystérieux auxquels on donne le nom général de Tchoudes; on en voit çà et là dans les montagnes et dans la plaine les nombreux tombeaux entourés de pierres et revêtus pour la plupart d'un fourré de groseilliers. Lorsque les Russes découvraient à nouveau les riches gisements de métal de l'Altaï, ils y trouvèrent partout des excavations de mines; Pallas raconte qu'on retira même d'une galerie écroulée le squelette à demi rongé d'un de ces mineurs préhistoriques ayant encore à côté de lui le sac de cuir rempli de riche terre minérale. Il est probable que les anciens mineurs de l'Altaï et du Yenisef, de même que ceux de l'Oural, sont pour une part considérable les ancêtres des populations déchues qui habitaient les vallées de l'Altaï lors de l'arrivée des Russes, et qui appartiennent à la souche ouralo-altaïque. Par suite de cette illusion générale qui fait regarder vers les montagnes pour y chercher les berceaux des peuples, on s'est servi des noms de l'Oural et de l'Altaï, comme jadis de celui du Caucase, pour désigner les diverses nations tartares, finnoises, et même mongoles du nord de l'Altaï. Les Mongols divisés en plusieurs tribus peuplent tout le versant méridional de l'Altaï et les plateaux avoisinants, mais ils ont aussi dépassé la frontière et vivent au milieu des Russes et des Tartares des vallées du nord. Toutefois les principaux représentants de la race mongole dans l'Altaï septentrional sont les Kalmoukh évalués diversement de 12 à 20 mille individus. Quoique de race mongole ils ne parlent plus la langue de leur race, seulement leur idiome turc est très riche en termes mongols, tandis qu'ils n'emploient point des mots arabes et persans comme les Turcs soumis à l'influence de l'Islam. Purs Chamanistes, les kalmouks de l'Altaï célèbrent encore librement leurs cérémonies et dans les grandes circonstances ils font des sacrifices d'animaux.

Les Tchouktches, c'est-à-dire les « hommes » qui forment la nation la plus forte numériquement de la Sibérie nord-orientale, errent avec leurs troupeaux de rennes dans toute la péninsule de Béring dans le bassin du fleuve Anadir et par delà les derniers rameaux du Stanovoï, dans les toundras que traversent la Kolima et l'Indigirka : un oukase de 1869 fixe les limites des régions attribuées aux Tchouktches au sud du pays des Youkagires.

L'ensemble du territoire tchouktche s'étend sur un espace d'environ 800,000 kilomètres carrés ; mais on évalue seulement à 12,000 individus (Venoukov) le nombre des indigènes vivant dans cette immense étendue, grande comme la France et la péninsule des Appennins réunies.

Le type des Tchouktches est celui du Mongol à tête ronde, à face large et plate, à pommettes saillantes ; le nez est souvent si profondément enfoncé entre des joues rebondies qu'on pourrait placer une règle sur la figure sans le toucher ; les lèvres sont grosses, et des cheveux noirs et plats tombant sur un front déjà bas le rapetissent encore. Les Tchouktches ont le cou puissant et des muscles d'une singulière vigueur, les attaches fines et délicates ; la plupart sont de petite taille, cependant on en trouve de belle stature. La ressemblance ethnique est grande entre les Tchouktches de l'Asie et les Esquimaux du nord de l'Amérique. Grâce aux uns et aux autres, la transition des types entre les aborigènes du Nouveau-Monde et ceux de l'Ancien est complètement insensible : du Peau Rouge au Yakoute et au Bouriate, les croisements ont créé tous les intermédiaires, et de proche en proche la parenté s'est établie, quelle qu'ait été d'ailleurs la différence originelle et quoique les langues diffèrent. On voit des Tchouktches qui ressemblent d'une manière parfaite à des Sioux, sauf pour le costume, ce sont d'admirables représentants de l'Indien sauvage d'Amérique (George Kennan, tente life in Siberia). Nous ajouterons que le Tchouktche est également un admirable représentant du Bigouden de Pont-l'Abbé ; en d'autes termes le Bas-Breton des montagnes d'Arès et de Pont-l'Abbé est un représentant admirablement bien conservé du type Mongol pur sang qui se trouve chez les Bouriates, les Tchouktches, les Kalmouks, les Thibétains, etc.

L'évidente analogie de type entre le Tchouktche et l'Esquimaux, la communauté de leurs usages et de leur genre de vie, l'emploi qu'ils font d'instruments de mêmes matériaux et de même dessin analogues à ceux que l'on trouve en diverses grottes européennes et américaines de l'âge de pierre, ont fait admettre par quelques anthropologistes que ces deux nations du nord sont les représentants d'une humanité ou d'une race antérieure, graduellement refoulée vers le nord et forcée par ces peuples conquérants de séjourner sur les rives de l'Océan Glacial. Ce n'est pas dans le pays habité par eux qu'il faudrait chercher leurs ancêtres, mais bien plus au sud, dans ceux où se retrouvent les débris d'une industrie et d'un art semblables aux leurs (E. Reclus).

Ce qui se dit ici des Tchouktches et des Esquimaux s'applique aussi aux Bas-Bretons; eux aussi sont les représentants de cette même humanité, ainsi que les Gallois, les Lapons et les Basques, de la même race antérieure graduellement refoulée vers les extrémités du continent Européen. Ce n'est pas non plus seulement dans le pays habité par les Bas-Bretons qu'il faudrait chercher leurs ancêtres, mais bien loin, du lac Baïkal au lac Kokï-noor et au lac de Tali-fu dans l'Yunnan, parmi les Bouriates, les Chan, les Taugoutes et les Moso ou Lisou, où se retrouvent les débris d'une industrie et d'un art semblables aux leurs; ainsi que le capitaine Gill le laisse entrevoir dans son livre récent: « *The river of golden sand* », la rivière au sable d'or (L'Iansi-Kiang). Et encore plus récemment Lord Lemington dans son récit à la chambre des communes de son voyage dans les États Shan et Moso.

Cette découverte que j'ai faite il y a 4 ans à Quimper et Pont-l'Abbé et que j'ai approfondie depuis est le fruit de

20 ans de voyages dans l'Inde et l'Indo-Chine, et qui encore une fois donne raison à l'adage connu : « Que nul n'est prophète dans son pays. »

Les Kakyen-Katchin ou Singpo (Tchingpo). — Leurs tribus ne résident que dans la partie sud-occidentale du Yunnan à l'ouest du Salouen ou Lou-Kiang. C'est un des groupes de population les plus énergiques de la contrée. Petits, mais trapus et vigoureux, les Kakyen passent leur temps à manger et à boire, à soigner l'élégance de leur personne, ils se tatouent les bras et les jambes, couvrent leurs habits de coquillages et d'ornements de toute espèce. Ce sont les femmes qui font tout le travail, même celui de la culture et qui portent les fardeaux.

Le mari choisit son épouse non pour sa beauté, mais pour sa force physique et le père, réputé le plus heureux, est celui qui possède le plus de filles, autant d'esclaves surchargées de travail. Environnés de bouddhistes, les Kakyen ont gardé leur ancien culte animiste, et c'est aux nats, ou génies protecteurs, que s'adressent leurs prières. Suivant une pratique autrefois en usage dans certaines régions de l'Europe occidentale (en Basse-Bretagne), ils mettent une pièce d'argent dans la bouche de leurs morts afin qu'ils puissent payer leur passage en franchissant le grand fleuve qui coule entre les deux vies.

On a longtemps admis que le prognathisme, ou saillie des mâchoires, est un attribut de la race nègre; mais il a fallu renoncer à cette opinion quand on a constaté la saillie des mâchoires chez des peuples qui ne se rattachent en rien à la race noire. Au sein des populations blanches ce caractère se rencontre assez souvent; il n'est pas rare chez les Anglais, il est assez fréquent à Paris, surtout chez les femmes. Le prognathisme paraît caractéristique d'un petit peuple européen qui vit au sud de la mer Baltique, les Esthoniens, et qui n'est lui-même que le résidu de cette race mongoloïde primitive qui a de nombreux représentants en Sibérie, et qui suivant Pruner Bey serait la première race qui aurait peuplé le globe.

Si l'étude comparée des langues a montré que la plupart des idiomes européens se rattachent à un parler asiatique d'où sont aussi dérivés le zend et le sanscrit, l'examen des tombeaux préhistoriques ne témoigne-t-il pas aussi de ce que nos aïeux innommés devaient à l'Asie? Qui leur avait enseigné l'art de fondre le cuivre, d'allier les métaux dont se compose le bronze, et qui, plus tard, leur apprit à forger le fer? Qui leur avait apporté leurs bijoux, les plus précieux, la néphrite, l'or de leurs bracelets et de leurs colliers? Langues, religions, mœurs, instruments, animaux domestiques, plantes cultivées, tout leur est venu de l'est, et c'est peut-être pour cela, non moins que dans l'attente de la bienfaisante lumière, que nos ancêtres regardaient toujours avec vénération vers l'aurore sacrée. N'était-ce pas par une sorte de reconnaissance instinctive qu'ils demandaient d'être ensevelis la tête tournée vers l'Orient?

Bulgares. — En général les Bulgares sont plus petits que leurs voisins les Serbes, trapus, fortement bâtis, portant une tête solide sur de larges épaules. Beaucoup de voyageurs, entre autres Lejean, Breton lui-même, leur ont trouvé une ressemblance frappante avec les paysans de la Bretagne. En certains districts, notamment aux environs de Philippoli, ils se rasent les cheveux à l'exception d'une queue qu'ils laissent croître et tressent soigneusement, à la façon des Chinois. Les Grecs, les Valaques se moquent d'eux, et mainte expression proverbiale les tourne en dérision comme inintelligents et grossiers. Ces moqueries sont injustes. Sans avoir la vivacité du Roumain, la souplesse de l'Hélène, le Bulgare n'en a pas moins l'esprit fort, ouvert; mais l'esclavage a lourdement posé sur lui, et dans les régions méridionales où il est encore opprimé par le

Turc, exploité par le Grec, il a l'air malheureux et triste ; au contraire, dans les plaines du nord et dans les villages reculés des montagnes, où il a moins à souffrir, il est jovial, porté au plaisir, sa parole est vive et sa repartie des plus heureuses. C'est aussi sur le versant septentrional des Balkans que la population, peut-être à cause de son mélange intime avec les Serbes, présente le plus beau type de visage et s'habille avec le plus de goût. Plus beaux encore sont les Pomaris, qui habitent les hautes vallées du Rhodope, au sud de Philippoli.

Ces indigènes parlent slave et sont considérés comme Bulgares, mais ils ne leur ressemblent point : grands, bruns de chevelure, pleins d'élan et de gaieté, enthousiastes et poètes, on serait tenté plutôt de les prendre pour les descendants des anciens Thraces, surtout s'il est vrai que leurs chants héroïques célèbrent encore un Orphée, le divin musicien ; charmeur des oiseaux, des hommes et des génies.

Conclusion de Broca au sujet des Celtes. — 1° Il existe dans la Basse-Bretagne deux races d'hommes : l'une blonde et de grande taille, la race Kimrique ; l'autre petite, aux cheveux bruns, la race celtique. 2° La population de la Basse-Bretagne est issue de deux peuples distincts : les Armoricains et les Bretons. Les Armoricains étaient fixés dans cette région depuis les temps préhistoriques.

Les Bretons n'y sont arrivés qu'au v° siècle de notre ère, ils venaient de l'île de Bretagne, aujourd'hui Angleterre, cherchant sur la terre ferme un refuge contre les barbares germaniques qui envahissaient leur patrie. 3° Les Armoricains appartenaient à la race celtique, les Bretons, descendants des peuples Belges, qui avaient conquis la partie méridionale de l'île de Bretagne avant l'époque romaine, étaient comme les Belges de la Gaule, de race Kimrique. 4° Rapprochées sur le même sol et unies depuis quatorze siècles dans une même nationalité les deux races de la Basse-Bretagne ne se sont cependant pas fusionnées ; et, malgré d'incontestables mélanges qui ont plus ou moins atténué le contraste de leurs caractères anthropologiques, on les retrouve encore suffisamment distinctes dans leur cantonnements respectifs. 5° La race armoricaine ou celtique forme la plus grande partie de la Basse-Bretagne ; elle prédomine sur plusieurs points du littoral et dans tout le centre du pays. La race bretonne ou kimrique, quoique plus ou moins infiltrée dans la plupart des centres celtiques, n'est prédominante que dans un petit nombre de cantons, tous voisins de la mer et dispersés en plusieurs groupes distincts autour du massif celtique ; et cette répartition est parfaitement conforme à ce que l'on sait sur les causes et la nature de l'émigration des Bretons insulaires en Armorique.

2ᵉ série, 1ᵉʳ volume, Broca, p. 702. — Lorsqu'on étudie attentivement les détails consignés sur la carte, on arrive à cette conclusion que la répartition de la « taille » doit être attribuée à la juxtaposition de deux races : l'une petite et généralement refoulée vers le centre, l'autre grande venue par mer et installée sur les côtes de la Manche et de l'Atlantique. La première est celle des Armoricains, la seconde est celle des Bretons insulaires qui arrivèrent par mer dans la deuxième moitié du vᵉ siècle, et qui naturellement se fixèrent sur le bord de la mer. Cette notion historique est pleinement confirmée par l'étude du caractère de la « taille ». 2ᵉ série, p. 620, 2ᵉ volume.

Dʳ Guibert. — Je pense même qu'il y a deux races d'origine touranienne dans les Côtes-du-Nord ; l'une de petite taille la plus anciennement établie en Europe, reléguée aujourd'hui au centre de l'Armorique, où elle occupe les cantons foncés de la carte de M. Broca ; l'autre de la taille plus élevée, parlant le patois gallot, occupe la partie française des Côtes-du-Nord et se trouve probablement disséminée un peu par toute la France.

2ᵉ série, vol. 5 (1870), p. 259, Dʳ Guibert. — C'est la Cornouaille qui a été la dernière à accepter le christianisme.

C'est là qu'on retrouve les superstitions les plus enfantines, le patriotisme du clocher le plus étroit et cette tendance à l'isolement si remarquée chez les races d'origine touranienne. Cette population me paraît descendre de la plus ancienne race de l'Europe, de la race Ibère ou Ligure, dont elle présente les principaux caractères, taille petite, tête arrondie et petite, pommettes saillantes et projection de la face en avant... Je considère les Armoricains comme des Celtes-Ibères.

Nous allons extraire quelques passages de l'*Ethnologie Armoricaine* par notre savant compatriote le docteur Guibert, qui est signalé par le docteur Beddoe, président de la Société d'anthropologie de la Grande-Bretagne, comme ayant étudié soigneusement les Bas-Bretons, ainsi que Broca.

« Des recherches faites par W. Edwards, et plus tard par M. Broca, sur l'ethnologie de la France, il semble résulter que deux races principales ont donné naissance aux populations actuelles. La plus ancienne, appelée gaëlique (Galls de M. Am. Thierry), ou celtique par M. Broca, est refoulée, spécialement en Auvergne et en Armorique. Elle est de taille moyenne, brune de couleur ; a généralement la tête ronde, le front bombé, le nez droit à lobule arrondi et le menton rond. L'autre race, de taille plus élevée, Kimrique de nom, a les cheveux blonds, la tête longue et étroite, le nez recourbé avec pointe dirigée en bas. Cette deuxième race qui domine dans le Nord-Est de la France, n'aurait envahi la Gaule que depuis les temps historiques.

Si nous remontons plus haut dans le passé, nous trouvons en Europe, avant les temps historiques, deux races primitivement bien distinctes : l'une à tête longue, l'autre à tête arrondie.

Retzius pensait que cette dernière était la plus anciennement établie en Europe.

M. le Dr Broca, se basant sur les caractères des crânes trouvés dans les plus anciens monuments mégalithiques, en Grande-Bretagne, par M. Turnam (longbarrows), en France, dans les plus vieux dolmens et spécialement dans le monument mégalithique de Quiberon, par M. de Closmadeuc (butte du Hurleur de Nuit Mane-Becker-Nos), et enfin sur ceux trouvés dans la partie méridionale de la Suède, par MM. Van Duben et Retzius fils ; M. Broca soutint que les hommes à tête longue étaient les plus anciens de l'Europe.

MM. Pruner-Bey et Quatrefages ont défendu la thèse contraire et soutenu l'opinion de Retzius. Ils pensent que la race la plus ancienne était une race de petite taille, aux cheveux bruns, au crâne court, aux pommettes saillantes, à la face projetée en avant (prognathe).

C'est à cette race qu'appartenait, suivant eux, l'homme qui habitait la Gaule au temps du mammouth, éléphant fossile, au temps de l'ours des cavernes, animal également détruit. C'est à cette race qu'il faut aussi rattacher l'homme dont M. Boucher de Perthes a trouvé la mâchoire inférieure dans le diluvium d'Abbeville, l'homme anté-historique de l'Aveyron et de la Belgique, l'homme qui habitait les grottes d'Arcy, d'Avrignac et du Trou des Nutons, homme sauvage qui n'avait d'autres armes que celles qu'il fabriquait avec des os et des silex.

Ces deux savants vont plus loin, ils considèrent cet homme comme ressemblant aux Finnois plus qu'à tout autre peuple et, par suite, comme appartenant à la race mongole ou touranienne.

C'est à cette opinion que se range M. Le Hon dans son ouvrage sur l'homme fossile. Enfin M. Garrigou, qui a exploré plus de 200 cavernes trouvées dans le sud-ouest de la France et spécialement dans le bassin de Tarascon, compare ces habitations de l'époque quaternaire à celles que construisent encore aujourd'hui les Lapons et les Esquimaux les plus arriérés. « Ces hommes étaient les Ibères ou Ligures. »

Nous possédons un document précieux pour aborder l'étude ethnologique de l'Armorique, je veux parler du travail de M. Broca, publié par la Société d'Anthropologie sur l'élévation relative de la taille dans les cantons des trois départements bas-bretons.

Grâce à cet artifice, on constate immédiatement que presque tous les cantons noirs forment une zone verticale très renflée à son milieu, atteignant au nord les bords de la Manche à Lannion, et au sud les bords de l'Atlantique à Quimperlé.

Ce massif central comprend dans les Côtes-du-Nord tout l'arrondissement de Guingamp et plusieurs cantons des arrondissements voisins.

Elle montre que c'est dans les Côtes-du-Nord que se trouve le plus grand nombre de cantons à haute taille (20 sur 42) et aussi le plus grand nombre de cantons à petite taille (18 sur 42). C'est aussi dans notre département que la langue française, ou mieux le patois dit Gallo, a pénétré le plus avant.

Enfin, dans les Côtes-du-Nord, la ligne de démarcation de la langue bas-bretonne et de la langue française correspond assez exactement à celle qui séparerait les cantons à haute taille des cantons à petite taille.

Pour ma part, j'admets les conclusions de M. Broca comme légitimes; mais il reste à déterminer à quelles races appartiennent ces Armoricains, ces descendants des Ossismiens, des Corisopites et peut-être même des Redones et des Curiosolites refoulés au centre de la Péninsule, et à quelle race appartiennent les habitants de la partie française et ceux du littoral breton qui a reçu les émigrés de la Grande-Bretagne au v° siècle.

« Je pense donc que la race qui domine dans cette population du littoral français du département n'a pas été jusqu'ici distinguée par les anthropologistes de la race brune de petite taille (Ibère).

Je pense qu'elle est comme elle d'origine touranienne ou mongole, que sa taille beaucoup plus élevée, ne peut être attribuée à une influence arienne beaucoup plus grande sur le littoral français que dans l'intérieur. En effet, si l'indice céphalique moyen est un peu plus faible dans la région française, la proportion des yeux bleus aux yeux bruns est plus grande dans l'intérieur breton, 32 à 49, au lieu de 21 à 49. Enfin la coloration au moins aussi foncée des cheveux dans la région du littoral français prouve bien que l'élévation de la taille n'est point due à l'influence plus grande d'une race dolichocéphale blonde, mais bien à une race brune à tête arrondie et de haute stature qui ne paraît point avoir été encore distinguée de la race brune de petite taille qui prédomine dans la région de l'intérieur b....

Je pense que cette race brune brachycéphale de ...te taille est celle qui prédomine chez les Gaëls, ou ....s Celtes, des historiens les placent, au temps de la conquête romaine, entre la Seine et la Garonne, d'où ils avaient repoussé plus anciennement les Ibères en les refoulant en majeure partie au Sud et à l'Ouest de la Gaule en Italie, en Espagne, peut-être même en Irlande où Tacite signale leurs descendants sous le nom de Siluris dans la vie d'Agricola.

Une faible partie des Ibères resta en Armorique où ses descendants portaient le nom d'Osismiens, de Corisopites, de Curiosolites, etc., suivant les localités qu'ils habitaient ; peuple dont l'origine me paraît avoir complètement échappé aux historiens, et dont nous venons de retrouver les descendants refoulés dans la Cornouaille.

De même que les Ibères ou Ligures, les Gaëls ou Galls ont subi l'influence arienne, soit qu'ils aient été soumis par des Celtes ou par des Kimris, lesquels, avec le temps se sont mêlés à la race conquise.

Dans cette région des Côtes-du-Nord où me paraît

dominer cette race brune de haute taille que je propose d'appeler gaëlique, du nom du patois qu'elle parle encore, nous trouvons 26 pour 100 d'yeux bleus, 16 pour 100 de cheveux clairs et châtain, preuves évidentes de l'influence arienne.

Conclusions de Dr Guibert de Saint-Brieuc. — « Pour me résumer en quelques mots » je dirai que des renseignements anthropologiques et des caractères physiques des habitants des Côtes-du-Nord, il me paraît résulter que ces habitants ne peuvent être considérés comme de pure race arienne, ainsi que semblent l'admettre généralement les historiens, les linguistes et les archéologues ; que l'influence arienne a été apportée en Europe par les Celtes avant les temps historiques, à la fin de l'âge de la pierre polie et plus précisément à l'époque des plus anciens dolmens qu'ils ont construits, alors qu'ils ne s'étaient pas encore sensiblement mêlés à l'ancienne population de race touranienne ou mongole; que ce n'est pas cette race celtique dont l'influence domine aujourd'hui sur les habitants des Côtes-du-Nord, où nous retrouvons, dans la région de l'intérieur breton, tous les principaux caractères des Ibères ou Ligures de race touranienne qui occupaient la Gaule pendant la période géologique quaternaire. Ces caractères sont : la petitesse de la taille, le teint foncé, la brièveté du crâne, la saillie des pommettes et la projection de la face en avant, caractères certainement atténués, parfois même effacés par ceux de la race conquérante arienne, à la taille plus élevée, au crâne allongé, à la face étroite, aux yeux bleus et aux cheveux clairs. Ces deux races paraissent intimement mêlées. J'en conclus que le mélange remonte à une haute antiquité, qu'il se faisait dès l'âge de bronze à en juger par les caractères des crânes trouvés dans les monuments mégalithiques de cette époque en France et en Grande-Bretagne.

Toutefois l'influence arienne a été augmentée sur le

littoral par l'arrivée des Bretons insulaires, à partir du vᵉ siècle de notre ère. Je pense que ces émigrés, dont nous trouvons aujourd'hui les descendants sur le littoral breton, étaient des Celto-Gaëls plus ou moins modifiés par les Kimris ou Belges.

Dans la partie française ou orientale du département, nous trouvons l'influence touranienne ou mongole tout aussi évidente au moins que dans la partie bretonne. Cette influence me paraît due non plus aux Ibères, mais à un peuple de taille plus élevée, que les anthropologistes ne me paraissent pas avoir distingué des Ibères dont ils ne diffèrent notablement que par leur taille. Comme les Ibères, ce peuple semble avoir subi l'influence arienne (celtique et peut-être kimrique) à une époque très ancienne, et je propose de le désigner sous le nom de Gaëls ou Galls. Les Celto-Gaëls ou Celtes de César habitaient lors de la conquête romaine entre la Seine et la Garonne, ayant refoulé devant eux les Celtes-Ibères, en faible partie en Armorique, peut-être même en Irlande; en majeure partie en Aquitaine et en Espagne. Ces Celto-Gaëls me paraissent mêlés à des Celto-Ibères dans la région de l'intérieur français, surtout en approchant de l'intérieur breton. Quatre peuples, appartenant à deux races différentes, ont concouru par leur mélange à donner naissance aux habitants des Côtes-du-Nord : deux de ces peuples de race touranienne ou mongole, possèdent l'influence prédominante, je veux parler des Ibères ou Ligures qui dominent dans la partie bretonne, et des Galls ou Gaëls qui dominent dans la partie française. L'influence arienne a été exercée surtout par les Celtes, dès avant les temps historiques. Cette influence me paraît un peu plus grande dans la partie bretonne que dans la partie française. Quant à l'influence kimrique, elle n'est guère notable que dans les régions du littoral, et ne peut être bien facilement distinguée de l'influence celtique. Je suppose son existence dans les deux régions du littoral, où le mélange des Ariens aux

Mongols paraît un peu moins intime et date probablement d'une époque moins ancienne, c'est-à-dire des temps historiques.

Il nous resterait pour terminer à comparer les populations des Côtes-du-Nord aux autres populations de la France et de l'Europe et spécialement aux populations dites Celtiques.

Dans l'état actuel de la science, cette comparaison ne peut être faite d'une manière suffisamment exacte. Toutefois la carte de la taille en France par le D' Broca prouve qu'au point de vue de la taille, les Armoricains se rapprochent des Auvergnats et des habitants des Alpes.

D'autre part, le travail si intéressant du D' Beddoe, de Clifton, semble démontrer, si l'on partage les opinions que je viens d'émettre sur les caractères des races primitives de l'Europe occidentale, que l'influence arienne, et spécialement l'influence kimrique, est très considérable chez les populations qu'il désigne sous le nom de Gaëls-Irlandais et de Gaëls-Ecossais.

Aucune des populations qu'il a étudiées ne présente une taille aussi faible que celles des cantons de l'intérieur breton des Côtes-du-Nord.

Les Kimris de Carmarten-Eisted semblent se rapprocher des populations du littoral français des Côtes-du-Nord, avec cette différence que les yeux bleus et les cheveux blonds sont en plus grande proportion chez les premiers que chez les seconds.

En résumé, l'influence arienne semble prédominer en Grande-Bretagne, et l'influence touranienne dans les Côtes-du-Nord. Cette différence me paraît tenir surtout aux nombreuses invasions des barbares de race arienne, les Kimris en Grande-Bretagne, et au refoulement d'une partie des Ibères, et des Gaëls en Armorique qui n'a guère reçu de barbares du Nord.

Dans son ouvrage sur les races humaines publié au

commencement de 1889, M. de Quatrefages s'exprime ainsi au sujet de la race celtique :

« Parmi les brachycéphales d'Europe il en est qui présentent au point de vue où nous sommes placés, un intérêt spécial. Ce sont ceux qui touchent de plus ou moins près à la race celtique. On sait que dans un mémoire resté classique, Broca a démontré que les Celtes de César, représentés aujourd'hui par les Auvergnats et les Bas-Bretons, étaient brachycéphales et non dolichocéphales comme l'admettaient Ritzius et la grande majorité des anthropologistes. Peu après M. Hovelacque fit voir chez les Savoyards des montagnes la réalisation plus complète du même type et les rattache par conséquent aux véritables Celtes.

Puis ces deux savants étudiant ensemble les têtes osseuses d'onze Croates d'Agram constatèrent qu'ils devaient prendre place à côté des précédents.

Diverses recherches faites sur d'autres points de l'Europe et en particulier dans le bassin du Danube conduisirent au même résultat.

L'aire celtique s'était donc singulièrement agrandie surtout dans la direction de l'est. Toutefois elle restait entièrement européenne.

Les travaux de MM. d'Ujfalvy et Topinard l'ont inopinément rattachée à l'Asie. Le premier a mis hors de doute que les Tadjiks, dont les tribus enserrent le plateau de Pamir, à l'ouest, sont brachycéphales, et cela d'autant plus qu'ils sont plus purs. Le second a signalé *une tête* osseuse de Tadjik montagnard (Galtchas, Ujg et Top) qui présente non plus de simples ressemblances, mais une identité à bien peu près complète avec les crânes les mieux caractérisés de Savoyards. En présence de ces faits, il est bien difficile de ne pas accepter les conclusions de l'auteur, et je pense avec lui que les Tadjiks montagnards, les Savoyards, les Auvergnats et les Bretons sont frères. Les premiers sont des témoins restés bien probablement dans le voisinage du lieu d'origine de la race, les autres sont les descendants des émigrants qui en sont sortis.

Quoi qu'il en soit, la brachycéphalie bien démontrée des Tadjiks ne permet pas de les confondre avec les Iraniens, comme on l'a fait jusqu'ici, en se fondant sur les données linguistiques. Cette appellation doit être réservée aux Persans dolichocéphales et aux populations qui se rattachent à eux par les caractères ostéologiques aussi bien que par le langage.

Des observations de Broca et de M. Hovelacque et de quelques autres considérations qu'il serait trop long d'exposer ici, M. Obedenare a conclu que vers le ve siècle avant notre ère les Celtes occupaient en Europe une zône s'étendant depuis la Basse-Bretagne jusqu'à la mer Noire. Cette zône aurait été morcelée par des invasions multiples et les groupes celtiques, isolés les uns des autres, auraient adopté les diverses langues de leurs vainqueurs. Les faits que je viens de rappeler et d'autres que je pourrais y joindre permettent de regarder cette opinion comme fondée au moins en partie.

« Les Allemands du sud sont essentiellement brachycéphales. En Bavière, entre autres, Ranke a trouvé que dans la plaine le nombre des individus présentant ce caractère est de 79 pour 0/0 ; sur les contreforts des montagnes, la proportion monte à 84 pour 0/0 ; dans la montagne, elle s'élève à 90 pour 0/0. Ces chiffres semblent bien indiquer que les brachycéphales ont les premiers occupé le sol, et que refoulés par les dolichocéphales ils ont cherché un refuge dans les parties les moins accessibles du pays. Il n'y a là que la répétition d'un fait que nous avons vu s'être produit sur une foule de points ».

Plus loin M. de Quatrefages dit : « Les Birmans sont encore brachycéphales vrais, et par là se rapprochent des races sibériennes ».

« La migration des Aryens semble clore l'ère des grandes migrations de peuples qui ont porté jusqu'aux extrémités de l'Europe occidentale, des types empruntés aux centres ethnologiques de l'Asie. Elle n'en appartient pas moins aux époques préhistoriques ».

« Il n'y a aujourd'hui rien de trop hardi à admettre que l'homme a apparu dans le Nord de l'Asie à un moment encore indéterminé de l'époque tertiaire ».

... D'une extrémité à l'autre de l'Europe, qu'ils soient brachycéphales ou dolichocéphales, ils élevèrent également des dolmens...

« Tout tend à faire penser que pendant la période quaternaire la totalité des régions boréales devint inhabitable. L'homme dut abandonner pendant bien des siècles la terre qui fut son berceau. Il est revenu après le grand hiver géologique ; mais les tribus qui accomplirent cette nouvelle prise de possession n'étaient plus les filles du sol ».

« La question d'antériorité se pose entre les jaunes et les blancs Sémites joints aux Allophyles. Ce que j'ai dit de la couleur conduit à faire conclure en faveur des premiers.

« Les plus anciennes races humaines se sont formées selon toute apparence, à la suite des changements qu'a subis notre globe et des premières migrations ; puis progressivement caractérisées, elles ont abouti aux types extrêmes que nous avons sous les yeux.

« Pendant toute la durée des temps tertiaires et quaternaires, l'Europe n'a reçu que des races allophyles ou finnoises, c'est-à-dire que nos régions occidentales ont eu un fond primitif de populations entièrement blanc.

« Au point de vue linguistique, l'aire dévolue aux races jaunes se partage en deux grandes provinces. Dans l'une, les populations parlent des langues monosyllabiques ; dans l'autre des langues agglutinatives ; nous regardons les premières comme ayant précédé les secondes.

« Ainsi, tout est comme si le type jaune, après s'être constitué sur un point indéterminé de son aire avait successivement donné naissance à deux centres ethniques secondaires. Le plus anciennement formé aurait envoyé des colonies surtout vers l'orient et au sud-est, et celles-ci après avoir atteint la mer, auraient tourné au sud et atteint l'Indo-Chine ; l'autre plus boréale, aurait dirigé les siennes à l'est, à l'ouest et au nord. »

Races jaunes. — A partir du gouvernement de Perm, à l'est des monts Ourals et du fleuve de même nom, sur les bords de la Caspienne et jusqu'à la mer d'Azof, on trouve une série de populations, Ostiaks, Vogouls, Tchouvaches, Baschkirs, Kirghises, etc., que l'on pourrait appeler tantôt des jaunes métissés de blanc et *vice versa*, et dont les groupes parfois curieusement enchevêtrés, arrivent presque jusqu'au cœur de la Russie. Sur la carte ethnologique de Latham, les Mordoines, les Tchouvaches et les Tchéremises forment une sorte d'archipel, les îlots, de moins en moins étendus et de plus en plus espacés, arrivent jusqu'à l'Oka. Au sud les Nogais et les Cosaques du Don plus ou moins métissés de Slaves ou de Finnois, relient les Kalmouks de la Caspienne aux Tartares de Crimée. Au delà viennent les Bulgares, aujourd'hui presque entièrement slavisés ; et on atteint enfin les Ottomans qui surtout dans les classes élevées de la société, n'ont plus guère de turc que le langage, tant leur type physique a été modifié par les croisements.

« Les races finnoises, représentées à l'est de l'Oural moyen par les Vogouls et les Ostiaks, occupent une aire considérable jusqu'au delà du Yenissei et leur contact avec les jaunes a eu le résultat habituel.

Au nord chez les Samoyèdes, les mélanges se sont multipliés au point que Middendorff a considéré les derniers comme une population entièrement mixte résultant du croisement des Finnois avec les Mongols. A l'est, les Ostiaks sont séparés des Turcs par les peuples du Yenissei, dont plusieurs paraissent être tout aussi métissés. Au sud les Kalmouks ont été pénétrés aussi, à en juger par les résultats crâniologiques, mais à un moindre degré. »

« *Races blanches.* — Dans mes classifications précédentes j'avais laissé les Finnois parmi les Allophyles. Je crois aujourd'hui devoir agir autrement et admettre une branche finnique. Sans doute on ne saurait accepter la théorie qui attribuait aux Finnois seuls le premier peuplement de l'Europe. Nous savons maintenant que les races qui occupèrent notre sol avant l'arrivée des Aryiens appartenaient à plusieurs types distincts. Mais on a vu quelle a été l'extension des hommes de Grenelle dès les temps quaternaires ; on a vu quelles traces ils ont laissées dans les âges suivants. Les races actuelles que tout rattache à ce vieux type ont souvent leurs représentants bien loin des pôles ; et jusque dans nos Alpes du Dauphiné on trouve des populations tout au moins extrêmement voisines des Lapons. Dans l'est de l'Europe, dans la plus grande partie du nord et du nord-ouest de l'Asie, c'est surtout par leur intermédiaire que s'est opérée la fusion du blanc et du jaune. »

« Tout ce que nous permettent de dire à son sujet (de l'homme primitif) les données scientifiques actuelles, c'est que, selon toute apparence, il n'avait pas le teint noir, il devait présenter un certain prognathisme. Il est en outre permis de conjecturer que son teint était uniforme et devait se rapprocher de celui des races jaunes ; ce teint accompagnait peut-être une chevelure tirant sur le roux. Enfin tout conduit à admettre que le langage de nos premiers ancêtres a commencé par un monosyllabisme plus ou moins accusé.

« La question se présente avec des caractères assez différents (centre d'apparition de l'homme) selon que l'on s'arrête au temps présent ou que l'on tient compte de l'ancienneté géologique de l'homme. Toutefois, les faits ramènent dans les mêmes régions et semblent indiquer deux extrêmes. La vérité est peut-être entre eux deux.

« On sait qu'il existe en Asie une vaste région entourée au sud et au sud-ouest par l'Himalaya, à l'ouest par le

Bolor, au nord-ouest par l'Ala-?`au, au nord par l'Ataï et ses dérivés, à l'est par le King-K..en, au sud-est par le Felina et le Kuen-Loun. A en juger par ce qui existe aujourd'hui, ce grand massif central pourrait être regardé comme ayant renfermé le berceau de l'espèce humaine. » Ainsi s'exprime M. de Quatrefages dans son livre sur l'espèce humaine.

« Autour de ce massif se rencontrent des blancs et des jaunes; mais on y trouve aussi le troisième type fondamental de l'humanité, le type nègre, il y est représenté par des Négritos plus ou moins purs, qui vivent dans le sud de la contrée dont il s'agit.

« Aucune autre région sur le globe ne présente une semblable réunion des types humains extrêmes distribués autour d'un centre commun. A lui seul, ce fait pourrait inspirer au naturaliste la conjecture que j'ai exprimée plus haut; mais on peut invoquer d'autres considérations. En effet, on rencontre encore, tout autour de ce plateau central, les trois types de langues que parlent les diverses races humaines: les langues monosyllabiques au centre et au sud-est (chinois, cochinchinois, siamois et thibétain); les langues agglutinatives au nord-est (japonais), au nord-ouest (ongrien), au sud (dravidien et malais) et à l'ouest (turc); enfin le sanscrit avec ses dérivés et le persan représentent au sud et au sud-ouest les langues à flexion. Ainsi tout concourt à faire admettre que les vieilles populations ont pris naissance dans le voisinage du grand massif asiatique et ont ensuite irradié en tout sens, emportant chacune avec elle la forme de langage qu'elle avait atteinte. Mais en plaçant notre premier berceau dans l'Asie centrale, on laisserait sans explication bien des faits révélés par les études préhistoriques. On ne comprendrait guère comment, à l'époque quaternaire, on voit arriver ensemble en Europe des animaux jusque-là tertiaires en Sibérie et les tribus humaines qui leur font la chasse; comment, à la même époque, le globe jusque-là presque désert semble se peupler en entier tout à coup, etc. Il faut donc chercher ailleurs notre centre d'apparition.

M. de Quatrefages pense qu'il faut le reporter au nord de l'Asie, vers la Sibérie ou le Spitzberg. Ces régions, aujourd'hui glacées, possédaient alors un climat tout au moins tempéré. Les découvertes des paléontologistes ont, en effet, démontré qu'elles nourrissaient de nombreuses plantes et une grande quantité d'animaux. L'homme a donc pu y vivre à ses débuts et y trouver tout ce qui était nécessaire à son existence.

Conclusions du Dr Colignon au sujet des populations des Côtes-du-Nord. — « La population du département des Côtes-du-Nord présente, à l'époque actuelle, un mélange des plus complexes. On peut y retrouver, comme sur les strates successives d'une couche géologique, la superposition de quatre et même de cinq populations différentes, dont deux probablement de même race.

La plus ancienne est actuellement reléguée à l'extrémité nord de l'arrondissement de Lannion, sur le bord de la mer, dans la portion du littoral comprise entre l'embouchure du Guer et celle du Trieux. On peut, *grosso modo*, admettre qu'elle forme, dans cette région, à peu près le tiers de la population.

Ses caractères anthropologiques sont la dolichocéphalie, la mésorrhinie, une taille plus petite, des yeux et des cheveux foncés et souvent noirs, une peau de teinte relativement foncée, une face haute mais large au niveau des zygomas, quoique moins arrondie dans son ensemble que celle de la race brachycéphale, enfin un nez généralement droit et court. Sur ses représentants les plus purs la forme générale du crâne rappelle exactement la courbe bien connue de la race de Cro-Magnon, et la face, bien qu'encore assez allongée dans son ensemble, s'élargit manifestement au niveau des arcades zygomatiques.

Anatomiquement nous pouvons regarder ce type comme

une survivance ethnique de notre grande race quaternaire. Historiquement il est probable que, dans tout l'est de l'ancien continent, c'est cette race plus ou moins modifiée par des croissements avec les races voisines, qui, pour les plus anciens mythographes comme Diodore de Sicile, portait le nom d'Atlantes qui n'a rien à voir avec les habitants de la fameuse Atlantide, et à laquelle, dans la suite, l'antiquité classique a donné le nom d'Ibères.

A une époque très reculée, une invasion venue de l'est a couvert le pays d'une nouvelle couche de population bien différente. Celle-ci, avant tout mélange, était brachycéphale, brune d'yeux et de cheveux, petite et mésorrhinienne. Sa face était absolument arrondie et plate, ses pommettes accentuées, son nez court, large et retroussé (certains auteurs attribuant aux brachycéphales d'Europe une origine asiatique, ce qui est presque certain, qualifient cette race de Mongoloïde ou de Touranienne. Je dois dire que je n'ai rien constaté de semblable. Cependant quelques femmes, à Paimpol notamment, avaient les yeux sensiblement obliques).

Son arrivée en Europe remonte probablement à l'époque néolithique. On ignore quel nom ce peuple se donnait; nous avons exposé plus haut les raisons qui nous empêchent d'accepter le terme de Ligures, tout en reconnaissant qu'il serait plus compatible que celui de Celtes avec les données historiques.

Cette race, soit pure, soit croisée, forme encore actuellement l'élément le plus important de la population. C'est dans le centre de la Bretagne qu'elle s'est le mieux conservée; l'arrondissement de Guingamp presque en entier et une notable partie des arrondissements de Saint-Brieuc et de Loudéac, ce dernier surtout au sud de la ligne de partage des eaux, sont pour ainsi dire ses lieux d'élection.

Bien après, à une époque très reculée encore, dix-huit à vingt siècles avant notre ère d'après Broca, plus récemment selon d'Arbois de Jubainville, se produisit une nouvelle invasion venue aussi de l'est. Cette dernière, premier ban des invasions blondes, fut numériquement peu nombreuse. Il est probable que la race envahissante présentait les caractères physiques ordinaires de ce groupe ethnique ; en tout cas, nous sommes réduits sur ce point à des hypothèses : tout ce que nous pouvons dire, c'est que, se mêlant intimement aux populations préexistantes, elle forma avec eux un type mixte qui ne conserve plus bientôt, en raison du nombre relativement faible des vainqueurs, que de faibles traces de type surajouté. A l'heure actuelle, l'étonnante prépondérance des yeux bleus sur les yeux foncés dans la région où domine la race brachycéphale reste comme un suprême témoignage de ce grand évènement.

Cette population croisée porta dans l'antiquité le nom de Celtes, sous laquelle la firent connaître, dès le vi° siècle, Hécatée de Milet, puis Hérodote au v°. Au temps de César, la Bretagne actuelle était encore comprise dans la Gaule celtique.

Après la conquête de la Gaule, l'occupation romaine vint apporter de nouveaux éléments de population. Nous pensons en reconnaître la trace sur toute la partie du littoral qui va à Paimpol et à Pléneuf, c'est-à-dire sur toute l'étendue de la baie de Saint-Brieuc, région extrêmement riche en ruines romaines. Le Romain proprement dit, qu'il ne faut pas confondre avec l'Etrusque ou l'Italien du sud de la péninsule, était petit, très brun et brachycéphale, à en juger par les crânes si caractéristiques qu'on trouve un peu partout où le peuple roi étendit ses conquêtes et sa civilisation. On conçoit donc combien il est difficile de distinguer ses descendants de ceux de la population celtique primitive également petite, brune et brachycéphale.

Enfin, au v° siècle de notre ère, vient la dernière invasion qui ait fait réellement souche dans le pays. Des émigrants fugitifs de la Grande-Bretagne s'établissent sur le sol dévasté et en partie dépeuplé de l'Armorique. Nous les voyons prendre pied sur le département en deux points différents, à l'est, par la vallée de la Rance, aux environs de Dinan, à l'ouest, probablement près de Plestin ou de l'embouchure du Guer. De là, ils rayonnent aux alentours, s'étendant circulairement comme une tache d'huile et pénétrant aussi directement dans les régions centrales en suivant le trajet des grandes voies romaines.

Les débris des populations gallo-romaines opposèrent à leur envahissement graduel une sorte de barrière pacifique qui préserva sensiblement la zône du littoral intermédiaire ; d'autre part, les landes stériles du centre breton, proie peu enviable, se défendirent d'elles-mêmes par leur pauvreté qui explique comment la population celtique put s'y conserver relativement pure.

Qu'étaient ces envahisseurs ? Historiquement des Bretons, colonie des peuples de la Gaule Belgique, chassés sur le continent au ve siècle de notre ère par les progrès de l'invasion anglo-saxonne. Anthropologiquement, comme leurs pères et en adoptant le nom proposé par Broca des hommes de race kimrique.

Les caractères que nous avons reconnus sont bien en effet tous ceux de cette race : taille élevée, dolichocéphalie, face longue et étroite, nez allongé, mince, brusque, cheveux blonds, yeux bleus.

Je ne parlerai pas de l'influence qu'ont pu avoir sur les populations actuelles, les guerres qui ont désolé la Bretagne depuis cette époque. Pour qu'on en retrouve les traces, il est nécessaire qu'il s'agisse d'une véritable colonisation comprenant la famille entière, hommes et femmes.

Extrait de « *The races of Britain* » du Dr J. *Beddoe* ». — *Races préhistoriques.* — *Cro-Magnon.* — *Furfooz.* — Si notre race paléolithique était réellement celle des Esquimaux, ou du moins que leurs relations soient proches, ainsi que veut les voir Boyd-Dawkins, il est possible qu'ils aient laissé des descendants derrière eux pour mélanger leur sang avec les races néolithiques et leurs descendants actuels. Je pense qu'il peut être montré avec quelques raisons pour soupçonner l'existence de traces de race mongolique parmi la population moderne du pays de Galles et à l'ouest de l'Angleterre.

L'indication la plus notable est l'œil oblique ou chinois avec son angle externe dans un plan horizontal, un peu plus haut que l'interne. Ceci est ordinairement accompagné par l'ouverture en forme d'amande, et une sorte de grosseur de la paupière supérieure ; ces derniers caractères peuvent avoir lieu sans l'obliquité de l'ouverture.

J'ai des notes de 34 personnes avec des yeux obliques. Leurs têtes comprennent une grande différence de largeur relative depuis 72 à 86, 6 ; et l'index moyen de latitude est 78, 9, qui n'est pas plus la latitude moyenne de l'Angleterre et de Galles. Mais sur d'autres points, le type se tient à part distinctement. Les os des joues sont presque toujours larges ; les sourcils obliques dans la même direction que les yeux ; le menton, comme règle, étroit ou angulaire ; le nez est souvent concave ou plat, rarement arqué ; la bouche est portée plutôt à être proéminente ; le front recule un peu et l'arc naso-inial est plutôt court (13, 8 pouces) de manière à faire supposer que le cérébellum est à peine couvert par les lobes postérieurs ; l'iris est généralement couleur noisette ou brun et les cheveux droits châtain foncé, noir ou rougeâtre. Ce type paraît être commun en Galle, dans l'ouest de Somerset, et particulièrement dans la Cornouaille.

La taille moyenne de mes 34 personnes était de 5 pieds, 7, 6 pouces (1 m. 717). Il y a dans mes listes néanmoins plus de 40 personnes qui sont notées comme prognathus (bouches proéminentes) dont 29 Anglais, 5 Gallois, et 11 Irlandais ; la moyenne est de 6 0/0 Anglais, 8 0/0 Gallois et 20 0/0 de la liste irlandaise. Les mongoliques et les « prognathus » se dépassent les uns les autres en 6 fois différentes; mais à l'exception de ces cas il y a des points de différence bien marqués. Les derniers ont la tête plus longue et plus étroite; leur index n'est que de 76,5 de largeur et dans le crâne nu ne dépasserait jamais 80.

Les os des mâchoires sont plus étroits (135 contre 141 millimètres), mais la figure est invariablement proéminente. La forme habituelle du front est plate, étroite et carrée; celle du menton étroite et souvent avançante; celle du nez est plus souvent concave que droite, plus souvent droite que arquée ou aquilin, en général proéminente à la pointe avec les narines longues et découpées, lesquelles n'importe d'où ils proviennent sont caractéristiques chez les Gaëls modernes. La région du temporal plat, qui se manifeste dans le diamètre à la racine du zygoma, donne au Norma verticalis cette forme de cercueil ou de poire que Daniel Wilson donne aux Celtes. Les cheveux sont généralement très noirs et souvent bouclés, mais les yeux sont plus souvent bleus ou gris, clairs ou foncés plutôt que d'aucune nuance de brun; ils appartiennent aux tableaux ou échelles bleues et violettes de Broca plutôt qu'à aucune autre.

Période néolithique. — « Longues barrows » (cavernes) à têtes longues; « barrows » rondes, à têtes rondes. Le type mongolique que j'ai déjà décrit, s'il est réellement un type de race et non pas un concours harmonieux de caractères fortuits, existait probablement dans ce pays avant la période néolithique; il est parent ou descendant de la race belge de Furfoog.

Les anthropologistes français pensent qu'il y avait deux races paléolithiques à têtes longues dans leur pays; celles de Cronstadt et de Cro-Magnon avant les têtes longues néolithiques; les premiers constructeurs des dolmens vinrent du nord-est, s'il en est ainsi, il est assez vraisemblable que la troisième race était blonde identique avec les Tamahu que l'on suppose avoir importé la construction des dolmens, et le teint blanc dans l'Afrique du nord, qui sont représentés avez des yeux bleus et les cheveux clairs sur les monuments d'Egypte 1500 ans avant J.-C. La division des têtes longues est à présent suffisamment bien marquée en une ou des races blondes s'étendant au nord depuis la Flandre et à l'est autour de la mer du Nord et de la Baltique, et une race brune au sud comprenant l'Espagne, la Sardaigne, l'Italie et le nord de l'Afrique. Anthropologiquement, la Grande-Bretagne a toujours été un degré en retard en développement sur le continent. Ainsi en France, il existait déjà plus d'un type de têtes larges avant que la construction des dolmens ne fût conçue ni apprise ; mais ce fut la pure race à tête longue qui en établit la pratique en Angleterre quoiqu'il ne soit pas impossible que la race de Furfooz a pu exister parmi eux en qualité de serfs. Mais nous pouvons dire avec confiance que la plupart des cavernes rondes (barrows) anciennes sont venues en vogue, avec l'introduction du bronze, et que l'usage du bronze fut apporté en Grande-Bretagne par une race à tête large.

En moyenne l'index de largeur de 80 crânes dont les mesures sont données dans le « *Crania Britannica* » qui ne furent pas trouvés dans les longues « barrows » ou tumuls à chambre, est aussi fort que 82 ; celui de la taille, suivant le Dʳ Davis (système) étant d'environ 76 serait au-dessus de 70 sur la base du plan brigmatic. Parmi ces 80 il y a probablement un nombre considérable qui n'appartiennent pas à la période du bronze ; et, s'ils pouvaient être identifiés et soustraits (ce qui est impossible), la largeur pouvait être plus grande. D'autre part, le Dʳ Davis mesurait la longueur des crânes, non pas du Glabella, ou la partie la plus proéminente entre les sourcils, mais du plan du front, presque un pouce plus haut, pour éviter le sinus du front, et d'approcher plus près à la largeur du cerveau. Ce procédé sur une tête à front rentrant, ainsi qu'étaient celles de la plupart des spécimens de la race du bronze augmenterait la largeur relative sur le tout ; néanmoins nous ne pouvons pas être bien en erreur en décrivant distinctement les crânes « *Bristish* » de la période du bronze comme brachycéphales et ceci paraît avoir été le cas en Écosse aussi bien qu'en Angleterre. Que cela fût ainsi en Irlande, nous n'avons pas les données pour former un jugement ; mais il est probable que la race du bronze ne s'établit pas nombreusement en Irlande, malgré la tradition de Mac Ferbis's (description des Tuatha de Danaon).

D'où est venue cette race ? En considérant les faits d'après les rapports des auteurs classiques concernant les Cimbres, leur séjour dans l'origine dans le Jutland et leur direction du sud-ouest en Gaule et en Belgique, on est disposé à penser que les crânes de Borreby ont pu appartenir à une race sinon identique, mais presque alliée aux Cimbres qui peuvent avoir été en partie soumis, en partie expulsés par une race de conquérants à têtes longues (Danois ou d'Angles), et qui a pu trouver son chemin au travers le Rhinland et le nord de la Gaule et en acquérant la civilisation du bronze, sur leur route aux îles Britanniques.

Les sépultures que nous appelons « Romano Bristish » varient considérablement, mais le plus souvent, je pense qu'ils exhibent un type, que le professeur Wilson et moi appelions « le Celte, » qu'ils désignaient une race d'envahisseurs postérieurs en date à la race du bronze.

Il est mieux d'éviter le nom Celte, pour plusieurs raisons et principalement parce que notre maître Paul Broca l'alimité, pour des raisons qu'il jugea suffisantes à la race d'hommes qui prédomine dans la vieille Gaule celtique de la Bretagne à la Savoie, dont la stature courte et épaisse, les têtes grosses et les visages larges sont entièrement différents des caractères des peuples en question.

Wilson donna le nom de « pear shaped », forme de poire aux crânes des envahisseurs supposés Celtes.

Les ancêtres des Gallois modernes, par le sang et le langage, étaient les Silures, Demètes, Ordovicis, Ottadini et ceux-ci sont à peine soupçonnés d'appartenir à la récente immigration. Des colonies belges très anciennes auxquelles les Fer-Bolg peuvent être rattachés sont peut-être Keltic ou Ibéro-Keltic.

J'ai peu de difficulté en concluant que les Belges étaient un peuple celte par le langage et à quelques degrés par le sang et le physique, dans la Gaule et la Grande-Bretagne.

Je suis préparé à admettre que la physionomie étonnamment ibérienne (ou ressemblant au moins aux Basques) est plus commune dans le sud de Galles qu'en aucune partie de la Grande-Bretagne. Bien des photographies de Basques et quelques-unes des Béarnaises sont reconnues par moi-même et par l'observateur anthropologiste gallois à qui je les ai soumises comme n'étant nullement différentes de quelques-uns des types ordinaires de la Galle du Sud.

Les natifs de la Grande-Bretagne du Sud se composaient au temps de la conquête romaine de plusieurs degrés de peuples parlant le celte, néanmoins par la race et le physique, ils appartenaient plus de la haute souche blonde du nord de l'Europe que de la souche trapue, brune, à tête large, que Broca a appelée celtique. Quelques-unes de ces couches ou rejetons étaient Gœlic par le langage, quelques-unes kymric.

Ils étaient principalement composés des races brunes à têtes longues de la souche méditerranéenne, et ce qui est possible, mélangés avec les restants de races encore plus anciennes, mongoliques ou allophyles. Cette couche de fondation était encore, très apparente et forte en Irlande et au nord de l'Ecosse où les couches étaient moindres et en quelques parties entièrement ou partiellement absentes. Les couches les plus modernes sont Belges...

Les anthropologistes ont attendu longtemps l'arrivée de quelque philologue qualifié pour déterminer le problème de l'existence réelle d'un élément euskarien ou ibérien dans les langages kimriques, ou, s'il en est ainsi, en est-il également dans le Gaëlic ou Erse ? Le professeur Rhys a répondu à notre appel avec l'assurance que l'élément que les phénomènes physiques nous ont conduit à chercher, existe réellement ; on le rencontre plutôt dans le Gaëlic, et que les symptômes ibériens, parmi les Silures, doivent être expliqués, ayant été en partie du moins gaëlic avant d'être kymric en langage.

Les Bretons ont été étudiés soigneusement par Broca et par le Dr Guibert de Saint-Brieuc, et j'ai fait moi-même environ 800 observations sur leurs couleurs. Le type qui prévaut est court, robuste, basané, avec les cheveux bruns, foncés ou même noirs ; mais assez souvent avec des yeux bleus ou gris. Les têtes sont courtes et larges (moins que dans la France centrale), le visage y correspond souvent, les traits étant grossiers, larges et quelquefois de forme mongolique. Partout, néanmoins il y a une minorité avec des traits kymric et des têtes plus longues. Cette minorité qui ressemble à nos gens du Cornish sont spécialement nombreux dans le Léonais, sur la côte nord, où les colons du ve siècle sont supposés avoir débarqué des îles Britanniques.

Broca obtint des indices moyens pour la largeur de 82 et 81,2, sur des séries nombreuses de crânes de la partie de la Bretagne de l'est et du nord-ouest.

Les statistiques du pays de Galles donnent plusieurs indications très distinctes, elles représentent les Gallois comme un peuple aux cheveux noirs et souvent aux yeux noirs, parmi lesquels la combinaison gaëlique est commune, mais l'opposé des yeux noirs avec des cheveux châtains ou clairs n'est point rare. Ces derniers ne sont pas dérivés d'un mélange de Flamands car il est également remarqué chez les Gallois du Nord où les Flamands ne s'établirent point. Ce type est généralement accompagné par des joues larges, les formes du corps courtes et compactes et par le teint brun qui prévaut parmi les Gallois. Tout l'aspect suggère une origine touranienne ou mongolique.

La conséquence qui peut être tirée de mes mesures de la tête au sujet des Gallois est nulle.

Des séries nombreuses de 66, presque tous Gallois du sud, nous pouvons avec confiance mettre l'index ou indice de largeur à environ 78, ce qui est plus grand que celui des Irlandais ou des hommes de Weltshire ou Somerset de l'ouest, mais plus bas que celui des Anglais de l'est. Une série moindre de 16, qui est comprise dans la plus grande, nous indique avec moins de certitude un large front, une petite glabella, la tête basse, un visage court et un développement latéral considérable de zygomas. Le teint basané, le front carré, le nez pointu, plus ou moins aquilin, est plus commun que le concave.

Le diagramme des indices de la largeur de la tête confirme la possibilité d'autres lignes et indique la présence d'au moins deux races, non encore confondues, au sud du comté de Galles. Les caractéristiques de plusieurs types sont sans doute adoucies ou négligées, en grande partie neutralisées dans ces estimations. Les indices qui sortent ne sont pas ceux de la race dominante, la vraie Kymrique dont les représentants devaient être cherchés parmi les hommes grands, à visage long, aux yeux clairs, aux cheveux bruns de Nithdale, le haut Gallaway et la région avoisinante. Pour la description des types les observations soigneuses du D' Mackintosch (*Anthropologie comparative de la Grande-Bretagne et du Comté de Galles*, rev. 1866, p. 8), les ouvrages de M. Wirt Sikes peuvent être consultés avec avantage. Les types mésocéphaliques des caves de Denbingshire décrits par Boyd-Dawkins survivent certainement parmi eux; ainsi le type galique est ici et là les têtes longues des « barrows » (cavernes chambrées). Des traits très gallois notés par Mackintosch et appartenant à plus d'un de ses types consistent dans les joues creuses rentrées au-dessous des os malar.

La description que Giraldus de Barry donne de ses compatriotes est très intéressante, et peut être lue encore après 700 ans avec instruction, incidemment il nous fait savoir qu'ils étaient alors robustes comme maintenant. La nature, dit-il, a donné aux Gallois de tous rangs, la hardiesse du langage et la confiance en répondant devant les princes et les nobles. Nous voyons que les Romains et les Français ont le même don de la nature; mais pas les Anglais et les Allemands, il attribue ceci non pas à la servitude mais à un tempérament naturel pur et froid provenant de leur voisinage du pôle ; « ils sont inconstants, mobiles et ne respectent pas leurs serments pour leurs promesses, pour la vérité ils donnent leurs mains droites en foi de vérité même en plaisantant; ils sont toujours prêts au parjure, ils attaquent furieusement avec beaucoup de bruit, repoussés ils se sauvent pris de terreur, mais aussi promptement retournent à la charge. Ils s'adonnent à déterrer les limites de clôture et à changer les bornes de séparation ; ils ont continuellement des procès pour les propriétés ; ils sont sobres dans le besoin et modérés par habitude, mais ils se gorgeront aux dépens d'un autre: personne ne prodigue son bien par gourmandise comme font les Anglais; mais ils sont fastueux en contraste avec les autres. » Il cite leur amour et leur talent pour la musique, et dit qu'ils pourraient chanter en trois parties, tandis que les Anglais ne peuvent chanter qu'en une partie, excepté les Northumbriens qui chantent en deux parties.

La vengeance est aussi notée par Giraldus comme caractéristique et, par dessus tout l'amour de la race et de la famille, l'estime pour la haute naissance et les soins pour les généalogies.

Miss F. P. Cobb les comparant avec les Irlandais, nie aux deux races, l'amour de l'ordre, la régularité et les talents sauf celui de la musique, tandis qu'elle leur accorde de l'imagination, un jugement prompt, un instinct religieux et une grande affection domestique. Elle ajoute: l'amour de la justice et de la vérité, dont excelle la nature de tous les Anglais dignes, est remplacé par l'imparfait substitué de loyauté personnelle ou de bonté en général. La prudence, la frugalité, la précaution, l'action de cacher, de dissimuler distinguent le Gallois de l'Irlandais.

Ils ont un élément en commun dans la nature physique et morale ; mais leur éloignement est aussi bien marqué que leurs affections, et il est dit qu'il y a plus d'antipathie entre eux que de sympathie, tandis que l'Irlandais et le montagnard Ecossais s'accordent.

Le type Kymrique est plus manifeste dans les Comtés du nord est qu'ailleurs.

Les Snowdoniens sont d'une race très brune...

Il reste encore sans solution maints problèmes concernant les Picts; l'origine du type Galique moderne et particulièrement de leur élément prognathus; le teint de quelques-uns des Celtes de l'histoire, la présence de tribus Ugrien, Touranien ou Mongolique en Grande-Bretagne.

L'origine Ibérienne des Picts est favorisée par le phénomène de la couleur dans le Wigtonshire, Keith et Huntly. Le type physique des Gaels modernes en Irlande et en Écosse et de leur parenté en quelques parties du Comté de Galles et à l'ouest de l'Angleterre, peut être est mieux expliqué par un mélange des Ibériens avec une race à visage long, aux traits grossiers, cheveux rouges.

Si seulement les Belges eussent parlé le gaëlique, comme le Dr Guest le croyait, la difficulté ne serait pas si grande; l'escorte de Jovinus n'est pas sans ressembler aux Gaels modernes, et les Milésiens peuvent avoir été une tribu des mêmes métis qui traversèrent l'Espagne.

Ceci est évidemment le type Gaelique ou Celtique de Mackintosch, qui trouve ces gens très nombreux dans le Dorset et Devon, particullièrement du côté de Exmoor; plusieurs de mes spécimens viennent de ce quartier.

Pendant que l'Irlande est apparemment son centre actuel

la plupart de ses traits sont tels qu'ils nous conduisent de penser à l'Afrique comme son berceau possible, et, il est peut être à propos de l'appeler provisoirement africanoïde, appliquant le nom d'Atlantian, qui a été suggéré à la nombreuse race Ibéro-Berber dont il est probablement une subdivision, malgré la grande différence dans la forme des os des mâchoires, entre elle et le type basque de Zaraus, le modèle Ibérien le plus accrédité. Ceux-ci montrent le penchant à prognathisme à être de date récente en Irlande (période de la pierre polie).

Conclusion. — Les formes grammaticales mongoliques ou Ugrien commencent à être reconnues dans la langue Galloise et dans l'Irlandais.

Introduction d'Yule à la « River of Golden sand » par Gill. — Le mot Sifan paraît être appliqué quelquefois à l'ensemble des tribus, parlant différentes langues, qui occupent le pays Alpin entre le lac Koko-noor et le pays montagneux des Lolo, et quelquefois à une race en langage Thibétain qui forme une grande partie des habitants de la contrée au nord est du Thibet, et le bassin du Koko-noor, les Tangoutes du colonel Prjvalskyi.

Dans ce sens il est employé dans le livre du capitaine Gill; car les Si-fan dont il parle emploient le dialecte et ont aussi le caractère Thibétain. Ils paraissent correspondre aux Amdoans de Bryan-Hodgson.

L'ethnographie des tribus nombreuses de la frontière montagneuse de la Chine, de la Birmanie et du Thibet est un sujet de grand intérêt et concernant lesquels très peu de choses sont connues, les Moso et les Lisou sont les plus importants et ils ne sont pas sans droits à la civilisation. Les Moso qui se nomment Noshi sont réputés pour avoir possédé un royaume autrefois dont la capitale était Li-kiang-fo, que les Thibétains et les montagnards nomment généralement Sadam.

Leur roi portait le titre chinois de Mu-tien-wang, l'abbé

Desgodins, dit, que pendant ses voyages sur les bords du Lant-Sang et du Lu-Kiang, il a rencontré fréquemment des forts et des demeures des Moso, au nord de Kiang-Ka, ou tout auprès. Il est possible que ce sont les mêmes que les barbares Mo, dont il est parlé dans les extraits de Pauthier, tirés des *Annales de la dynastie Mongole*, comme étant possesseurs dans le XIII° siècle du territoire de Li-Kiang. Les hommes paraissent avoir adopté le costume chinois, et Cooper dit qu'ils ressemblent entièrement à cette race, mais les femmes conservent un costume gracieux et pittoresque, lequel suivant sa description ressemble aux autres costumes nombreux des femmes des races non-chinoises, de la frontière de l'Yunnan. Ces costumes dépeints dans l'ouvrage de Garnier ont une grande analogie avec les modes anciennes pour bals masqués des types populaires des vallé de la Suisse et des Pyrénées.

Le capitaine Gill rencontra des Moso à Kuden et aux environs sur le Kinska, et il fut frappé par la ressemblance européenne d'un Lama qui lui fit visite, son type était plutôt Français que Thibétain. Cela lui fit souvenir que M. Baber dit de deux hommes qu'il dit de « Kutung » qu'il rencontra en dehors de Tali. Leurs figures intelligentes et ovales lui rappela le soi-disant type Caucasien, dans chaque pas, chaque mouvement, il y avait une décision et une exactitude grandement différentes des manières chinoises paresseuses et indécises.

La plus jeune était particulièrement remarquable par une particularité, ses cheveux longs et ondoyants; cette particularité ne se rencontre jamais parmi les Chinois, je me sentis, dit-il, au milieu de ma propre race en examinant ces gens.

Il ne sera pas déplacé en ajoutant ici que j'ai vu plusieurs fois parmi des femmes Birmanes un type au visage parfaitement romain, chose que je n'ai jamais rencontré dans un homme Birman.

Les Lisou sont décrits par le D' Anderson comme un

petit peuple de montagnards, avec les faces plates, blanches, rondes, les os des mâchoires proéminants et quelque peu d'obliquité de l'œil.

Les hommes adoptent le costume ordinaire des Chan et les femmes comme ceux des Moso, un costume pittoresque individuel. Dans les parties hautes des grandes vallées, les Lisou paraissent mélangés avec les Moso, mais ils ont une distribution large et épaisse, plus à l'ouest et plus au sud.

Des vocabulaires de leur langage ont été envoyés en Europe par M. Desgodins, et bien que je ne les ai pas vus, M. Terrier de la Couperie qui a payé beaucoup d'attention à la philologie des chinois et des tribus de la frontière, m'a dit que les deux vocabulaires ont 70 pour cent de mots communs aux deux et montre une connection manifeste en même temps avec quelques-unes des tribus des Miao-tze et avec les Birmans. Ce dernier point est corroboré par le rapport du Dr Anderson à l'égard des Lisou, que la similitude des langages des Lisou et des Birmans est si grande qu'il est à peine possible d'éviter la conclusion que les deux peuples sont sortis de la même souche.

Gill, lorsqu'il était à Kuden, obtint un manuscrit remarquable qu'il a présenté au Museum anglais. J'ai vu le manuscrit, j'en ai tiré le rapport suivant, de la plus grande connaissance de M. T... de la Couperie qui est profondément engagé dans des études suivies de l'origine et des rapports des caractères chinois et qui est profondément intéressé dans ce document. Il est écrit avec des lettres hiéroglyphiques inconnues, et comprend 18 pages, mesure environ 9 pouces 1/2 par 3 1/2. Les traits sont lus de gauche à droite, il y a trois lignes sur une page, les phrases successives ou groupées de traits divisés par des lignes verticales. Parmi les caractères il y en a plusieurs d'une espèce idiographique qui ont une forte ressemblance aux caractères anciens chinois appelés Chuen-Tzr mélangés avec des emblèmes Bouddhiste nombreux.

M. Terrien possède un autre document avec des lettres chinoises semblables mais moins mêlées de symboles boudhistes, qui avait été transcrit par M. Dergodins du livre d'un tomba ou sorcier, parmi les Nashi ou Moso, une espèce d'écriture que ce missionnaire dit être inusitée. Il considère le manuscrit du capitaine Gill, comme probablement plus vieux. Il n'est pas possible de dire d'où il provient, il a pu être un objet pillé dans les longs désordres de la frontière de l'Yunnan. Mais, M. Terrien est porté à le considérer comme le survivant d'un système idiographe très ancien, peut-être apparenté avec celui des Chinois dans un temps très reculé. Fr. Garnier dans un de ses derniers voyages dans l'Yunnan, fut assuré que dans certaines caves de cette province on trouvait des coffres contenant des livres écrits en lettres européennes et indique judicieusement qu'il pouvait y avoir des livres des aborigènes éteints, dans des caractères phonétiques. M. Terrien rappelle le passage suivant en liaison avec le manuscrit du capitaine Gill.

Des traditions chinoises très anciennes parlent de ces races, comme possédant des documents écrits. Une d'elles rappelle la tradition des Karens, qu'ils avaient eux aussi un livre, mais qu'un chien le mangea.

Nous trouvons dans la rivière de « Golden Sand » du Capt. Gill., page 269, septembre 19, la description suivante.

A Kuden, nous trouvâmes un grand nombre de Moso, il se peut, que ce que je nomme Kuden soit Kutung, cité par M. Baber. En citant les Lamas qui vinrent écrire sur notre livre leur nom Thibétain, j'ai écri dans mon journal. « Ces Lamas n'avaient pas leurs têtes rasées, un avec des moustaches ressemblait plus à un français qu'à un Thibétain. » Baber référant aux hommes de Kutung dit « Je me sentis en présence de ma propre race » il ne pouvait obtenir aucun renseignement à leur sujet, excepté que Kutung était au nord de Tali-fou ; il paraît alors au moins possible que ces hommes de Kutung soient de la tribu des Moso.

Le costume d'une dame Chan décrit par Capt. Gill, page 367 : « Elle portait une veste blanche avec des manches retroussées et beaucoup de broderies d'or sur les poignets, la veste était attachée au cou par une broche par 12 ou 15 brillants de couleurs différentes, rangés en trois rangs comme les gravures du médaillon du grand prêtre juif ; des bracelets en argent ornaient ses poignets et elle portait un pantalon blanc avec quelques raies rouges ; mais la chambre était tellement sombre qu'il était impossible de distinguer les détails de son costume. Un turban majestueux, montait à la hauteur de 18 pouces au-dessus de sa tête et se courbait à moitié de sa hauteur et se gonflait comme avec une honnête fierté sur sa position élevée. Elle me présenta ses deux fils et nous dit que leur territoire s'étendait 30 milles le long de la rivière et 60 milles à l'intérieur.

Elle conservait évidemment un estime sincère pour Margaray et elle nous dit qu'il avait donné une épée et un microscope au dernier chef ; mais elle ne mentionna pas la belle paire de ciseaux qu'il donna à sa gracieuse épouse.

Nous n'apprîmes point ce qu'elle était devenue.

Le langage de ces gens est alphabétique avec dix-neuf lettres ils écrivent comme nous le faisons de gauche à droite.

Un paysage Chan sur la route, p. 376, décrit par Capt. Gill.

« Comme le chef Chan s'en fut à ses dévotions, il traversa un double rang d'hommes qui étaient vêtus de costumes très pittoresques, tous étaient armés de sabres et de fusils, quelques-uns avaient les deux ; après les habits sobres des Chinois, le contraste des couleurs brillantes dont ces gens aiment à se couvrir était très remarquable. Les Chinois portent presque invariablement le coton d'un bleu sombre en hiver et s'habillent en blanc en été. Les Thibétains, aussi, favorisent peu les couleurs brillantes, car les habits des Lamas ne sont que d'un rouge sombre ; mais ici, tout à coup, il y avait des gens portant des ceintures et des turbans verts, rouges, jaunes ou violets.

Le chef Chan était assis sur sa chaise portée par des coolies rudes et maladroits, son parasol rouge, le sceau de commandement, son diplôme, tout coloré de rouge ou de jaune, était porté devant lui. Il y avait deux ou trois gros mousquetons portés chacun par deux hommes, le reste de l'escorte était armé de vieux fusils à mèche ou à percussion. Le chef avait été à ses affaires un peu plus d'une heure, et aussitôt qu'il revint la foule commença à se besogner et à se procurer des mules, et, comme tous les hommes et les femmes à des milles de distance, venaient pour rendre une visite d'apparat au chef, tout le monde était très content de nous éloigner et autant de hâte fut faite que possible pour nous trouver ce que nous demandions.

La consommation de porc dans la maison à cette occasion de réjouissance était énorme, la moitié des porcs dans le village ont été tués pour cette fête ; toutes les deux ou trois minutes un homme passait à travers la porte conduisant à la cuisine, portait un énorme quartier de porc.

A ce propos tant qu'il s'agit de manger, ces gens ont été exactement comme les Chinois ; à tous les petits étalages, sous les arbres, les plats chinois habituels se trouvaient invariablement, et ici, le constant amour des Chinois pour le porc était évident. Comme nous partîmes à cheval à travers le village, nous rencontrâmes tout le peuple vêtu de leurs meilleurs habits, qui arrivait et, vraiment c'était un très joli coup d'œil. Les femmes pour la plupart portaient des vêtements serrés, en coton noir, pliés plusieurs fois autour de leurs reins, donnant l'apparence de grande largeur à cette partie du corps. Quelques-unes au lieu de tailles noires à leurs robes, les portaient en bleu, vert ou presque de toutes les couleurs brillantes, excepté le rouge, quelques-unes les portaient en blanc. Le peuple paraissait beaucoup plus propre que les Chinois ordinairement, leurs vêtements blancs, sur les hommes ou sur les femmes étaient toujours propres et frais. Leurs manches étaient ornées généralement avec des poignets rouges. Ils portaient des braies larges et noires arrivant un peu au-dessous des genoux, le reste des jambes restant nues. Autour de leurs tailles ils avaient des ceintures brillantes pour la plupart en coton, mais quelques-unes en soie, elles étaient de toutes nuances, le rouge étant la couleur favorite, il y avait un bouquet de morceaux d'étoffe de toutes sortes de couleurs brillantes, comme un large gland, piqué par derrière. Leurs turbans enflant comme ils montaient au-dessus de leurs têtes, étaient noirs et décorés d'épingles, d'où pendaient de gros ornements en verroterie avec des gros glands très brillants généralement rouges ; un étroit gallon de drap noir en forme de cravate, était attaché à la gorge avec une large broche d'argent, quelquefois monté de 15 pierres en trois rangs.

Les femmes portaient autour du cou deux ou trois lourds cerceaux en argent de 18 pouces de diamètre, des pendants d'oreille avec des glands rouges brillants, jouaient contre leurs joues.

Leurs poignets étaient empesés avec trois ou quatre bracelets massifs en argent et leurs doigts parés avec une quantité de gros anneaux, montés de pierres d'une qualité inférieure. Les oreilles de quelques-unes étaient percées de trous d'un demi pouce de diamètre, pour loger des tubes en argent de deux ou trois pouces de long, toutes portaient autour des pieds une garniture d'anneaux délicats de jonc noir.

Elles aiment beaucoup les fleurs, aussi presque toutes

portaient une fleur jaune dans leur turban ou ailleurs dans le costume. Il était aussi très amusant de voir qu'au moins la moitié des hommes portaient des boutons anglais en forme de demi rupies avec le portrait de la reine Victoria.

Nous rencontrâmes aussi quelques femmes des tribus sauvages des montagnes, elles étaient habillées différemment avec la tête nue, leurs cheveux coupés en frange horizontale à travers le front, et un jupon brodé, elles devaient être des Kakyens (Singphos).

(*Les tribus de l'Assam*). *The people of India* (Forbes et Watson). — Il n'y a peut-être aucune contrée au monde, de même étendue, comme la vallée et les monts d'Assam où tant de races différentes d'hommes sont réunies ensemble. Qui sont les aborigènes de la province? c'est encore un mystère; et, comme les histoires en possession des indigènes eux-mêmes ne contiennent, ni relatent des âges antérieurs au premier siècle de l'ère chrétienne ; à laquelle époque la vallée de l'Assam paraît avoir été une contrée populeuse.

Les plus anciens envahisseurs (car nous n'obtiendrons vraisemblablement aucune solution satisfaisante à la question), dont il existe quelques relations, paraîtraient être venues de l'Ouest et s'être établis dans les parties basses de la vallée, en forme de Gouvernement Hindou, sur un peuple qu'ils regardaient comme « Melech » ou malpropre.

Quoique tant d'années se soient écoulées depuis que la plupart des tribus envahirent la province, il est encore aisé d'apercevoir la grande différence de la physionomie, qui caractérise les races différentes parmi lesquelles très peu de fusion paraît avoir eu lieu. Aujourd'hui les tribus de l'Indo-Chine sont distinguées aussi aisément du reste des habitants, comme si elles n'étaient descendues que dernièrement des steppes de la Tartarie; il n'y a pas à méprendre

JEUNE FEMME KHAMTI, d'après Dalton.
Tribu des Monts de l'Assam

dre l'œil mongolique, nez plat et les os des joues proéminents de ces tribus, qui sont aussi plus blanches, et d'une couleur plus jaunâtre que les autres sections du peuple, tandis que les autres tribus ne présentent aucun point bien remarquable dans leur apparence qui fournissent à l'observateur la solution de leur origine. C'est une race pour la plupart très peu favorisée, ayant des visages plats sans expression, des yeux petits, front bas, grandes bouches, et sont considérés plus *bruns que ceux dont les ancêtres vinrent de l'Est.*

(*Forbes et Watson*) *The people of India*, vol. I, pl. 27. *Kamtis ou Kantis. Tribu sauvage de l'Assam.* — Les Kamtis sont d'une race de peuple très peu connue, habitant les monts sur la frontière birmane de l'Assam. Les Kamti ont retenu l'ancienne langue de leur race, mais ils ont perdu leur religion ayant accepté le bouddhisme des Birmans Elle paraît apparentée aux dialectes Laotiens et Siamois, dont tous deux sont comme le Khamti-Ahom et Chan des branches du Taï.

(Dalton). — Ethnology of Bengal. — Les Khamti. — Planche I (Forbes et Watson), vol. I, pl. 27.

The people of India, Khanti ou Khamtis, tribu sauvage de l'Assam.

Le principal séjour des Khamtis, qui sont une branche de la race Chan ou Taï, est, dans le Bor-Khamti, une province de la Birmanie sur le haut Irrawaddy.

Plusieurs colonies, parties de là, sont venues s'établir dans le haut Assam, sur les deux rives du Brahmapoutra à l'est de Sadiya. Ils sont bouddhistes et beaucoup plus intelligents que les tribus de la frontière du nord-est.

La race Chan ou Thaï a exercé une influence puissante sur les fortunes de l'Assam. Les Siamois sont à présent la branche la plus importante de la famille. Les Birmans les appellent (Shangyai), ou la branche aînée de Chan) ; mais il y avait une fois une grande nation de ce peuple occupant une contrée connue des historiens de Munipour, sous le nom de royaume de Pong, qui bordait Tipperah, Yunnan et Siam, dont la capitale était nommée Mogong par les Birmans et Mongmarong par les Chan.

Dans le règne de Loukempha, le 18e souverain de l'empire de Pong, qui succéda à son père, l'an 777 ap. Ch., son frère Lamlompha qui était le général de ses forces ayant subjugué Cachar, Tipperah et Munipour, poussa à travers les monts à la vallée du Brahmapoutra et y commença une série de conquêtes dans tout le pays de Sadya, à Kamrup. Il est probable que cela fut effectué en plusieurs invasions s'étendant pendant plusieurs siècles, comme les *Annales d'Assam* donnent l'année correspondante avec 1228 comme celui qui commence le règne de Chinkinpha, que l'on croit avoir été le premier qui a pris pour lui-même et son peuple le nom de d'Ahom (la perle) et d'avoir donné ce nom au pays, adouci maintenant en celui d'Assam. Son successeur Chatambam, 1554, adopta la religion Hindou et changea son nom en celui de Jaijadhaja-Singh et les Chan-Ahom adoptant le langage et les coutumes, ainsi que la religion du peuple conquis, fut regardé comme une nouvelle division ou caste de la population Hindoue-Assamais, plutôt que comme des intrus d'une race étrangère.

Le royaume de Pong fut finalement ruiné par Alomphra vers le milieu du siècle dernier, et, sur son démembrement d'autres branches de la race Chan émigrèrent et s'établirent en Assam. Les Pakis ou Pakials sur le Dihong, les Kamjangs de Sadiya et les établissements nombreux des Khamti sont tous des colonies de cette race, retenant le costume, coutumes et religion qu'ils apportaient avec eux dans la vallée. Il suffira de décrire ces derniers qui sont les plus nombreux et plus importants.

Quelle que fut l'origine de ce peuple, ils émigrèrent dans

l'Assam depuis 100 ans, du pays qui nous est connu Bor-Khamti près des sources de l'Irrawddy, qui fut visité par Wilcox en 1826, et, suivant leurs annales, ils avaient occupé ce pays pendant plusieurs siècles.

Les Khamtis ne sont pas une belle race, ils ont le teint plus brun que les autres Chan et les traits plus grossiers, les particularités mongoliques étant plus développées en eux qu'en leurs frères de réputation.

Religion. — Les Khamtis sont très en avance de toutes les tribus de la frontière de l'est, en savoir, les arts, la civilisation. Ils sont bouddhistes et ils ont des établissements de prêtres bien versés dans les mystères de leur religion, une grande portion des laïques peuvent lire et écrire dans leur langage.

Arts. — Les femmes sont expertes en broderies; elles font des sachets travaillés avec patience pour leurs maris et pour vendre, des bandes brodées pour les cheveux et d'autres jolies choses, elles ne sont pas moins capables de supporter une très forte partie du travail du dehors.

Costume. — Le vêtement des Khampis est simple; les hommes portent communément des jaquettes étroites de coton teint en bleu, un turban en mousseline ainsi tordu pour qu'il expose le nœud en haut dans lequel ils entortillent leurs longs cheveux, se projetant un peu au-dessus du front. Le vêtement au-dessous est de coton de couleur avec dessins en carreaux ou en soie suivant le rang du propriétaire. Les hautes classes portent le « patso » birman, une pièce de soie à larges bandes de couleur. Le costume des femmes est comme celui des hommes, elles portent leurs cheveux relevés du dos et des côtés en un massif bourrelet qui monte quatre ou cinq pouces au-dessus du front; ceci donne une apparence de hauteur aux visages qui ont besoin d'une addition artificielle, le bourrelet est entouré d'une bande brodée, les bouts garnis de franges et de glands qui pendent par derrière; le vêtement du bas généralement en coton de couleur foncée est replié sur le sein, sous les bras et arrive aux pieds. Ce style de porter le principal vêtement, commun aux Chan et aux Maniponni, paraît avoir été apporté dans l'Assam par les premiers, les femmes Assamis des basses classes l'ont toutes adopté: les femmes Khamti portent en addition une écharpe en soie de couleur autour de la taille et une veste à longues manches. Les principaux ornements sont des morceaux d'ambre en forme cylindrique insérés dans les lobes des oreilles et des colliers en corail.

Les prêtres dans leurs heures de loisir, s'amusent, en taillant dans le bois, l'ivoire ou l'os dont ils sont très adroits, en faisant des poignées en ivoire pour les armes, ils montrent une grande adresse, du goût et fécondité d'invention, taillent en haut relief des serpents entortillés, de dragons et autres monstres avec une considérable unité de gracieuseté et de dessins.

Il est aussi de coutume pour les chefs de s'employer dans les arts utiles et d'ornement. Ils travaillent l'or, l'argent et le fer, forgent leurs armes et font les bijoux de leurs femmes. Ils fabriquent des boucliers en bosse de peau de buffle ou de rhinocéros, les dorant et les laquérant avec adresse et du goût.

Le cimetière des Khamtis est généralement un endroit bien propre en dehors du village ; les tombes sont surmontées de tumulus de forme conique, lorsqu'ils viennent d'être construits, elles vont en diminuant de la base au sommet en une série d'échelles ; la terre étant gardée en position par des nattes de bambous autour de chaque degré. Les Ahom malgré leur conversion à la foi Hindoue retinrent cette méthode de sépulture jusqu'à une date récente. Les tumulus construits au-dessus des tombes des souverains de l'Assam-Ahom, sont très étendus et lorsqu'ils furent ouverts les restes des morts ont été trouvés dans des cercueils de tronc de bois massif, avec des ornements en or et en argent, et autour des cercueils divers ustensiles, armes et outils d'agriculture.

Forbes et Watson. — (*The people of India*) V. I, planche 28. — *Les Michmi. Tribu des monts de l'Assam.*

Mishmi est le nom d'une tribu de souche apparemment chinoise ou indo-chinoise qui habite les monts au-dessus des rapides de Brahmapoutra. Ils sont d'une race petite, active et robuste, avec des traits tartares. Comme d'autres peuples de montagnards ils ont un prodigieux développement musculaire des membres inférieurs.

(*Dalton Ethnology of Bengal*) Section 3. — *Les Mishmi.*
— Les Mishmi, situés à l'ouest de la rivière Du, affluent du Brahmapoutra, au-dessus du Brahakund, trafiquent avec les possessions britanniques, les tribus au nord, trafiques seulement avec le Thil.

Les Mishmi sont d'une race robuste, courte, de teint clair pour des asiatiques,. montrant généralement le type mongolique adouci.

Les villages Mishmi au sud du Brahmapoutra sont éparpillés et mêlés avec des établissements de Khamti et Singpho; mais ils ont entièrement à eux la rive nord aussi loin que la rivière Digaru et les deux rives de la rivière depuis, le pays de Jingshas à la frontière Thibétaine.

Costume. — Le costume des Mishmi est en premier, une lanière d'étoffe serrée autour des reins, passant entre les jambes et attachée sur le devant, un habit sans manches comme une cotte d'un héros d'armes, allant du cou aux genoux, ceci est fait d'une pièce d'étoffe rayée bleue, rouge ou brun, doublée dans le milieu, les deux côtés cousus ensemble comme un sac en laissant l'espace pour le bras et une fente au milieu pour le passage de la tête. Deux sachets couverts de fourrure, attachés à des ceintures des épaules en cuir avec des grandes plaques en cuivre devant et derrière, comme des cymbales, un sac pratiqué avec adresse à l'adapter au dos, et couvert des longues fibres noires du grand palmier sagou des monts et au-delà décoré de la queue d'une vache thibétaine; un sabre thibétain long, étroit; plusieurs couteaux et poignards; une lance gentille et légère, la pointe en fer bien trempé. La coiffure est, quelquefois une casquette en fourrure, quelquefois un casque en osier.

Les femmes portent une étoffe de couleur, lâchement attachée autour le la taille, qui arrive aux genoux et une très étroite taille qui soutient sans couvrir entièrement la poitrine. Elles portent des grains en profusion non seulement en verre, mais encore en agâte, en camé, en porcelaine ; elles portent sur la tête un bandeau d'une plaque en argent très mince, large sur le front et diminuant environ un demi pouce en largeur sur les oreilles, de là continu autour de la tête par une chaîne de petits coquillages.

Conclusions d'Hogson (Aborigenis de l'Inde). — Que les races du Sub-Himalaya sont affiliées de près, et sont tous d'origine thibétaine, ce sont des faits que j'ai indiqués, et qui paraissent résulter avec suffisamment d'évidence, des vocabulaires comparatifs fournis maintenant.

Mais à l'évidence linguistique, dans une forme plus ample il sera sans doute ajouté des preuves dans peu de temps, ainsi que l'évidence déduite, des attributions physiques, des croyances, coutumes et légendes de ces races. Il doit suffire d'observer pour le présent, que leurs légendes indiquent un transit de l'Himalaya depuis 35 à 45 générations en arrière, dites de 1000 à 1800 ans et je préfère la période la plus reculée, parce que le transit eut lieu certainement avant que les Thibétains n'eussent adopté de l'Inde, la religion et la littérature du Bouddhisme, dans le vii° ou le viii° siècle de notre ère. Ce fait a clairement impressionné sur les dialectes et sur plusieurs dogmes des religions des Sub-Himalayiens, comme leur origine thibétaine est marquée sur leurs formes et sur leurs traits, pourvu que les points soient recherchés avec le soin nécessaire ; car une attention superficielle est capable de s'arrêter uniquement sur le Lamaïsme importé récemment et imparfaitement parmi eux et sur les traits exceptionnels à peine des physionomies thibétaines mélangées et variantes, qui sont les leurs également dans toute son incongruité originelle. Cette physionomie expose sans doute en général le type scythique ou mongolique (Blummenbach) de l'espèce humaine; mais ce type est bien modifié, adouci et même fréquemment passé à un rapprochement voisin à l'entière dignité et beauté de la tête et du visage caucasique, de là, même manière étonnante qui a été remarquée, en égard aux aux autres branches de l'arbre allophyle, quoique parmi les Cis ou Trans-Himalayiens, on ne voit jamais un plus grand rapprochement vers le teint blond teutonique, qu'autant qu'il consiste quelquefois dans des moustaches rudes parmi les hommes et parfois beaucoup de fraîcheur sur les joues des femmes et des enfants. Une peau blanche pure est inconnue et le teint ou couleur n'est pas moins apparent que sur les Hindous de haute caste. Tous sont d'un brun pâle ou nuance isabelle dans le Thibet et le Sub-Himalaya, tandis qu'ils sont plus noirs dans les plaines de l'Inde. *Journal of asiatic Society of Bengal*, XVI, 1847, B. H. Hodgson. *Aborigènes of the Sub-Himalayas*, page 1335.

Les conclusions du Dr B. H. Hodgson s'appliquent aux questions du Dr Thorel (Voir les races de l'Indo-Chine).

CONCLUSIONS

Je joins ici quelques notes pour résumer mes impressions de voyages en Basse-Bretagne. L'été dernier en arrivant à Saint-Malo, je causais des « Bigouden » de Pont-l'Abbé et des habitants des campagnes aux yeux obliques, lorsqu'une personne me dit : « N'aviez-vous pas dans votre maison la famille X..., qui a les yeux bridés », je me souvins alors que Mᵐᵉ X... avait les yeux très obliques ainsi que son jeune fils.

J'ai trouvé en Basse-Bretagne vingt personnes, environ, avec les yeux typiques de la race mongolique, tant dans les Côtes-du-Nord que dans le Morbihan, mais le plus grand nombre sont du Finistère.

Pendant près de quatre mois que j'ai habité Quimper j'allais fort souvent me promener à la halle, ou grand marché ; là se réunissent chaque matin, les poissonnières de Pont-l'Abbé, de Loc-Tudy et du Guilvinec et les paysannes de tous les environs en grand nombre, et parmi elles, j'ai pu faire mainte trouvaille fructueuse pour mes études.

Dʳ Beddoe de Clifton (pays de Galles), cite dans son ouvrage « *The races of Britain* » qu'il possède une liste de trente-quatre personnes aux yeux typiques de la race mongolique, pour la Grande-Bretagne.

En faisant de nouvelles recherches, je suis persuadé qu'en moins d'un an je pourrai produire une liste de plus de cinquante personnes de la Basse Bretagne aux yeux obliques.

Lorsque je suis retourné à Quimper deux ans après mon premier voyage et que j'ai revu les « Bigouden » sous la grande halle ou marché, après tant de recherches à leur sujet, je n'ai pu me dissimuler que ce n'était pas seulement les Bretons pur sang du Dʳ Bodichon; mais des Mongols pur sang. C'était bien le même type d'hommes qu'on rencontre dans le parcours d'une immense circonférence en Asie, en commençant au sud-ouest par Leh la capitale du Royaume de Ladak, et en suivant vers le sud et l'est le Népâl, le Sikkim, le Boutan, l'Assam, le Thibet, l'Yunnan; en remontant vers le nord-est par la Mongolie, la patrie de Gengiskhan et Tamerlan, enfin la Kalmoukie qui clôt à l'ouest cette zône nommée le toit du monde et sur lequel les races humaines ont peut-être pris naissance.

Revenant aux « Bigouden » ou habitants de toute la baie d'Audierne, je constatais une fois de plus que c'était bien là les Bouriates du Lac Baïkal, des Kalmouks, des Kalkas, des Ladaki et autres Mongols pur sang; aux traits taillés à coups de hache. C'était bien encore le type si commun au nord des monts Himalaya que mes souvenirs de voyages me retracent de Simla à Dargiling et à Bamho; c'est bien la langue monosyllabique des Thibétains et des Birmans. Jusqu'au costume de Pont-l'Abbé qui est absolument le même avec celui de l'Extrême-Orient, avec ses broderies imitant les feuilles de fougère, des fleurs de soleil, des queues de paon; le gilet brodé à manches, la veste sans manches des Manchoux, les braies comme les Indo-Chinois, et le chapeau à larges bords, entouré de trois rubans de velours, avec une boucle à chaque, surmontant les uns au-dessus des autres, ainsi qu'il est de coutume dans l'Extrême-Orient pour marquer leur antiquité et leurs privilèges.

Suivant Dalton les Miaotze seraient frères de race avec les Michmi, des sources du Dilong et du Brahmakound, dans l'Himalaya orientale, appartenant au même groupe ethnique, d'origine thibétaine que les Khasia, dont E. Reclus dit qu'ils se distinguent de tous les autres habitants de l'Inde. Cisgangétique par une langue monosyllabique, mais offrant déjà quelques indices de transition vers la forme agglutinative.

« De même que le Basque, le Khasia et le Michmi, qui d'ailleurs manque de toute littérature écrite, constitue une enclave glossologique.

La religion des Michmi, n'est autre que l'art de la sorcellerie et des conjurations, leurs prêtres, comme les Chamans des Toungouses, savent chasser les diables et guérir les maladies par leurs contorsions, leurs danses, leurs roulements de tambour. La coutume de la « couvade » existerait dans une des tribus des Miaotze ; après la naissance d'un enfant dès que la mère est assez forte pour quitter sa couche le père prend sa place et reçoit les félicitations des amis. Cette coutume paraît avoir tiré son origine des Toungouses et autres peuples d'origine mongole. Nous savons que cette coutume existe également chez les Basques d'Espagne. « Voilà donc des affinités en faveur de l'origine commune des Basques et des montagnards de la souche thibétaine du nord de l'Indo-Chine (Miaotze, Michmi, Khasia).

Les autres anglais qui ont décrit les peuples de l'Inde et de l'Indo-Chine avec un soin et un talent tout particulier sont (*Forbes et Watson; The people of India*) (*Dalton : Discriptive Ethnology of Bengal*) (*Hodgson, the Aborigints of India*). Les anglais ont l'avantage sur nous de mieux connaître les peuples de l'extrême Orient par suite de leur long séjour dans ces contrées et de la grande application qu'ils mettent à connaître les peuples orientaux.

Pour résumer au sujet des Bretons-Mongols du Finistère en particulier et des Mongols-Tchouds de toute la Bretagne, je renvoi les lecteurs aux conclusions des Savants au sujet des Bretons ou Celtes-Armoricains, et particulièrement aux voyages du Major Gill, des colonels Yule et Prjvalsky, dans l'Yunnan et chez les Tangoutis du Koukou-noor ; et surtout de ne pas perdre de vue le récent voyage de Lord Lemington dans les États Chan, et Moso de la Birmanie et du Siam ; sous le double point de vue de l'étude des peuples de la race Taï, de l'Indo-Chine, comprenant les Moso et les Lison que le Major Gill et les autres voyageurs comparent aux Européens et aux Français, et que je retrace aux bretons et aux Gallois.

Nous avons intérêt également de suivre la politique des anglais en Indo-Chine et des annexions des contrées et des principautés, qu'ils méditent de longue main ; ainsi que nous le fait entrevoir Lord Lemington, dans son discours à la chambre des communes et dont l'objectif est finalement l'annexion du Royaume de Siam et de l'Yunnan.

Errata. — Lors de mon passage à Guémené il sévissait une épidémie de petite vérole. Saint Roch est le patron qui en protège ; des campagnes il arrivait tous les jours des statues du saint pour les faire repeindre, et par ce, se rendre agréable à lui. Les enterrements sont assez curieux et ressemblent beaucoup aux enterrements dans certaines localités de l'Indo-Chine. On met le mort dans une charrette attelée de deux bœufs et d'un cheval conducteur, avec les traits ornés de rubans noirs lorsque la famille est riche. Admirable spectacle ! Le défunt est conduit au champ du repos par les bœufs qu'il conduisait au champ du travail.

Le costume de Guémené est très riche, gilets blancs très courts avec deux rangées de boutons en métal, environ 30 boutons par rangée, les uns très près des autres. Les femmes portent le deuil en une coiffe de flanelle jaune bordée de noir. Dans toute la Cornouaille le deuil se porte également en jaune ; la coiffe des femmes qui est blanche en tout autre temps se change en une coiffe jaune, jointe à des rubans jaune, à cette coiffe ainsi qu'une ceinture jaune. Personne en Basse-Bretagne n'ignore cette coutume, surtout à Quimper.

On sait que le jaune est la couleur de deuil en extrême orient comme le noir l'est en Europe.

L'index céphalique suivant : D' Broca est pour les Auvergnats, 84,07, les Savoyards 88,68, et les Bas-Bretons de 81,25 à 82,05, et suivant M. d'Ujfalvy (voir *Geog. Univ. d'El. Reclus*, T. VI, p. 464). Index céphalique moyen de 57 Galtchas, 86,21). Les Mongols suivant Broca 81,40.

En conséquence s'il existe des affinités entre les Tadjiks-Gal-tchas, les Auvergnats et les Savoyards ; il existe sans doute de plus grandes affinités entre les Bas-Bretons et les Mongols-Kalkas et Bouriates.

Je ne puis finir cette étude sans signaler que lorsque le museum Britannique possède plus de cent crânes pour l'appréciation des peuples Himalayens et Indo-Chinois; nous sommes satisfaits d'un seul crâne de Tadjick montagnard (Galtchas) pour assimiler les Auvergnats, les Savoyards et les Bas-Bretons aux races Iraniennes.

Mais de tous ces peuples Asiatiques et Européens ceux qui me paraissent les moins connus ce sont les « Bigouden » de Pont-l'Abbé, ces Bretons pur sang du D' Bodichon qui portent toutes les marques distinctives des peuples Mongoliques et qui ont conservé jusqu'à ce jour les mœurs, les superstitions, la coupe des habits, les broderies, les bijoux, la langue de leurs ancêtres.

Hennebont. — Episode de la guerre de la succession à la couronne de Bretagne.

Dès le commencement de cette interminable guerre, le comte de Montfort fut fait prisonnier à Nantes par l'armée française venue au secours de Charles de Blois, conduit à Paris et renfermé dans une des tours du Louvre. Il s'en échappa en 1344, passa en Angleterre pour réclamer le secours que lui promettait le roi Edouard III et revint mourir à Hennebont en 1345. Montfort laissait à la tête de son parti son épouse Jeanne de Flandre, héroïne sublime, grand et inébranlable caractère qu'aucun revers ne pouvait abattre. Elle prit dans ses bras son fils âgé de trois ans et le présentant aux seigneurs bretons et anglais qui l'entouraient : « Seigneurs, dit-elle, ne vous ébahissez mie de monseigneur que nous avons perdu ; ce nestait qu'un homme : vecy mon petit enfant qui sera, si Dieu plaist son restorier et vous fera des biens assez ». Parmi ces guerriers se trouvait Mahé de la Fresnaye qui fit serment à Jeanne de Montfort de ne jamais quitter son armure tant qu'il n'aurait gain de cause et qu'il ne sortirait vainqueur de cette lutte. L'histoire rapporte que pendant vingt-quatre ans ce chevalier qui était d'une stature plus qu'ordinaire, ne manqua point à son serment jusqu'à la victoire de la bataille d'Auray ; si ce n'est qu'à l'assaut d'une place forte il fut renversé et grièvement meurtri par une grosse pierre et fut obligé, pendant un mois, de ne pas conserver son armure pour se rétablir. « En 1342, avant d'arriver à Hennebont, Gautier de Mauni forma le siège de la Roche-Periou, qui ne lui réussit pas. Girard de Moulin était capitaine de cette place et la défendit avec beaucoup de valeur. Dès le premier assaut que les Anglais lui livrèrent, Jean le Boutillier et Mahé de la Fresnaye, chevaliers de la comtesse de Montfort, furent dangereusement blessés. Gautier de Mauni les fit transporter aux pieds de la montagne avec tous ceux qui étaient dans le même état. Girard de Moulin avait un frère nommé René, qui commandait dans le Faouet. René ayant appris le danger où était son frère, partit du Faouet avec quarante hommes d'armes pour le secourir. Il trouva au pied de la montagne les chevaliers et les écuyers blessés, que l'on avait couchés dans un pré. Persuadé qu'il ne pouvait rendre un meilleur service à son frère que de les enlever, il les fit conduire au Faouet comme prisonniers de guerre. Quelques-uns d'eux s'échappèrent et allèrent apprendre cette fâcheuse nouvelle aux assiégeants. Gautier de Mauni fit aussitôt cesser l'attaque et poursuivit René de Moulin ; mais de quelque diligence qu'il usât, il ne put le joindre. Malgré les fatigues qu'il avait endurées ce jour-là, il attaqua Moulin dans son château jusqu'à la nuit ; mais tous ses efforts furent inutiles. Il se logea devant la place bien résolu de recommencer l'attaque le lendemain. Girard de son côté voulant rendre la pareille à son frère, monta à cheval la même nuit, et alla trouver le capitaine Portebœuf qui commandait dans cette place que Froissard nomme Dinan. Il lui exposa tout ce qui se passait dans son quartier et lui demanda un prompt secours. Aussitôt que le jour parut, ils assemblèrent les habitants dans la Halle, et leur représentèrent l'état des choses. Les bourgeois s'armèrent avec la garnison et se mirent en marche pour secourir le Faouet. Gautier de Mauni ayant été averti par un espion de leur marche, prit le parti de se retirer à Hennebont, pour ne pas se trouver entre deux armées. La comtesse de Montfort le reçut avec une joie inexprimable et le régala magnifiquement avec tous les chevaliers de sa suite.

« Le Prince Louis d'Espagne, général des Génois, ne pouvant plus se contenir alla trouver un jour Charles de Blois dans sa tente et lui dit en présence d'un grand nombre de Seigneurs, qu'il venait lui demander un don en reconnaissance de tous les services qu'il lui avait rendus. Charles, lui accorda sa demande sans savoir de quoi il était question. Alors Louis d'Espagne demanda la tête de Jean Le Boutillier et celle de Hubert Mahé de la Fresnaye, qui étaient prisonniers au Faouet. Charles eut horreur de cette demande, et fit tout ce qu'il put pour détourner Louis d'Espagne d'une si barbare action, mais tous ses discours furent inutiles. Louis déclara que ces deux chevaliers l'avaient défait, blessé et chassé ; qu'ils avaient tué son neveu Alphonse, qui faisait l'objet de ses tendresses ; qu'il voulait leur faire trancher la tête à la vue de leurs compagnons qui étaient dans Hennebont ; et que si on ne lui accordait pas cette satisfaction, il abandonnerait le parti. Charles céda donc, quoiqu'avec regret aux instances de Louis d'Espagne, et envoya chercher les deux prisonniers qui arrivèrent un matin au camp.

« Leur présence excita la compassion de tous les chevaliers, qui supplièrent Louis d'Espagne de ne pas se déshonorer par une action si cruelle, mais il fut inexorable, et protesta qu'il ferait décoller les deux prisonniers après avoir dîné.

« Cependant tout ce qui s'était dit dans la tente de Charles de Blois avait été mandé à Gautier de Mauni et à Amauri de Clisson qui furent consternés de cette nouvelle. Comme l'affaire pressait, Mauni anima tous ceux qu'il rencontra, à faire les derniers efforts pour sauver la vie aux deux chevaliers. Il n'eut pas de peine à trouver des hommes disposés à le seconder dans une si noble entreprise; les uns s'y portèrent par amitié et par devoir, les autres par compassion et par honneur.

« Il fut donc résolu que les chevaliers et les écuyers qui étaient dans la ville se partageraient en deux bandes, dont l'une sortirait par la porte du camp à l'heure du dîner, et irait se ranger en bataille sur les fossés. On ne doutait point que l'armée ennemie ne s'ébranlât et qu'elle ne s'avançât jusqu'aux machines pour les défendre.

« Amauri de Clisson fut chargé de commander cette troupe, qui était de trois cents hommes d'armes, soutenus de mille archers, pour faire reculer les ennemis à coup de trait. L'autre bande était de cent hommes d'armes et de cinq cents archers, que Gautier de Mauni se chargea de conduire. Il devait sortir par la porte opposée à l'attaque et aller par derrière donner sur les tentes.

« Aussitôt que Mauni eut déclaré son dessein, chacun s'arma promptement et se rangea sous la bannière de son commandant. Sur l'heure du dîner, Amauri de Clisson fit ouvrir la porte du camp, et marcha droit au quartier de Charles de Blois en jetant de grands cris. Il renversa plusieurs tentes et tua tout ce qui se présenta devant lui. Cette attaque mit l'alarme dans le camp, et on fit sortir peu à peu toutes les troupes, qui vinrent tomber sur la bataille de Clisson,

Il les reçut avec beaucoup de résolution et se battit en retraite jusqu'aux barrières de la ville. Là, il tint ferme, pendant que les archers qui bordaient le chemin, firent plusieurs décharges de traits. Le combat recommença dans cet endroit, toute l'armée française s'y était rendue et n'ayant laissé que les valets à la garde du camp.

« Gautier de Mauni profita de cette heureuse conjoncture, sortit de la porte opposée à l'attaque et poussa jusqu'à la tête de Charles de Blois où les deux prisonniers étaient gardés. Il les fit monter sur deux coursiers, qu'il avait amenés exprès et les conduisit triomphants à Hennebont, où la comtesse leur fit tout l'accueil qu'ils méritaient. C'étaient deux vaillants hommes fort regrettés ; aussi ils furent reçus avec grande joie dans la ville et magnifiquement fêtés. »

Bertrand François Mahé de la Bourdonnais, né à Saint-Malo en 1699, fut le vaillant descendant de Hubert Mahé de la Fresnaye ; mais il est à remarquer que le marin célèbre était l'opposé de son ancêtre sous le rapport de la taille, tout en lui ressemblant par son tempérament robuste et sa force peu ordinaire.

Pour satisfaire la curiosité du public sur le physique de cet homme célèbre, j'ai donné son portrait très ressemblant en tête de ses *Mémoires*, qu'il composa pendant sa détention à la Bastille, et que j'ai édité deux fois.

La lettre de Madame la Marquise de Montlezun, sa fille, à l'auteur de *Paul et Virginie* servira encore à le faire connaître davantage.

« Mon père, dit cette dame, avait de beaux yeux noirs,
« ainsi que les sourcils. Son nez était long, et sa bouche
« un peu grande. Il avait peu d'embonpoint ; il était de
« taille médiocre, n'ayant que cinq pieds et quelques lignes
« de hauteur : d'ailleurs se tenant très bien. Son air était
« vif, spirituel et très gai. Sa principale vertu était l'hu-

« manité : les monuments qu'il a établis à l'île de France
« sont garants de cette vérité. »

La famille était originaire des environs de Quimper (Finistère).

La branche des Mahé de Villeneuve, de Moncontour au pied des montagnes d'Arès était des hommes de petite taille. Tandis que les Mahé de la Villéglé, de Loudéac, sont grands ; ainsi que la branche des Mahé de Berdonaré, de la Basse-Bretagne ; nous sommes dans la famille également grands.

Le marin célèbre avait sans doute par atavisme le physique des montagnards de la Cornouaille, ce qui le ferait croire, c'est que tout en étant de grande taille nous conservons par atavisme les traits de nos ancêtres, même chez les femmes comme le prouve le portrait de ma tante qui ressemble d'une manière étonnante à l'illustration de Saint-Malo. Je conclus que les Mahé de Villeneuve qui avaient la petite taille et les traits du gouverneur des îles de France, que je considère comme le type de la famille, étaient les bretons pur sang du Dr Bodichon, et tous ceux qui sont grands malgré la ressemblance de parenté conservent les preuves de l'alliance avec les émigrants Kimris venus d'Angleterre au ve siècle.

OBSERVATIONS FAITES SUR DES VIVANTS

« BIGOUDENS » DU CANTON DE PONT-L'ABBÉ

Tunvic Bargain, femme de 61 ans.

MESURES DE LA TÊTE

1° Diamètres antéro-postérieur maximum	. . . .	178
id. transversal maximum	. . . .	144
2° Indice : $\dfrac{144 \times 100}{178} =$	. . . .	80
3° Angle facial de Camper	. . . .	77
4° Longueur du nez	. . . .	34
5° Echelle chromatique des yeux	. . . .	10
6° id. des cheveux	. . . .	48

Marie-Louise Le Roy, femme de 62 ans.

1° Diamètre antéro-postérieur maximum	. . . .	180
2° id. transversal maximum	. . . .	153
3° id. frontal minimum	. . . .	114
4° Indice : $\dfrac{153 \times 100}{180} =$	. . . .	85
5° Angle facial de Camper	. . . .	74

Marie-Anne Le Pape, femme de 26 ans.

1° Diamètre antéro-postérieur maximum	. . . .	185
2° id. transversal maximum	. . . .	150
3° id. frontal minimum	. . . .	107
4° Indice : $\dfrac{150 \times 100}{185} =$	. . . .	81
5° Angle facial de Camper	. . . .	84
6° Longueur du nez	. . . .	48
7° Largeur du nez	. . . .	38
8° Echelle chromatique des yeux	. . . .	3
9° id. des cheveux	. . . .	41

Marie Le Run, femme de 22 ans.

1° Diamètre antéro-postérieur maximum	. . . .	177
2° id transversal maximum	. . . .	150
3° Indice : $\dfrac{150 \times 100}{177} =$	. . . .	84
4° Angle facial de Camper	. . . .	76°, 30
5° Longueur du nez	. . . .	50
6° Largeur du nez	. . . .	32
7° Echelle chromatique des yeux	. . . .	3
8° id. des cheveux	. . . .	41
9° Angle facial alvéolaire	. . . .	73°
10° Distance entre les conduits auditifs	. . . .	155,5
11° id. du point mentonnière à la naissance des cheveux	. . .	140
12° Largeur bizygomatique	. . . .	123
13° id bimalaire	. . . .	115

Marie-Louise Gurice, femme de 19 ans.

1° Diamètre antéro-postérieur maximum 185
2°   id   transversal maximum 140
3°   id   frontal minimum 97
4° Indice $\frac{140 \times 100}{185} =$ 75
5° Angle facial de Camper .... 79°
6°   id   alvéolaire 72
7° Distance entre les conduits auditifs 171
8° Echelle chromatique des yeux : 7
9°   id   des cheveux 41

Germain Le Mare, homme de 33 ans.

1° Diamètre antéro-postérieur maximum 195
2°   id   transversal maximum 166
3°   id   frontal minimum 112
4° Indice $\frac{166 \times 100}{195} =$ 85
5° Angle facial de Camper .... 75°45
6°   id   alvéolaire 69
7° Distance entre les conduits auditifs 171
8° Distance du point mentonnier à la naissance des cheveux . 106
9° Largeur bizygomatique 145
10° Longueur du nez .... 54°,5
11° Largeur du nez 34
12° Largeur bimalaire 117
13° Echelle chromatique des yeux 3
14°   id   des cheveux 34

Noël Ronach, homme de 40 ans.

1° Diamètre antéro-postérieur maximum 190
2°   id   transversal maximum 148
3°   id   frontal minimum 110
4° Indice $\frac{148 \times 100}{190} =$ 77
5° Angle facial de Camper .... 73°30
6°   id   alvéolaire 69
7° Distance entre les conduits auditifs 175
8° Distance du point mentonnier à la naissance des cheveux . 180
9° Largeur bizygomatique 130
10° Longueur du nez 52
11° Largeur du nez 37
12° Largeur bimalaire 120
13° Echelle chromatique des yeux 3
14°   id   des cheveux 48

Château de Kernuz août 1887.

P. du Chatellier.

INDEX CÉPHALIQUE

Extrait du Traité d'Anthropologie de D' P. Broca

Dolichocéphales	75,00 et au-dessous
Sous-dolichocéphales	75,01 à 77,77
Mésaticéphales	77,78 à 80,00
Sous-brachycéphales	80,01 à 83,33
Brachycéphales	83,34 et au delà
Finnois	83,69
Savoyards	83,68
Auvergnats	84,07
Croates	84,83
Syriens	85,93
Birmans	86,00
Bulgares	76,60
Chinois	77,60
Esthoniens	80,39
Bas-Bretons	81,25
Mongols	81,40
Turcs	81,49
Bas-Bretons	82,05
Alsaciens-Lorrains	82,93
Basques	80,25
Indo-Chine	83,51
Lapons	85,07
Kanaks	80,00
Assamis	76,04
Kashgar et Yarkand	76 04
Esquimaux	75,93
Anciens-Bretons	77,00
Bavarois et Souabes	84,87
Slaves du nord	82,03
Polonais	82,09
Tchèques	83,01
Slovenes, Slaves du sud	83,03
Roumains	84,00
Magyars	82,90
Tsiganes	77,45
Aleoutes	86,50
Slovaques, Slaves du nord	83,05
Tadjicks-Galtchas, d'après M. d'Ujfalvy et D' Topinard	86,21

ERRATA

Page 39, sont après rochers, lisez: sont d'après rochers.
Page 244, dix-huit tour, lisez: dix-huit doar.
Page 267, ce petit dans, lisez: ce petit état dans.
Page 297, de Teures, lisez: de Turcs.
Page 298, les Hanouhaï, lisez: les Hiong-Noü.
Page 302, du huitième que, lisez: du huitième siècle que.
Page 323, pas plus la, lisez: pas plus que la.
Page 355, champ du repas, lisez: champ du repos.

TABLE DES MATIÈRES

Dédicace.. 5
Introduction.. 7

PREMIÈRE PARTIE

Quimper.. 13
Pont-Labbé... 25
Excursion à Penmark...................................... 31
Quimperlé.. 32
Scaër.. 36
Lesneven... 46
Pontusval.. 50
Excursion à Brest.. 55
Pointe Saint-Mathieu..................................... 57
Plougastel... 65
Excursion à Chateaulin................................... 67
L'île de Sein.. 70
La baie d'Audierne....................................... 74
Pointe de la Chèvre...................................... 75
Légende de la ville d'Is................................. 75
Excursion à Morlaix...................................... 79
Le Pardon de Sainte-Anne de la Palue..................... 85
L'île de Batz.. 92
Excursion à Roscoff...................................... 93
Les montagnes d'Arès..................................... 96
Le Huelgoat.. 100
Excursion à Hennebont.................................... 101
Histoire de Lorient...................................... 102
Larmor... 105
Guérande... 108
Escoublac.. 111
Vannes... 112
Carnac... 112
Superstitions du Morbihan................................ 118
Voyage dans les Côtes-du-Nord............................ 120
Abbaye de Beauport....................................... 123
Superstitions du pays de Tréguier........................ 127
Le Pardon de Saint-Laurent............................... 129
Excursion à Combourg..................................... 133
Saint-Malo... 137
Origine commune des peuples Vendes....................... 143
Les Hénéti de la Mer Noire............................... 145
Venedi de la Baltique.................................... 148

Veneti du Morbihan.................................... 149
Venètes des Iles-Britanniques......................... 152
Vennenses de la Celtibérie............................ 155
Venètes des Alpes-Maritimes........................... 156
Venètes de l'Adriatique............................... 156
Coutumes des Bas-Bretons.............................. 163

DEUXIÈME PARTIE

Mœurs et coutumes des Lapons......................... 172
Histoire des Mongols.................................. 190
Les Kalkhas... 193
Les Kalmouks.. 200
Les Bouriates... 218
Les Thibétains.. 223
Populations de l'Himalaya............................. 233
Le Sikkim... 236
Excursion de Calcutta à Dargiling..................... 238
Le Bouthan.. 244
Les Mishmi de l'Assam................................. 248
Les Garro... 249
Les Khasia.. 252
Les Khampti, les Kakyen, les Karen.................... 257
Les Chan.. 261
Populations du Yunnan................................. 269
Indigènes du Setchouen................................ 274
Le Keutcheou.. 277
Les Tangoutes... 280
Les races de l'Indo-Chine par le D' Thorel............ 282
Les Samoyèdes... 287
Chant des Arzonnais................................... 292
Chant de Tamerlan..................................... 294

APPENDICE

L'Époque tertiaire.................................... 296
Pierre écrite des bords du Yénisél.................... 301
Les Finnois... 302
Kalmouks et Tartares de l'Altaï....................... 304
Les Tchouktches....................................... 305
Le prognathisme....................................... 307
Les Bulgares.. 308
Conclusions de Broca au sujet des Celtes.............. 309
Ethnologie armoricaine par le D' Guibert de Saint-Brieuc.... 311
Conclusions du D' Guibert............................. 315
Les races humaines par M. de Quatrefages.............. 319
Conclusions du D' Collignon au sujet des populations des Côtes-du-Nord.. 324
Extrait de « The races of Britain » par le D' Beddoe (de Clifton).. 327

TABLE DES MATIÈRES

Période néolithique	329
Introduction d'Yule à la « River of Golden sand » de Major Gill	337
Extrait de la « River of Golden Sand » de Major Gill	340
Les tribus de l'Assam, « The people of India » (traduit de l'anglais, de Forbes et Watson)	344
Les Khampti, tribu sauvage de l'Assam (traduit de l'Ethnology of Bengal de Dalton)	345
Les Mishmi, tribu des monts de l'Assam (traduit de l'Ethnology of Bengal)	349
Conclusions du Dr B. H. Hodgson (traduit de l'anglais)	350
Conclusions	352
Errata, Guémené	355
Hennebont, Épisode de la guerre de la succession de Bretagne	356
Index céphalique de « Bigoudens » du canton de Pont-l'Abbé	363

IMPRIMERIE H. JOUVE, 15, RUE RACINE, PARIS.

www.ingramcontent.com/pod-product-compliance
Lightning Source LLC
Chambersburg PA
CBHW050550170426
43201CB00011B/1637